EINE ZEICHENANLEITUNG FÜR LEHRER UND STUDENTEN

WIE MAN COOLE SACHEN ZEICHNET

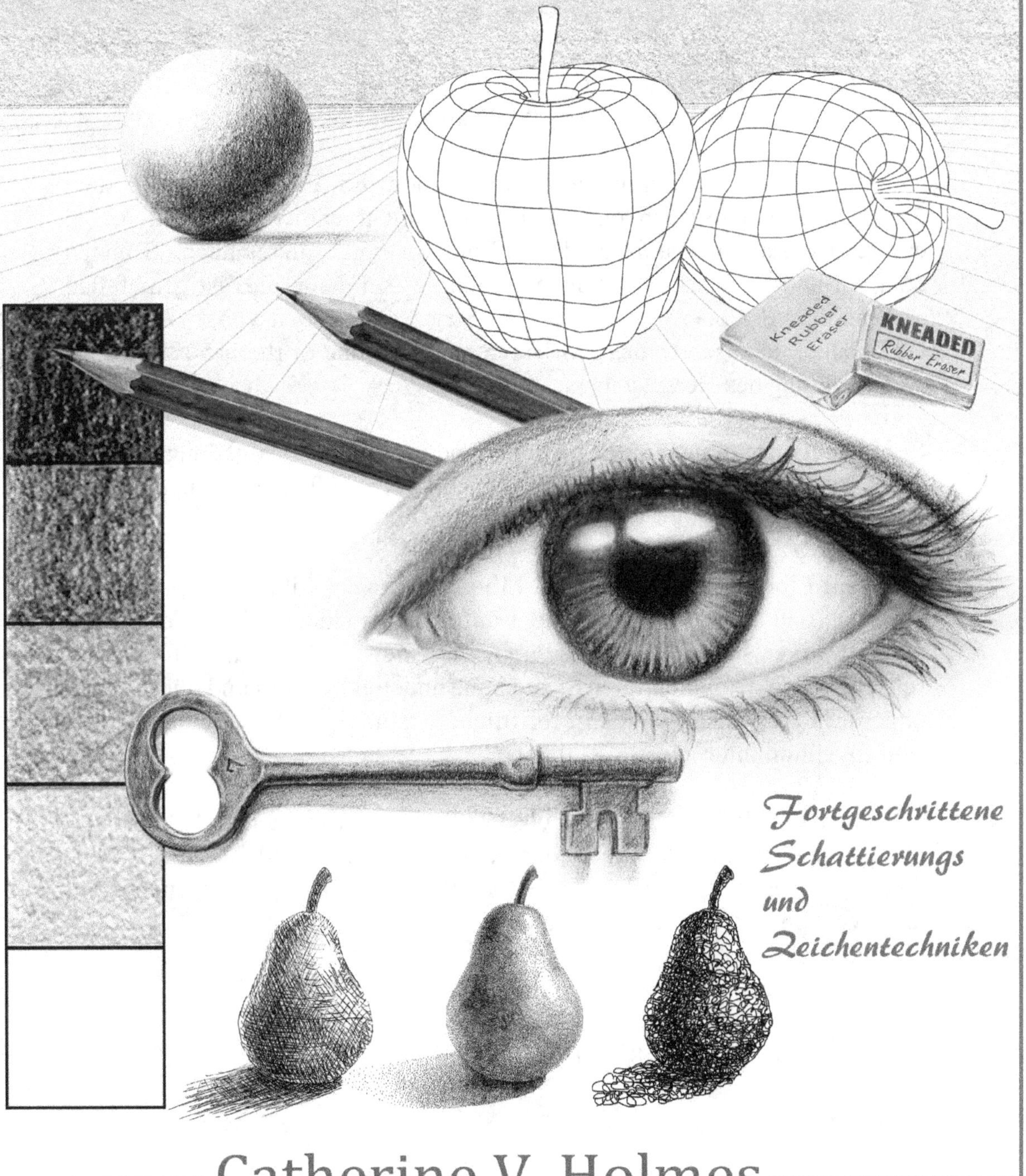

Fortgeschrittene Schattierungs und Zeichentechniken

Catherine V. Holmes

WIE MAN COOLE SACHEN ZEICHNET

Fortgeschrittene Schattierungs und Zeichentechniken

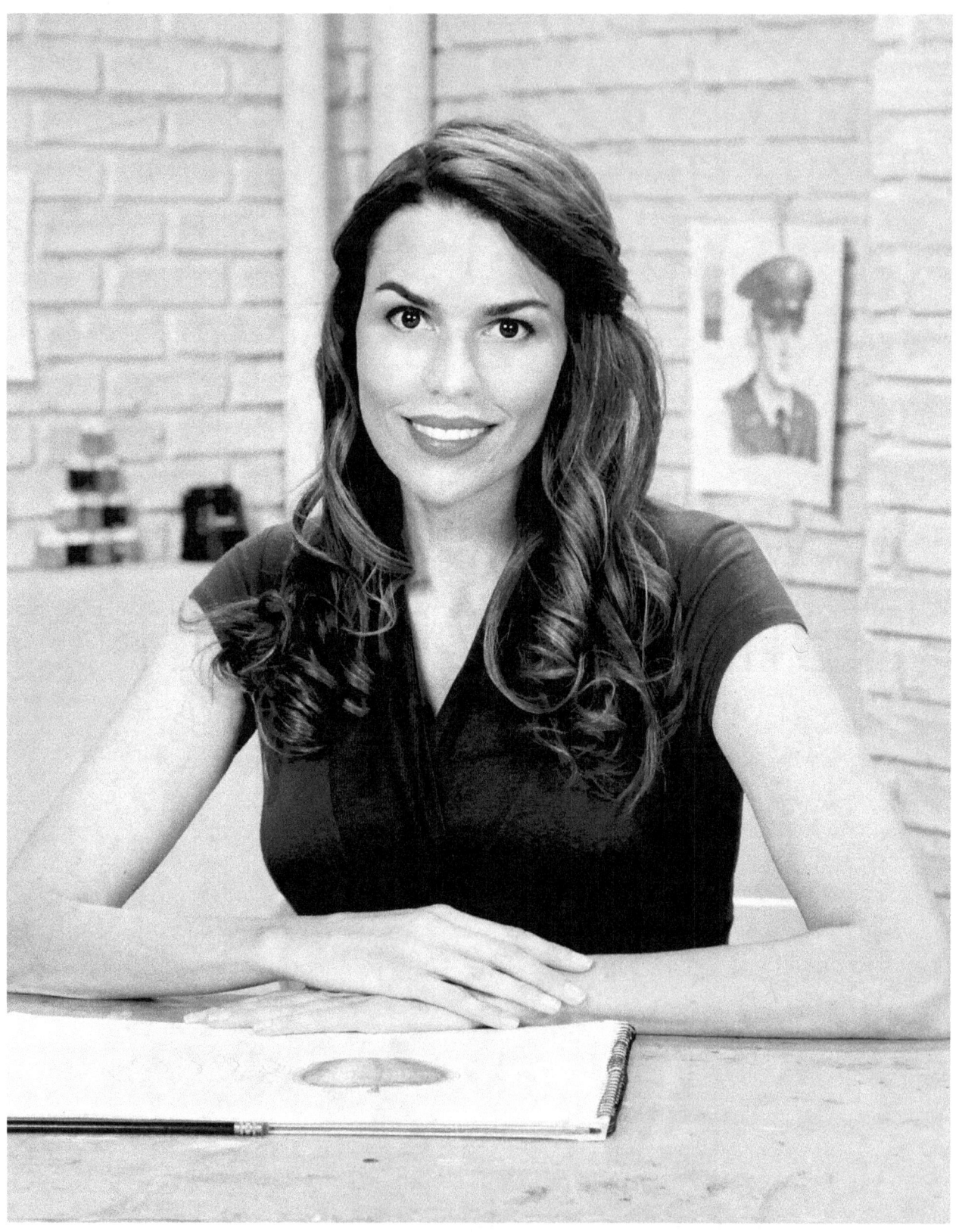

IV

DANKSAGUNGEN

Dieses Buch ist Charlotte und Taya gewidmet, die Quellen meiner Inspiration, jeden Tag kreativ zu sein.

Vielen Dank an Virginia Holmes Thayer, David Thayer, Kenneth Holmes, Kathleen Holmes, Jeff Costello, Marcia Pennington und Jay Costello für ihre anhaltende Liebe und Unterstützung. Ich danke Craftsy für die Möglichkeit, über eine neue Plattform zu unterrichten, Usher Morgan und Library Tales, Carrie King, Leonardo's Library, Annie, Kat, Dan und dem Team der Holbrook Public Library, den Leuten von der Dennett Elementary, meinen CES-Lehrerkollegen, Norman Small, Carol Johnson und meinen Schülern für ihre Inspiration.

Andere Titel der Serie Wie man coole Sachen zeichnet

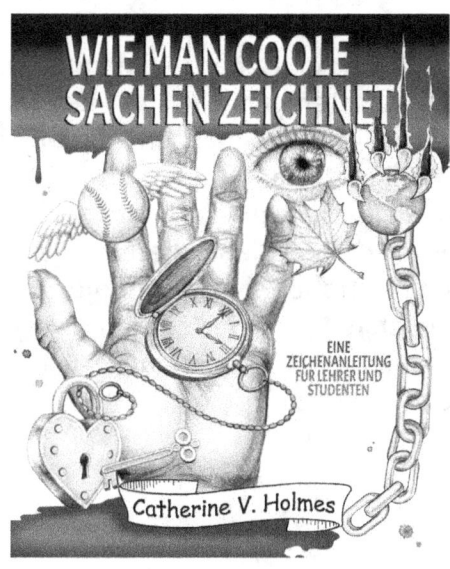

Wie man coole Sachen zeichnet:
Eine Zeichnungsanleitung für Lehrer und Schüler
In diesem Buch werden einfache Schritt-für-Schritt-Illustrationen vorgestellt, die es jedem leicht machen, coole Dinge mit Präzision und Selbstvertrauen zu zeichnen. Diese Lektionen helfen Ihnen beim Erkennen von Linien, Formen, Räumen und anderen Elementen in alltäglichen Gegenständen und beim Verwandeln dieser Gegenstände in nur wenigen Schritten in detaillierte Kunstwerke. Mit den Übungen in diesem Buch wird das Gehirn trainiert, gewöhnliche Gegenstände durch die Augen eines Künstlers zu betrachten. Angefangen von fotorealistischen Gesichtern über Urlaubsmotive bis hin zu Tattoos - mit How to Draw Cool Stuff gelingt das Zeichnen spielend leicht und macht mehr Spaß, als man sich je hätte träumen lassen!

Wie man coole Sachen zeichnet: Grundlagen, Schattierung, Textur, Muster und optische Illusionen ist das zweite Buch in der Reihe „How to Draw Cool Stuff". In einfachen Illustrationen werden die Grundlagen des Zeichnens von coolen Sachen erklärt. In speziellen Übungen werden Schritt-für-Schritt-Anleitungen zum Zeichnen einer Vielzahl von Themen beschrieben. Am Anfang jeder Lektion steht eine einfach zu zeichnende Form, die das Grundgerüst für die Zeichnung darstellt. Mit jedem Schritt wird dieses Grundgerüst um weitere Elemente ergänzt. So kann der Zeichner oder die Zeichnerin auf seinem oder ihrem Entwurf aufbauen und das Bild detaillierter gestalten. Ausgehend von den Grundformen wird dem Künstler eine Anleitung an die Hand gegeben, die ihn anleitet, Objekte als vereinfachte Formen wahrzunehmen. Es folgen Schattierungsanleitungen, um einer Zeichnung Tiefe, Kontrast, Charakter und Bewegung zu verleihen.

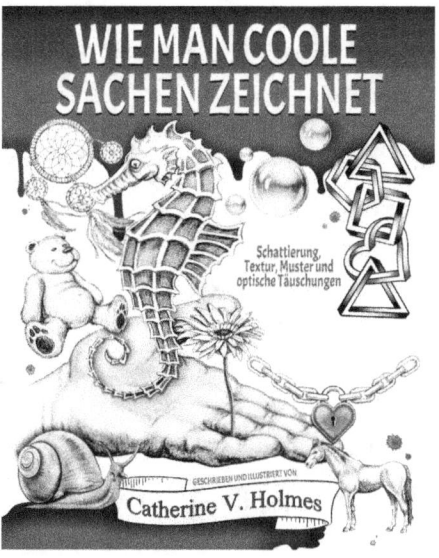

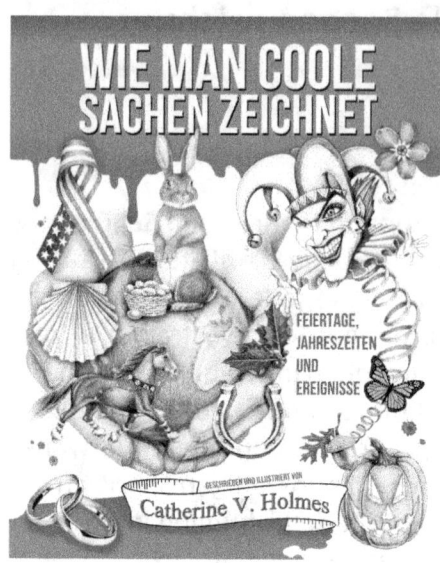

Wie man coole Sachen zeichnet: Feiertage, Jahreszeiten und Ereignisse ist ein Schritt-für-Schritt-Zeichenbuch, das beliebte Feste, Feiertage und Ereignisse illustriert, damit das Zeichnen Spaß macht. Über 100 lustige Tage, Feiertage, Jahreszeiten und Ereignisse - von Chinesisch Neujahr bis zum Aprilscherz, vom Vatertag bis zu Halloween, Weihnachten und Silvester - werden in diesem Buch vorgestellt. Mit einfachen Lektionen lernen Sie, wie ein Profi zu zeichnen und sich auf die jeweilige Jahreszeit einzustimmen! Als drittes Buch der How To Draw Cool Stuff-Reihe lehrt dieser neue Titel, wie man einfache Illustrationen mit Grundformen und Zeichentechniken erstellt, die das Zeichnen vereinfachen und Ihnen helfen, Höhe, Breite und Tiefe in Ihre Arbeit einzubauen.

INHALTSVERZEICHNIS

EINFÜHRUNG

Willkommen bei Wie man coole Sachen zeichnet - Fortgeschrittene Schattierungs und Zeichentechniken. Mit Schattierungen lassen sich Tiefe, Kontrast, Charakter und Bewegung am einfachsten in ein Bild bringen. Durch die richtige Anwendung von Schattierungen und das Hinzufügen von Farbtönen kann ein Künstler die Qualität seiner Zeichnungen erheblich verbessern. Schattieren kann erlernt werden und ist nicht schwer zu verstehen, muss aber geübt bleiben. Durch die Beherrschung von Bleistiftdruck, Strichführung, Lichtverständnis und Mischtechniken kann ein Künstler seine Arbeit verbessern und den "Wow"-Effekt erzielen, der für ein überzeugend realistisches Kunstwerk notwendig ist.

Schattierungen fangen Wertvariationen im Bild ein und beschreiben die Form eines Objekts. Durch den Einsatz von Licht und Schatten in einem Kunstwerk wird einem zweidimensionalen Bild, das Breite und Höhe hat, Tiefe verliehen, sodass das Kunstwerk dreidimensional wirkt. Es geht dabei vor allem um das Erkennen von Lichtquellen und deren Wiedergabe, um die Erzeugung von Formen und Volumen mit Hilfe von Kontrasten und nicht nur mit Linien.

Basierend auf meinem Online-Zeichenkurs bei Craftsy, bietet dieses Buch eine Reihe von leicht verständlichen und anwendbaren Schattierungsübungen und Ideen, die über einfache Schritt-für-Schritt-Anleitungen hinausgehen. Durch die Förderung von Technik und Verständnis erhält der Leser sowohl eine Anleitung als auch einen tieferen Einblick in den Lernprozess. Neben der Anleitung werden in jeder Lektion drei Prinzipien vorgestellt: "Wissen", "Verstehen" und "Aktion". Ein Künstler, der einen Begriff in der Kunst richtig verstehen will, muss die Techniken kennen und verstehen, auf welche Art und Weise diese angewendet werden und was damit ausgedrückt werden soll. Zu wissen bedeutet einfach, die Fakten zu beherrschen und das Grundvokabular zu verstehen. Verstehen ist das Erfassen der Kernbedeutung und der Prinzipien dieser Idee, wodurch der Künstler in die Lage versetzt wird, wichtige Verallgemeinerungen und Einsichten bei der Schaffung oder Diskussion eines Werkes anzuwenden. Verstehen erfordert ganzheitliches Denken und keine Einzellösungen. Zu agieren bedeutet, die erlernten Fähigkeiten umzusetzen und zu demonstrieren. Das kann das Endergebnis (das Kunstwerk) sein, aber auch das Analysieren, das Vergleichen und Kontrastieren, das kreative Lösen von Problemen, das Spekulieren. Denken und selbständiges Lernen werden durch Verstehen und Aktion gefördert. Das bloße "Wissen" einer Idee ist oft nichts weiter als das Erinnern von Informationen oder Fakten. Richtig ist oft nur eine Antwort. Die Relevanz einer Lektion oder Erfahrung wird einem Künstler erst durch die Komponente des Verstehens wirklich bewusst. Verstehen ist nicht nur eine Lektion, die gelehrt wird, sondern kann von einer Situation auf eine andere übertragen und auf neue Situationen und andere Projekte angewendet werden. Verstehen ist nichts, was man auswendiglernt. Das Ziel dieses Buches ist es, dem Künstler beim Verstehen zu helfen.

Kreativ sein wollen wir alle. Da es sich bei der Kunst um eine Fähigkeit handelt, die man erlernen kann, und nicht um ein Talent, mit dem man geboren wird, haben wir alle die Fähigkeit, gut zu zeichnen und gut zu schattieren. Als Lehrerin weiß ich, dass wir Informationen auf verschiedene Art und Weise verarbeiten und unsere Kreativität in verschiedenen Formen zum Ausdruck bringen. Um Ihnen zu helfen, Schattierungstechniken zu erforschen und zu erlernen, habe ich Texte, Bilder, praktische Möglichkeiten und hoffentlich auch Inspiration zur Verfügung gestellt.

Da der Schwerpunkt dieses Buches mehr auf dem Schattieren als auf dem Zeichnen liegt, werden einige Verfahren zum Durchpausen und Übertragen gezeigt, so dass Sie direkt mit dem Schattieren beginnen können, ohne sich Gedanken über eine technisch "korrekte" Zeichnung machen zu müssen. Nutzen Sie das Durchpausen oder das Übertragen von bereits gezeichneten Bildern zu Ihrem Vorteil, so dass Sie sich auf das Erlernen von Schattierungstechniken konzentrieren können, ohne sich Gedanken darüber machen zu müssen, was Sie zeichnen sollen. Die Inspiration durch bereits bestehende Werke ist keine Seltenheit, da die Verwendung von bereits vorhandenen Figuren oder Szenen als Grundlage der eigenen Arbeit beruhigend sein kann. Wenn man das Zeichnen und Schattieren zum ersten Mal lernt, kann dies sehr hilfreich sein. Lassen Sie sich inspirieren und bauen Sie auf den Beispielen in diesem Buch auf. Im Laufe der Lektionen und mit zunehmendem Verständnis der vermittelten Konzepte werden Sie sich selbst dazu anspornen, die Fertigkeiten und das Wissen auf Ihre eigenen Ideen und Themen anzuwenden, anstatt sie einfach zu kopieren.

Zuerst werden wir uns mit den Grundprinzipien der Wertigkeit beschäftigen. Dazu werden wir eine Zeichnung mit nur fünf Farbtönen anfertigen, die auf einer Werteskala basiert. Anschließend werden wir Objekte analysieren, um zu sehen, wie Form und Kontur die Art der Schattierung beeinflussen. Danach werden wir untersuchen, warum das Verständnis der Lichtquelle ein wichtiger Teil des Schattierens sein kann, wenn wir Lichter erzeugen und Töne in einem Kunstwerk mischen, das auf realen Objekten basiert. Andere Arten des Schattierens, wie Schraffieren, Kreuzschraffieren und mit dem Bleistift tupfen, werden auch genauer unter die Lupe genommen. Zum Schluss kombinieren wir all diese Fähigkeiten, um eine Zeichnung mit einer Kombination von Techniken zu erstellen, die sicherlich beeindrucken wird. Ihnen stehen zahlreiche Ressourcen zur Verfügung, die Sie mit Beispielen, Tipps und Tricks unterstützen. Ziel jeder Lektion ist es, Ihnen bei der Verfeinerung Ihrer Schattierungstechniken behilflich zu sein, um Ihren Arbeiten mehr Tiefe und Realismus zu verleihen.

Legen wir los!

KAPITEL 1
EINFÜHRUNG IN DIE WERKZEUGE

Wissen:

• Ein Künstler kann mit vielen verschiedenen Werkzeugen Kunst schaffen.

Verstehen:

• Bleistifte werden in verschiedenen Qualitäten hergestellt, von weich bis hart.

• Mit einem gewöhnlichen Bleistift sind die Markierungen nicht so dynamisch wie mit einem Künstlerstift.

• Bei der Wahl des Zeichenpapiers sind vier Faktoren zu berücksichtigen: die Oberflächenbeschaffenheit des Papiers, das Papiergewicht, die Verarbeitung und der Inhalt.

• Beim Mischen von Farbtönen zur Erzeugung realistischer Schatten und Schattierungen können Mischwerkzeuge hilfreich sein.

• Um ein Kunstwerk realistischer erscheinen zu lassen, kann die Vielfalt der verfügbaren Radiergummis helfen.

Aktion:

Machen Sie sich mit der Vielfalt der zur Verfügung stehenden Stifte, Papiere, Blender und Radiergummis vertraut und erforschen Sie sie. Probieren Sie die Techniken von jedem Werkzeug aus, sodass Sie ein Gefühl dafür bekommen und herausfinden können, welches am besten für Ihre Bedürfnisse geeignet ist.

Seit Urzeiten zeichnet der Mensch zur Verschönerung, zum symbolhaften Ausdruck und zur Kommunikation. Die frühen Künstler mussten kreativ sein und ihre eigenen Zeichenwerkzeuge aus den zur Verfügung stehenden Ressourcen herstellen: verbranntes Holz für die Herstellung von Holzkohle, angespitzte Stöcke für die Herstellung von Schnitzereien und Erdpigmente für die Herstellung von Farbe. Zum Glück müssen wir uns nicht wie unsere klugen Vorfahren auf die Suche nach Zeichenwerkzeugen machen, sondern können aus einer breiten Palette von Materialien wählen. Die Auswahl ist so groß, dass man leicht den Überblick verliert. Die Suche nach qualitativ hochwertigem Zeichenmaterial, das für die eigenen Zwecke geeignet ist, kann angesichts der großen Auswahl, die heutzutage zur Verfügung steht, zu einer überwältigenden Aufgabe werden. Ein Blick in den Gang des nächsten Bastelladens genügt, um allein bei Bleistiften Hunderte von Möglichkeiten zu finden. Jeder Bleistift kann ein Zeichen setzen, aber der Künstler muss entscheiden, welcher Bleistift seinen Bedürfnissen am besten entspricht. Die Wahl des richtigen Bleistifts, Radiergummis, Papiers usw. kann einem Kunstwerk zu mehr Raffinesse und Dynamik verhelfen.

Zum Glück ist es überraschend einfach, in der Fülle von Bleistiftsets und Zeichenzubehör das richtige Zeichenmaterial für die Gestaltung eines charismatischen Kunstwerks mit realistischen Schattierungen zu finden. Ein paar einfache Werkzeuge genügen, um sofort zu schattieren, ohne große Summen investieren zu müssen.

Beim Schattieren einer Zeichnung gibt es eine Reihe von Werkzeugen, die dem Künstler bei der Schaffung von Schatten und Lichtern in einem Kunstwerk helfen, damit es realistischer und interessanter wirkt.

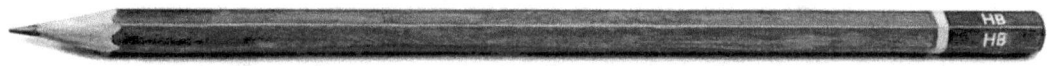

Bleistifte

Qualitativ hochwertige Bleistifte sind der offensichtlichste Teil des Werkzeugkastens eines Künstlers. Bei Bleistiften handelt es sich um gewöhnliche Schreibgeräte, die aus einem dünnen Rohr aus Holz, Metall oder Kunststoff bestehen und einen Kern aus einem Pigment enthalten. Bei dem Pigment kann es sich um Graphit, Farbe, Holzkohle oder Pastellkreide handeln (und nicht um Blei, wie allgemein angenommen wird). In den Lektionen dieses Buches sind Bleistifte aus Graphit die Zeichengeräte der Wahl. Bleistifte aus Graphit gibt es in vielen verschiedenen Qualitäten, die von weich bis hart reichen. Diese Qualitäten sind am Ende des Bleistifts auf zwei Arten angegeben: auf einer numerischen Skala und auf einer HB-Skala.

Die HB-Skala gibt mit Hilfe von Buchstaben an, wie hart oder weich ein Bleistiftstrich ist, während die numerische Skala angibt, wie hart oder weich ein Bleistiftstrich ist.

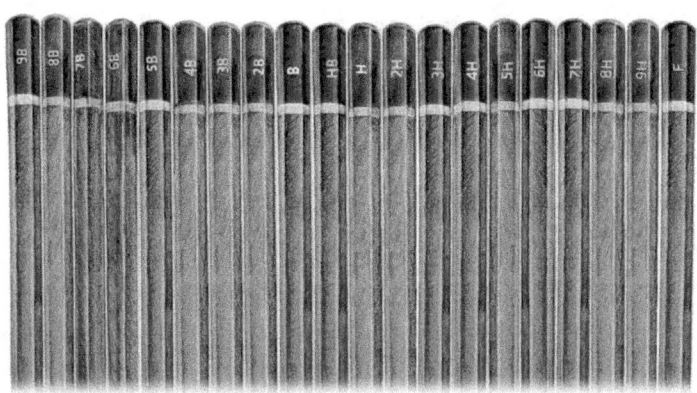

Künstlerstifte tragen in der Regel eine Zahl und einen Buchstaben, die in die Stiftspitze eingeprägt oder eingemalt sind. Diese Buchstaben-Zahlen-Kombination gibt den Härtegrad des Bleistiftes an und gibt an, mit welcher Härte oder Weichheit sich mit ihm schreiben lässt. In diesem Klassifizierungssystem werden die Härte des Graphitkerns (H, B usw.) und der Härtegrad (2, 3, 4, 5 usw.) angegeben.

Trägt ein Bleistift ein "H", so handelt es sich um einen harten Bleistift. Mit Bleistiften der Härteklasse H lassen sich leichte, skizzenhafte Linien erzeugen, die für Zeichnungen und Skizzen geeignet sind. Die Zahl vor dem H gibt die Helligkeit der Markierung an. Sie liegt zwischen 2 und 9. Je höher die Zahl, desto härter die Mine und desto heller die Markierung auf dem Papier. Ein Bleistift mit der Härte 9H hinterlässt also eine wesentlich hellere Markierung als ein Bleistift mit der Härte 2H. 9H-Stifte hinterlassen harte, helle Linien, die sich gut für Maschinenzeichnungen eignen. Einige Maßstäbe haben zwischen "H" und "HB" eine Klasse "F". "F" bedeutet oft "fein", "feine Spitze" oder "fest".

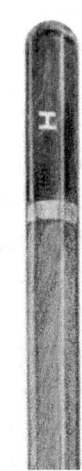

Wenn ein Bleistift mit einem "B" gekennzeichnet ist, handelt es sich um einen weichen Bleistift. Mit B-Stiften lassen sich dunkle und verwischte Markierungen erzeugen, die sich sehr gut für Schattierungen eignen. Je höher die Zahl, desto weicher ist die Mine und desto dunkler wird auf dem Papier geschrieben. Ein Bleistift der Stärke 9B hinterlässt also eine sehr weiche, sehr dunkle und sehr intensive Markierung, die sehr viel intensiver ist als die Markierung mit einem Bleistift der Stärke 2B. Weichere Bleistifte (B) stumpfen schneller ab als härtere Bleistifte und müssen in der Regel häufiger gespitzt werden.

KÜNSTLERISCHE BLEISTIFTE

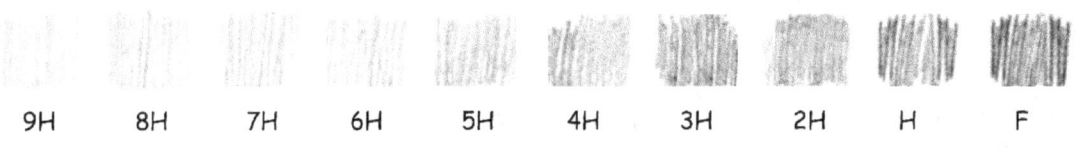

9H   8H   7H   6H   5H   4H   3H   2H   H   F

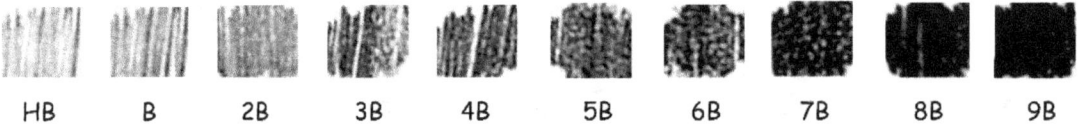

HB   B   2B   3B   4B   5B   6B   7B   8B   9B

Wie auf den Bleistiften zu sehen ist, reicht die Skala an beiden Enden bis 9, wobei 9H die härteste und hellste und 9B die weichste und dunkelste Markierung ist. Für den normalen Gebrauch sind diese beiden Enden der Skala oft zu hell oder zu dunkel.

Im Laufe der Zeit kann ein Künstler dazu neigen, bestimmte Bleistiftsorten zu bevorzugen. Dies hängt von seinem Stil und dem gewünschten Ergebnis eines Kunstwerks ab. Wenn man lernt zu schattieren und sich mit dem Schattierungsprozess vertraut macht, wird man wahrscheinlich eine persönliche Vorliebe entwickeln. Nach vielen Jahren, in denen ich zeichne und schattiere, ziehe ich die Ergebnisse und die einfache Handhabung der mittleren B-Bleistifte vor. Der 4B hat einen weichen, leicht zu verblendenden Farbton, der dem Künstler dennoch die Darstellung feiner Details ermöglicht. Die 6B, der eine dunkle, sehr leicht zu verblendende Markierung bietet, ist mein absoluter Favorit. Für sehr dunkle Bereiche eignet sich auch der 8B.

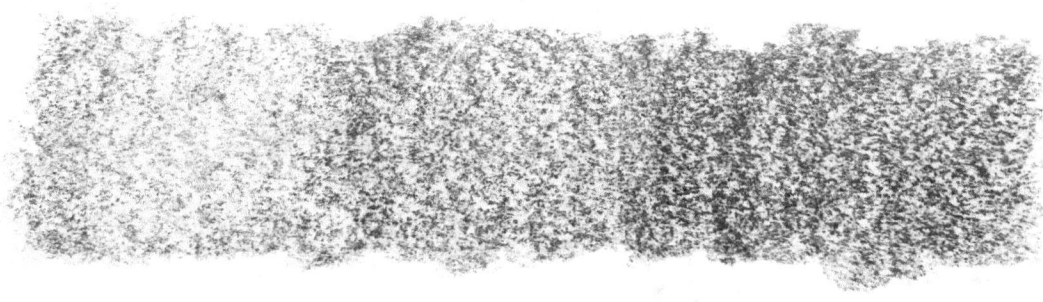

Ein Beispiel der Markierungen von 4B, 6B und 8B nebeneinander ist hier zu sehen. Zwischen den einzelnen Markierungen besteht nur ein geringer Unterschied, so dass die drei Töne nebeneinander in einer Zeichnung eine allmähliche, subtile Mischung ergeben.

Viele Künstlerinnen und Künstler werden der Meinung sein, dass sie nicht alle Stifte in einem vorgepackten Bleistiftset verwenden. Bleistiftsets werden oft in einem tragbaren Etui oder in einer Schachtel geliefert und enthalten in der Regel die gesamte Palette an Bleistift- und Farbstiften, aber die Stifte können auch einzeln verkauft werden. Es kann sich als sinnvoller erweisen, ein kleineres Sortiment von Stiften einzeln zu kaufen, als ein komplettes Set zu erwerben. Wenn ich schattiere, benutze ich die Bleistifte 2B, 4B und 6B, also kaufe ich oft nur die Bleistifte, die ich brauche. Bei Zeichenstiften müssen Künstler mit verschiedenen Marken und Qualitäten experimentieren, um herauszufinden, was für sie am besten funktioniert.

Viele Zeichnungen, die mit Farbstiften gemacht werden können, können auch mit einem normalen Bleistift gemacht werden. Bleistifte mit der Kennzeichnung "HB", "2HB" oder "2" sind Allzweckstifte, die man am häufigsten in der Schule oder bei der Arbeit verwendet. Ein normaler Bleistift mag zum Skizzieren geeignet sein, ist aber nicht empfehlenswert, wenn man ein schattiertes Meisterwerk schaffen will. Die Markierungen, die mit einem gewöhnlichen Bleistift gemacht werden, sind nicht so dynamisch wie die, die mit einem Satz von Künstlerbleistiften gemacht werden. Darüber hinaus ist die Arbeit mit einem einzigen Bleistift - unabhängig von seiner Qualität - mühsamer, da der Druck sehr stark variiert werden muss. Sparen Sie sich den normalen Bleistift zum Schreiben auf und kaufen Sie, wenn Sie nicht gleich ein ganzes Set von Künstlerstiften kaufen wollen, ein paar Bleistifte der mittleren Klasse.

PAPIER

Papier ist ein leicht zugängliches Medium, um zu schreiben, und ein wichtiges Werkzeug, um zu zeichnen, das der Künstler berücksichtigen muss. Papier ist die Fläche, auf der Künstler zeichnen, es ist im wahrsten Sinne des Wortes die Grundlage ihres Schaffens. Papier ist nicht gleich Papier. Bei der Auswahl eines Zeichenpapiers sind vier Dinge zu beachten: die Papierqualität, das Papiergewicht, das Material (Inhalt) und die Oberfläche. Für verschiedene Medien gibt es unterschiedliche Papiersorten. Es wäre ein Irrtum, ein Meisterstück mit einem billigen, für die Zeichnung ungeeigneten Druckerpapier anzufertigen. Die falsche Papiersorte kann vor allem bei der Schattierung großer Flächen mit dem gleichen Farbton dazu führen, dass das Kunstwerk flach und uninteressant wirkt. Billiges Papier erschwert es dem Künstler außerdem, die Farbtöne mühelos ineinander übergehen zu lassen. Mit dem richtigen Zeichenpapier wirken die Schattierungen realistischer und der Künstler kann schneller Ergebnisse erzielen. Spezielle Zeichenpapiere helfen dem Künstler, eine gute Farbkonsistenz zu erreichen. Die hochwertigeren Zeichenpapiere werden aus Baumwolle oder Leinen hergestellt, was sie widerstandsfähiger gegen chemische Zersetzung und gegen den Verschleiß durch Abnutzung macht. Archivpapiere sind von höchster Qualität, säurefreie Papiere von mittlerer Qualität und andere Papiere eignen sich am besten zum Skizzieren.

Was ist bei der Papierwahl zu beachten?

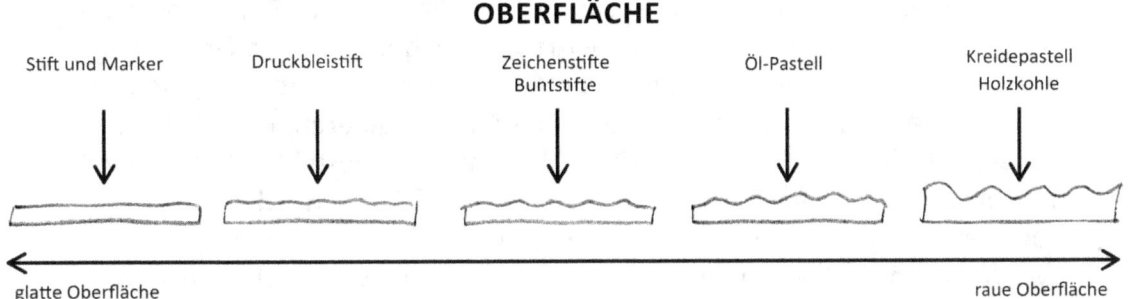

OBERFLÄCHE

Stift und Marker Druckbleistift Zeichenstifte Buntstifte Öl-Pastell Kreidepastell Holzkohle

glatte Oberfläche ← → raue Oberfläche

Papierzahn

Das Erscheinungsbild eines Zeichenmaterials wird durch die Oberflächen-struktur eines Papiers, auch "Zahnung" genannt, beeinflusst. Die Art des Zeichenwerkzeugs kann bestimmen, welche Papierart für eine gelungene Zeichnung erforderlich ist. Bei einigen Zeichengeräten, wie z. B. Filzstiften, wird nur eine sehr geringe Zahnung benötigt. Glattere Linien entstehen auf glattem, strukturiertem Papier mit wenig Zahnung. Andere Medien, wie z. B. Kohle oder Pastell, benötigen eine stärkere Zahnung und führen zu einer raueren Linienführung. Eine Empfehlung, welche Zahnung für ein bestimmtes Medium am besten geeignet ist, ist in der Regel auf dem Zeichenpapier angegeben. Ein raueres Papier hinterlässt aufgrund der Vertiefungen und Rillen auf der Oberfläche in der Regel Pigmentlücken oder "weiße Flecken".

Papiergewicht

Bei der Wahl des Zeichenpapiers sollte das Gewicht des Papiers in Betracht gezogen werden. Leichtere Papiere sind gut zum Skizzieren oder für feine Details geeignet, während schwerere Papiere Wasser oder Farbe vertragen können, ohne zu knittern oder sich leicht zu wellen, und auch viele Radiergänge aushalten, ohne zu reißen. Die Masse pro Blatt ist umso größer, je schwerer das Papier ist. Die meisten Standardkopierpapiere sind mit "9Kg" gekennzeichnet, während das übliche Zeichenpapier zwischen 13 und 40kg wiegt. Dies bedeutet nicht, dass ein schwereres Papier automatisch von besserer Qualität ist. Ein Künstler sollte ein Papier mit einem Gewicht wählen, das haltbar ist, um eine lange Lebensdauer des Kunstwerks zu gewährleisten - in der Regel 22kg. oder mehr, abhängig vom Medium und dem Projekt. Das Gewicht des Papiers sollte so gewählt werden, dass es für den vorgesehenen Untergrund geeignet ist. Es gibt kein Papier, das für alle Zeichnungen perfekt ist, daher sollte die Wahl des Papiers von der Art der Zeichnung, die der Künstler machen möchte, abhängig gemacht werden.

Inhalt

Papier ist im Allgemeinen ein Material auf der Basis von pflanzlichen Stoffen mit einem Anteil an Zellulose. Die Qualität des Endprodukts hängt von der Art der Pflanze ab, aus der das Papier hergestellt wird. Aus Baumwollfasern hergestelltes Papier ist die haltbarste Art von Zeichenpapier und in der Regel auch die qualitativ hochwertigste. Sie fühlen sich knusprig an, geben sattere und tiefere Farbtöne und vertragen mäßiges Radieren. Bristolkarton ist für seine Haltbarkeit und Vielseitigkeit bekannt und besteht aus Baumwollfasern, die zu einem dicken Karton zusammengeklebt werden. Bristolkarton bietet eine steife, feste Oberfläche, auf der ohne Montage gearbeitet werden kann. Zellulosepapier ist die am weitesten verbreitete Papiersorte. Es wird aus Zellstoff hergestellt, der säurehaltig ist, aber sich mit verschiedenen Schreib- und Radiermitteln beschriften und bearbeiten lässt. Investiert ein Künstler Zeit und Mühe in ein Kunstwerk, ist die Verwendung von säurefreiem Papier in Archivqualität von Vorteil. Säurefreies Papier wird im Laufe der Zeit nicht gelb oder braun, verblasst nicht und hat eine wesentlich längere Lebensdauer als nicht säurefreies Papier. Durch die Wahl eines qualitativ hochwertigen Papiers kann der Künstler sicher sein, dass seine Zeichnungen nicht so schnell von der Zeit zerstört werden.

Oberfläche

Es gibt drei gängige Arten der Papierveredelung:

Kaltpressung wird ein Papier genannt, das mit unbeheizten Zylindern hergestellt wird, mit denen es geglättet wird. Dadurch entsteht eine leicht unregelmäßige Oberfläche mit unregelmäßiger Struktur, kleinen Unebenheiten und Rillen, die Wasser und Farbstoffe gut aufnehmen. Für Aquarell-, Pastell- und Kohlezeichnungen werden meist kaltgepresste Papiere verwendet. Für die Erzeugung von Texturen in einem Bild ist dieses Papier am beliebtesten.

Heisse Presse ist eine Bezeichnung für Papier, das bei der Herstellung mit beheizten Walzen gepresst und geglättet wird. Diese Papiere sind sehr glatt und haben wenig oder keine Struktur. Hot-Press-Papiere werden von Künstlern verwendet, um feine Zeichnungen, Radierungen, Aquarelle oder Drucke anzufertigen.

Raues oder unbehandeltes Papier weist eine grobe, strukturierte Oberfläche auf. Diese wurde bei der Papierherstellung nicht mit Walzen geglättet. Das Trocknungsergebnis ist eine starke Zahnung, die mehreren Pigmentschichten und stärkerer Radierung standhält. Bei der Verwendung von Bleistiften erlaubt die Härte der Zahnung in der Regel keine feinen Details.

Der Künstler kann die zu verwendende Papiersorte anhand des Motivs und des verwendeten Mediums bestimmen.

ÜBERBLENDUNGSWERKZEUGE

Ein Mischwerkzeug ist das nächste wichtige Utensil in der Werkzeugkiste eines Künstlers. Beim Mischen geht es darum, verschiedene Farbtöne miteinander zu vermischen, so dass jede Schicht von Ton nahtlos in die nächste übergeht. Mischwerkzeuge können nützlich sein, wenn ein Künstler Töne zur Erzeugung realistischer Schattierungen und Schatten kombinieren möchte.

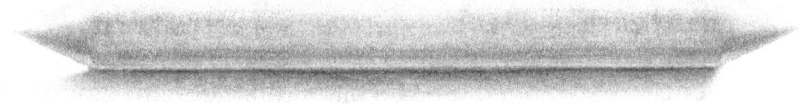

Stumpf

Wenn ein Bereich in einen anderen übergehen soll, ist ein Überblendstumpf eine gute Wahl. Bei einem Stumpf handelt es sich um einen festen Zylinder aus Filzpapier, der fest aufgerollt ist, um einen festen Stab mit zwei spitzen Enden zu bilden. Stümpfe werden zum Überblenden von Markierungen mit Bleistift oder Kohle verwendet, so dass die Farbtöne in einer Zeichnung einheitlich sind. Für große Flächen, die Details und Kontrolle erfordern, sind diese Werkzeuge gut geeignet. Stümpfe sind normalerweise groß und breit, aber es gibt auch dünnere Formen für detailliertere Bereiche. Bei der Verwendung von Stümpfen ist Vorsicht geboten, da ein übermäßiges Mischen mit diesen Werkzeugen dazu führen kann, dass die Oberfläche matschig wird und sich die feinen Abstufungen in flächige Farbtöne verwandeln. Darüber hinaus kann eine zu starke Anwendung in einem Bereich dazu führen, dass die Verzahnung der Papieroberfläche zerstört wird. Stümpfe können im Laufe der Zeit schmutzig werden, sie können jedoch durch Reiben der Spitzen mit feinem Schmirgelpapier gereinigt werden, damit die Spitzen konisch bleiben.

Tortillon

Bei Tortillons handelt es sich um ein weiteres Mischwerkzeug, das in ähnlicher Weise wie ein Mischstumpf aus gerolltem Papier hergestellt wird. Der Unterschied besteht darin, dass ein Tortillon einen engen Kegel bildet, der nur ein spitzes Ende hat und in der Regel schmaler und kürzer ist als ein Stumpf. Der Künstler sollte den Tortillon schräg verwenden, denn wenn er ihn senkrecht verwendet, wird die Spitze in sich zusammengedrückt und stumpf. Dies kann behoben werden, indem man die Spitze mit einer Büroklammer oder einem Zahnstocher wieder herausdrückt. Die Spitze eines Tortillons eignet sich gut zum Schattieren feiner Bereiche, bei denen es auf Präzision und Details ankommt. Bei einem Tortillon muss man sich mehr anstrengen, um einen gleichmäßigen Ton zu erzielen, da das Material nicht so weich ist wie der Filz eines Papierstumpfes.

Die Unterschiede zwischen einem Tortillon und einem Blending Stump können subtil, aber signifikant sein. Beide erzeugen eine ganz bestimmte Wirkung. Daher ist es bei der Wahl eines Blending Stumpfes wichtig zu wissen, wie man ihn richtig einsetzt.

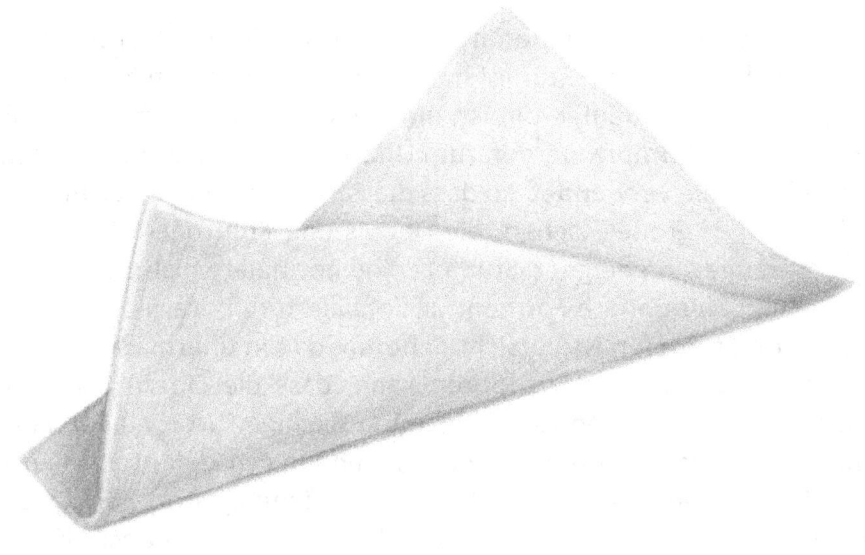

Gämse

Ein Fensterleder ist ein weiteres Werkzeug, um Töne in einer Zeichnung zu mischen. Dabei handelt es sich um ein weiches, flexibles und saugfähiges Ledergewebe, das normalerweise zum Trocknen von Autos nach dem Waschen verwendet wird, um Tropfspuren zu vermeiden. In der Kunst ist dieses weiche Stück Leder nützlich, wenn es um das Abschwächen von Werten und das Aufhellen von Pigmentbereichen bei gleichzeitigem Mischen geht. Die Gefahr bei der Verwendung von Fensterleder besteht darin, dass es auf der Papieroberfläche einen Glanz erzeugt, der dazu neigt, nicht mehr Pigment aufzunehmen, wenn der Künstler diesen Bereich abdunkeln möchte. Bei der Verwendung von Fensterleder ist darauf zu achten, dass es nur leicht angefasst und nicht zu stark verrührt wird. Fensterleder kann auch zum Glätten von Ton und zum Mischen von Holzkohle und Pastellkreiden verwendet werden.

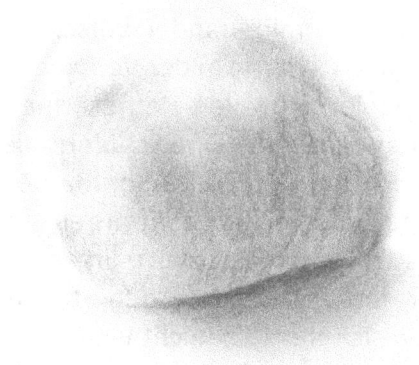

Watte

Wattebäusche oder Wattestäbchen sind eine kostengünstige Alternative für Künstler. Wattestäbchen sind vorteilhaft, wenn kleine Flächen geglättet werden sollen. Mit ihnen lassen sich weiche Tonabstufungen erzielen und sie sind leicht erhältlich. Kindersicherheitsstifte sind eine gute Wahl, da sie kratzfest sind und die Zeichnung nicht zerkratzen. Wattebäusche oder Taschentücher eignen sich gut für größere Flächen. Variationen dieser Mischwerkzeuge sind Schminkstifte, Papiertücher oder steife (trockene und saubere) Pinsel.

Fingermischen

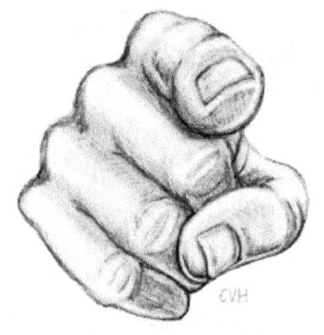

Das schnellste und billigste (kostenlose!) Mischwerkzeug ist der eigene Finger. Mit dem Finger kann man Töne ineinander überblenden, indem man ihn hin und her reibt. Dies kann eine sehr effektive Methode sein, um eine kontinuierliche Tonabstufung zu erzeugen, aber die Finger sind gewunden und wirbeln, so dass die Oberfläche nicht ganz glatt ist. Außerdem produziert die Haut Öle, die das Papier verschmieren oder zu ungleichmäßigen Mischungen führen können. Übermäßiges Mischen mit den Fingern kann zu einer ungleichmäßigen Verteilung der Töne führen und Graphit in die Papieroberfläche einarbeiten. Ein oder zwei kurze Wischbewegungen mit dem Finger sind eine gute Regel.

Andere Werkzeuge

Um Töne in einem Kunstwerk miteinander verschmelzen zu lassen, kann fast alles verwendet werden. Ich habe in der Vergangenheit selbstgebastelte Stümpfe aus Computerpapier, Stoff von Hemdsärmeln und sogar eine Bananenschale als Experiment gesehen. Eine Schülerin rieb sich absichtlich mit dem Finger über den Kopf, um natürliche Kopfhautöle aufzunehmen, und rieb dann mit dem Finger über ihre Bleistiftarbeit, um sie zu vermischen. Eine merkwürdige Technik mit interessanten Ergebnissen: Die Schattierungen erschienen dunkler, fast glänzend an den Stellen, wo sie die Öle auftrug. Diese Stellen ließen sich nicht so leicht wegwischen. Das Ergebnis war eine sehr stilisierte Schattierung. Nichtsdestotrotz war die Studentin von der Wirkung der von ihr erfundenen Technik begeistert und wendet sie auch heute noch an.

Solange das Werkzeug keine Chemikalien enthält oder andere potenziell schädliche Eigenschaften aufweist, sollte ein Künstler mit Mischwerkzeugen experimentieren. Experimentieren Sie mit verschiedenen Werkzeugen und finden Sie heraus, welches Werkzeug am besten zu Ihrem Werk passt. Bevor Sie ein wichtiges Kunstwerk anfertigen, sollten Sie die Werkzeuge ausprobieren, da das Medium und das Papier das Ergebnis beeinflussen können. Scheuen Sie sich also nicht, ein neues Werkzeug für Ihre Zeichnung zu verwenden. Das Ergebnis könnte Sie angenehm überraschen. Achten Sie beim Mischen darauf, nicht zu viel zu mischen. Wenn Sie zu viel mischen, verlieren die Linien an Qualität und die Zeichnung wirkt matschig und weniger dynamisch.

RADIERGUMMIS

Radiergummis sind ein unverzichtbares Werkzeug beim Zeichnen. Radiergummis können nicht nur dazu verwendet werden, um falsch platzierte Markierungen oder Fehler aus einem Kunstwerk zu entfernen, sondern auch zum Zeichnen und Gestalten.

Herkömmlicher Radiergummi

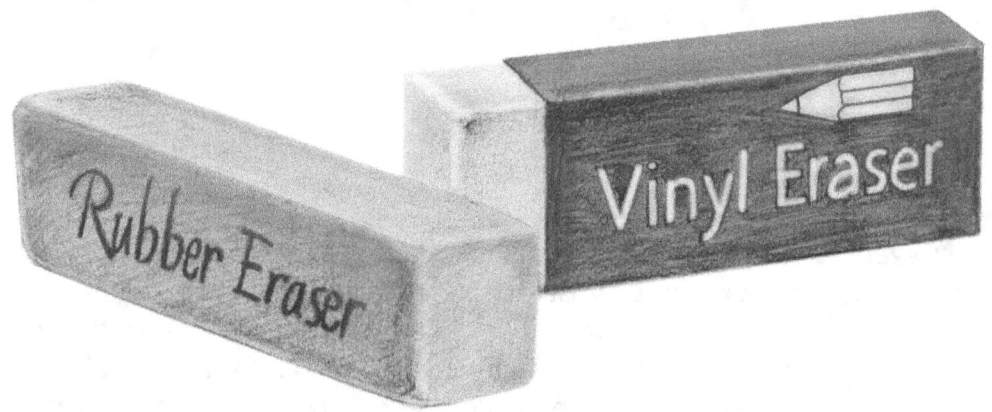

Herkömmliche Radiergummis sind gummiartig und werden zum Entfernen von Markierungen auf Papier verwendet. Die meisten Radiergummis wurden entwickelt, um Bleistiftstriche zu entfernen, es gibt jedoch auch Radiergummis, die entwickelt wurden, um Schreibmaschinenstriche und bestimmte Tinten zu entfernen. Typische Radiergummis sind in der Regel hellrosa und werden als breite, dünne Blöcke oder dauerhaft an Bleistiftenden befestigt angeboten, können jedoch verschiedene Formen, Größen und Farben haben. Billige Radierer bestehen aus synthetischem Gummi, teurere oder Spezialradierer aus Vinyl, Kunststoff oder gummiartigen Materialien. Beim Zeichnen mit Bleistift ist ein gewöhnlicher Radiergummi zum vollständigen Entfernen aller Bleistiftlinien mit Ausnahme der dunkelsten Linien geeignet. Die ausschließliche Verwendung dieses Radiergummis in der Kunst hat jedoch einige Nachteile. Die sperrige Form des Radiergummis hat einen Mangel an Präzision bei der Entfernung von Markierungen zur Folge, was das Entfernen kleiner Markierungen mit absoluter Genauigkeit erschwert. Darüber hinaus bleiben oft kleine Teile oder Reste des Radiergummis zurück. Feine Schattierungen können verschmiert oder unrealistisch verwischt werden, wenn diese Teile weggebürstet werden. Der gewöhnliche Radiergummi ist ein unentbehrliches Werkzeug für den Künstler. Seine Verwendung ist jedoch auf das Entfernen größerer Spuren beschränkt.

13

Knetgummi

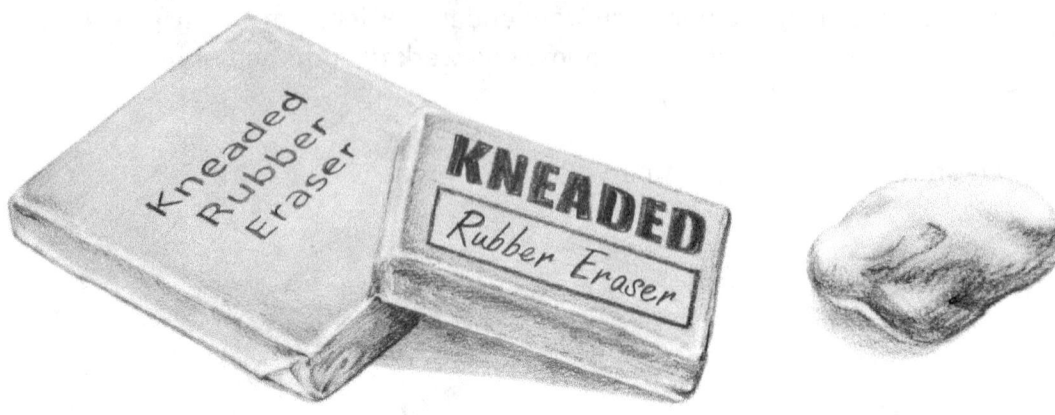

Im Gegensatz zu den üblichen rosa Radiergummis aus Vinyl oder Gummi ist der Knetgummi flexibler. Er lässt sich in jede beliebige Form dehnen, formen und kneten (daher der Name). Er radiert sauber und hinterlässt keinen Staub. Er absorbiert zu dunkle Pigmentflecken. Zum Entfernen von Bleistift-, Kreide-, Kohle- und Pastellstrichen oder zum Setzen von Akzenten ist er hervorragend geeignet. Ein typischer Knetgummi wird in einer Plastikhülle geliefert, hat eine hellgraue Farbe und wird oft mit einem Stück Ton verwechselt. Er verhält sich auch wie ein Stück Ton und kann je nach Bedarf gebogen oder gedehnt werden, um bestimmte Teile eines Kunstwerks - auch sehr kleine - zu löschen. Dieser Radiergummi sollte, damit er weicher und leichter zu handhaben ist, nach dem Herausnehmen aus der Verpackung gedehnt und gebogen werden. Nach dem Einziehen kann der Radierer hin- und herbewegt werden, ist aber am effektivsten, wenn er einfach auf das Pigment gedrückt und dann abgezogen wird. Die Rückstände übertragen sich auf den Radiergummi und die Spuren auf dem Papier werden deutlich heller. Wenn der Radiergummi ein paar Mal gedehnt wird, saugt er das Pigment auf und reinigt sich selbst. Nach einiger Zeit hat der Radiergummi so viel Pigment aufgenommen, dass er sich nicht mehr selbst reinigt und der Kauf eines neuen Radiergummis notwendig wird. Mit der Methode "Drücken und Heben" ist dieses Werkzeug am effektivsten. Der Radierer kann aber auch in eine dünne Spitze eingeklemmt werden und dann mit sanften Strichen über die schattierten Bereiche geführt werden, um so zusätzliche Akzente zu setzen. In diesem Fall wird der Radiergummi wie ein Bleistift verwendet, mit dem Unterschied, dass es sich nicht um das Hinzufügen von Markierungen handelt, sondern um das Entfernen von Pigment. Der Radiergummi wird zum Zeichnen verwendet, anstatt einen Fehler zu korrigieren. Der Radiergummi kann in jede beliebige Form gebracht werden. Dadurch ist er sehr vielseitig in der Art der Markierungen, die er machen kann. Für jeden Künstler, der zeichnet, ist dieser Radiergummi ein wertvolles Werkzeug. Der einzige Nachteil dieser Art von Radiergummi ist, dass er bei der vollständigen Entfernung von Markierungen nicht so erfolgreich sein kann wie ein normaler Radiergummi. Ein Knetgummi ist nicht so hart und steif wie ein normaler Radiergummi. Er eignet sich daher besser für subtilere Änderungen der Farbtöne einer Zeichnung.

Radierstift

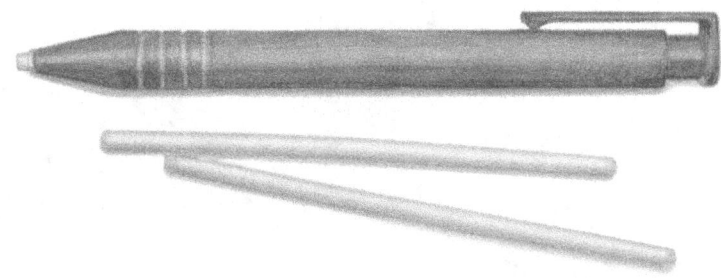

Eine präzisere Alternative zu herkömmlichen Radiergummis sind Radierstifte. Sie sind lang, zylindrisch und in einer schützenden Kunststoffhülle untergebracht, die häufig mit einem praktischen Clip an der Seite versehen ist. Viele Radierer können, wie gewünscht, nach vorne geschoben oder zurückgezogen werden. Der Radiergummi ist weich und biegsam und hinterlässt keine Risse im Papier. Die besten Radiergummis haben einen kleinen Durchmesser und ermöglichen ein sauberes und präzises Entfernen von Markierungen, da es mit den breiteren Versionen nicht möglich ist, eine dünne Linie zu radieren. Für einige Radiergummimarken sind Nachfüllpackungen erhältlich. Da Radiergummis eine lange Lebensdauer haben, müssen sie jedoch nicht häufig ausgetauscht werden. Um einem Kunstwerk den letzten Schliff zu geben, ist dieses Werkzeug am besten geeignet. Die Versuchung, dieses Werkzeug zu früh zu benutzen, ist der Nachteil dieses Werkzeugs. Das zu frühe Auftragen von Glanzlichtern und hellen Linien auf ein Kunstwerk kann zur Folge haben, dass sich der Künstler auf kleine Details konzentriert, bevor die Komposition und die ersten Schattierungen fertig sind. Darüber hinaus sollte der Radiergummi nur auf kleinen Flächen zum Einsatz kommen.

Mit den verschiedenen Radiergummis, die dem Künstler zur Verfügung stehen, werden schöne Kontraste, scharfe Lichter und abgestufte Werte erzielt, die ein Kunstwerk realistischer erscheinen lassen.

Mit welchem Material gearbeitet wird, bleibt dem einzelnen Künstler überlassen. Verschiedene Materialien auszuprobieren und mit ihnen zu experimentieren ist der beste Weg, um herauszufinden, was für einen selbst und das gewünschte Ergebnis am besten geeignet ist. Im Laufe der Zeit entscheidet sich ein Künstler unbewusst für eine bestimmte Marke oder einen bestimmten Bleistifttyp, den er immer wieder verwendet. Die anderen Stifte werden vielleicht nur einmal benutzt und verschwinden dann in der Schublade.

KAPITEL ZWEI
ANWENDUNG DER WERKZEUGE

Wissen:
• Eine Werteskala besteht aus einer Reihe von Kästchen, die mit Schattierungen einer Farbe gefüllt werden, wobei an einem Ende Weiß oder die hellste Schattierung beginnt und am anderen Ende die Schattierungen immer dunkler werden.

• Die Skala ist eines der sieben Elemente der Kunst.

Verstehen:
• Eine Werteskala hilft dem Künstler, sich mit der Vielfalt der Farbtöne vertraut zu machen, die in einem Werk zum Einsatz kommen können.

• Verschiedene Arten von Bleistiften und verschiedene Arten von Druck werden verwendet, um eine Vielzahl von Farbtönen in einem Kunstwerk zu erzeugen.

Aktion:
Erstellen Sie eine Werteskala mit mindestens fünf verschiedenen Farbtönen von hell bis dunkel. Verwenden Sie dazu verschiedene Bleistifte der Qualität B und variieren Sie den Druck dieser Bleistifte. .

Jetzt, wo Sie die Grundlagen kennen, können wir loslegen! In dieser ersten Lektion werden wir uns damit beschäftigen, wie man verschiedene Farbtöne in einem Kunstwerk mit unterschiedlichen Bleistiften erzeugt. Wir werden eine Skala mit fünf Farbtönen erstellen, die als Referenz für die Schattierung eines Kunstwerks dient, und wir werden zeigen, wie man eine einfache Schattierung mit nur fünf Farbtönen effektiv auf ein Objekt anwendet.

Die Verwendung von Schattierungen ist eine der einfachsten Methoden, um Ihren Zeichnungen Tiefe, Kontrast, Charakter und Bewegung zu verleihen. Das Zeichnen einer Werteskala ist eine der besten Möglichkeiten, sich mit Werten vertraut zu machen. Eine Werteskala, auch Graustufenskala genannt, ist ein nützliches Werkzeug für die Schattierung eines Kunstwerks. Sie besteht aus einer Reihe von Feldern, die mit Tönen und Schattierungen einer Farbe gefüllt sind, beginnend mit Weiß oder dem hellsten Farbton an einem Ende und allmählich zum dunkelsten Farbton oder Schwarz am anderen Ende übergehend. Zwischen dem hellsten und dem dunkelsten Wert können hunderte verschiedener Schattierungen liegen, aber die von uns erstellte Werteskala ist nur eine kleine Darstellung der mit Bleistift herstellbaren Schattierungen. Beginnen Sie mit der Erstellung eines Gitters aus fünf gleichmäßig verteilten Kästchen oder mit der Kopie des unten abgebildeten leeren Gitters. Diese leeren Kästchen sind die Felder, die wir zum Erstellen unserer Skala ausfüllen werden. Nummerieren Sie sie von eins bis fünf.

1	2	3	4	5

Um diese Werteskala zu erstellen, werden wir verschiedene Stifte und Stiftstärken zum Ausfüllen der einzelnen Kästchen verwenden. Es kann hilfreich sein, mit der Schattierung vom dunkelsten Block zum hellsten Block hin zu beginnen, aber es gibt kein Richtig oder Falsch bei der Schattierung. Ich bevorzuge es, mit dem dunkelsten Block ganz rechts (Feld Nr. 5) zu beginnen, indem ich einen Bleistift der Stärke 8B verwende, einen der dunkelsten und weichsten Stifte. So sehe ich, wie dunkel die dunkelste Schattierung wird, während jede weitere Schattierung heller wird. Um eine gleichmäßige dunkle Schattierung zu erhalten, sollte man beim Ausfüllen der einzelnen Felder eine einfache Hin- und Herbewegung ausführen. Eine andere Möglichkeit, den Raum auszufüllen, besteht darin, eine Reihe kleiner kritzelförmiger Zeichen zu machen, das sogenannte "Scumbling". Beim "Scumbling" werden kleine Kritzeleien übereinandergeschichtet, um einen Wert zu erzeugen und eine Textur entstehen zu lassen.

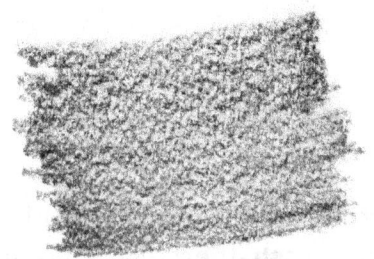 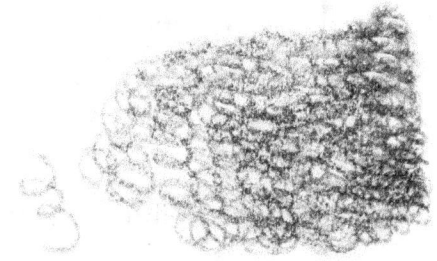

Beispiel einer einfachen Schattierung auf der linken Seite und Scumbling auf der rechten Seite.

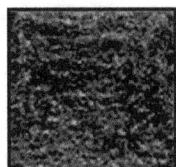

Ein tiefer, satter Ton für den dunkelsten Bereich der Werteskala ist das Ziel für Feld Nr. 5. Damit ist nicht gemeint, dass der Künstler so stark drücken soll, dass ein schwarzer Ton entsteht. Der Druck des Bleistifts sollte gleichmäßig und stark genug sein, um eine dunkle Markierung zu erzeugen, aber nicht so stark, dass die Spitze des Bleistifts bricht oder das Papier reißt. Der Farbton sollte nicht so dunkel sein, wie es für die Zwecke dieser Übung möglich ist, sondern nur so dunkel, wie es für das Zeichnen mit dem Bleistift angenehm ist. Zur Erzielung des dunklen Farbtons ist unter Umständen mehrmaliges Malen über dieselbe Fläche erforderlich. Stellen Sie auf diese Weise sicher, dass die Fläche Nr. 5 ein solides Kästchen aus dunklem Ton ist. Mit diesem Kästchen werden später die dunkelsten Bereiche der Schatten und Schattierungen im Kunstwerk dargestellt.

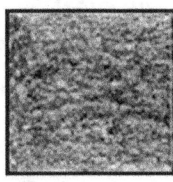

Gehen Sie mit demselben Bleistift zum nächsten Feld (Feld Nr. 4). Verwenden Sie denselben Bleistift 8B, aber mit weniger Druck, um einen dunkleren Grauton zu erhalten. Das Grau in Feld 4 sollte dunkel sein, aber nicht so dunkel wie in Feld 5.

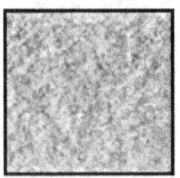

Für Feld 3 kann wieder der Bleistift 8B mit leichterem Druck oder der Bleistift 6B zur Erzielung eines mittleren Grautons verwendet werden. Dieser Farbton sollte heller sein als der Farbton, der in Kätschen 4 erzeugt worden ist.

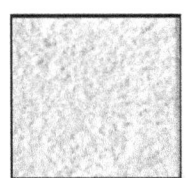

Mit noch geringerem Druck (oder dem Stift 4B) kann in Feld 2 der hellste Grauton schattiert werden, etwas dunkler als das Weiß in Feld 1. Feld 1 bleibt weiß und zeigt den hellsten Ton der Werteskala. Diese Kästchen sollten einen allmählichen Übergang von hell nach dunkel darstellen, und zwar von links nach rechts. Diese fünf Farbtöne sind nur ein kleiner Teil der vielen Farbtöne, die mit einem Bleistift erzeugt werden können. Für unsere erste Übung benötigen wir jedoch nur fünf Farbtöne.

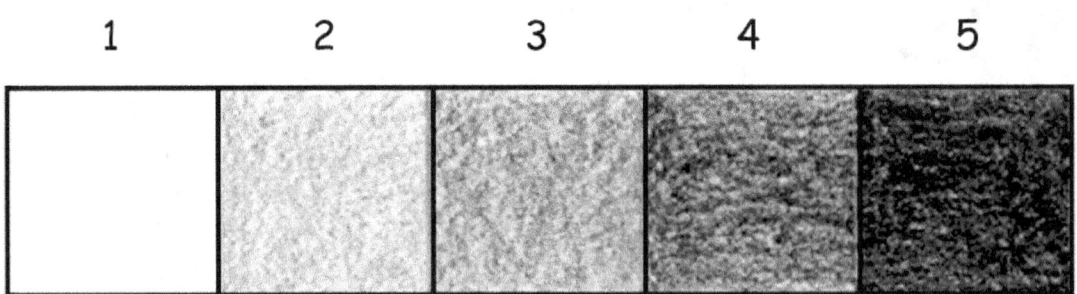

Eine fertige Werteskala mit fünf Farbtönen ist hier beispielhaft dargestellt. Mehrere verschiedene Stifte wurden verwendet, um diese Werteskala zu erstellen. Es kann auch ein einziger Stift mit unterschiedlichem Druck zur Erzielung ähnlicher Ergebnisse verwendet werden.

Haben Sie diese Werteskala griffbereit, da wir bei den folgenden Schattierungsübungen häufig darauf zurückgreifen.

KAPITEL DREI
Fünf-Ton-Zeichnungsübung

Wissen:

- Bei der Entscheidung, welche Töne in einem Kunstwerk verwendet werden sollen, kann die Verwendung einer Werteskala bei der Schattierung helfen.
- Die Werte auf einer Skala und in Ihrem Kunstwerk zu nummerieren, kann dazu beitragen, dass diese Werte leichter zu erkennen sind.

Verstehen:

- Werte zu vergleichen kann einem Künstler helfen, subtile Tonveränderungen zu erkennen und zu verstehen.
- Für die Übertragung einer Zeichnung von einem Papier auf ein anderes gibt es eine Vielzahl von Techniken.
- Das Erstellen eines "Malen-nach-Zahlen"-Rahmens ist hilfreich, wenn es darum geht, die Platzierung mehrerer Farbtöne zu bestimmen.
- Die Formen und Farbtöne auf einem Objekt zu sehen und zu reproduzieren, im Gegensatz zu den erkennbaren Merkmalen, kann das Zeichnen und Schattieren erleichtern.
- Bei der Erstellung eines Bildes ist der Unterschied zwischen dem, was man sieht, und dem, was man zu sehen glaubt, von entscheidender Bedeutung.

Aktion:

- Beobachten Sie Bereiche mit unterschiedlichen Farbtönen in einem Kunstwerk und zeichnen Sie diese Bereiche nach.
- Üben Sie sich darin, ein Porträt mit nur fünf verschiedenen Farbtönen zu schattieren.
- Zeichnen Sie eine tonale Kontur eines vereinfachten Bildes oder eines Porträts durch das Zeichnen von Linien um die schattierten Bereiche und nicht um die Merkmale.
- Vergleichen Sie die Werte und üben Sie das Schattieren eines Kunstwerks anhand einer Werteskala, um fünf Haupttöne von hell bis dunkel wiederzugeben.

Anschließend erstellen wir eine Zeichnung mit nur fünf Farbtönen anhand dieser Werteskala. Ziel dieser Übung ist vor allem der Vergleich der Werte und damit die Schulung des Auges für das Erkennen subtiler Veränderungen im Farbton. Auch das Schattieren eines Objekts mit nur fünf Farbtönen lässt sich auf diese Weise gut üben. Ohne eine Werteskala, auf die man sich beziehen kann, kann es schwierig sein zu bestimmen, um wie viel dunkler ein Farbton sein soll als der vorhergehende. Wir werden die grundlegende fünfstufige Werteskala auf ein Porträt anwenden, das zu einem "Malen-nach-Zahlen"-Raster vereinfacht wurde.

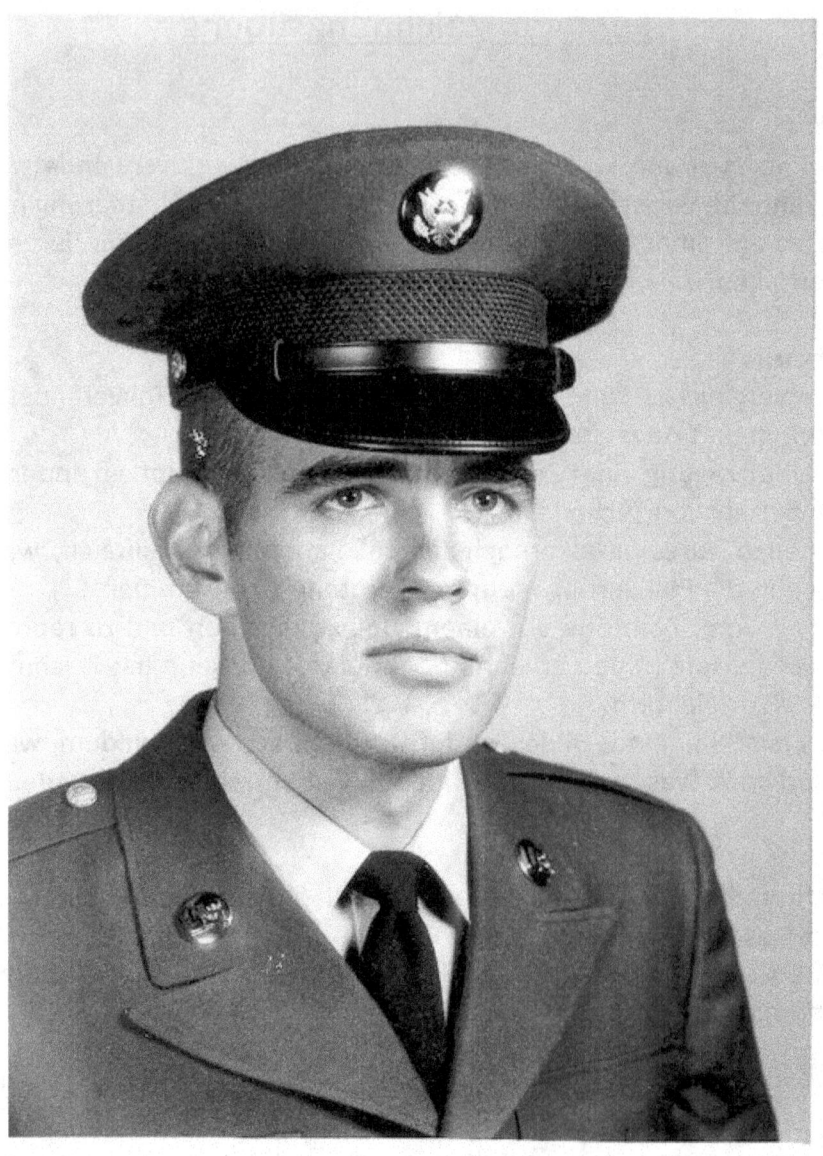

Das Thema dieser Lektion ist ein Foto meines Vaters. Das von mir gefundene Foto eignet sich sehr gut für diese Lektion, weil die Töne scharf und klar sind und gleichzeitig einen Kontrast zwischen dunklen und hellen Tönen zeigen. Für den Beginn dieser Zeichnung brauche ich einen Umriss, mit dem ich arbeiten kann. Bei diesem Umriss sollte es sich nicht um eine typische Strichzeichnung der Augen, der Nase, des Mundes usw. handeln, sondern eher um Linien, die anzeigen, wo ein Ton aufhört und wo ein anderer Ton anfängt. Am einfachsten ist es, das Bild in eine Reihe von Farbtönen zu zerlegen, indem es mit einem Bildbearbeitungsprogramm auf dem Computer eingescannt, in fünf Farbtöne vereinfacht und dann auf Zeichenpapier übertragen wird. Dies kann auch mit einem Fotokopierer in der Einstellung "Foto" erfolgen, aber dann sind die Trennflächen zwischen den Schattenlinien nicht so scharf und klar.

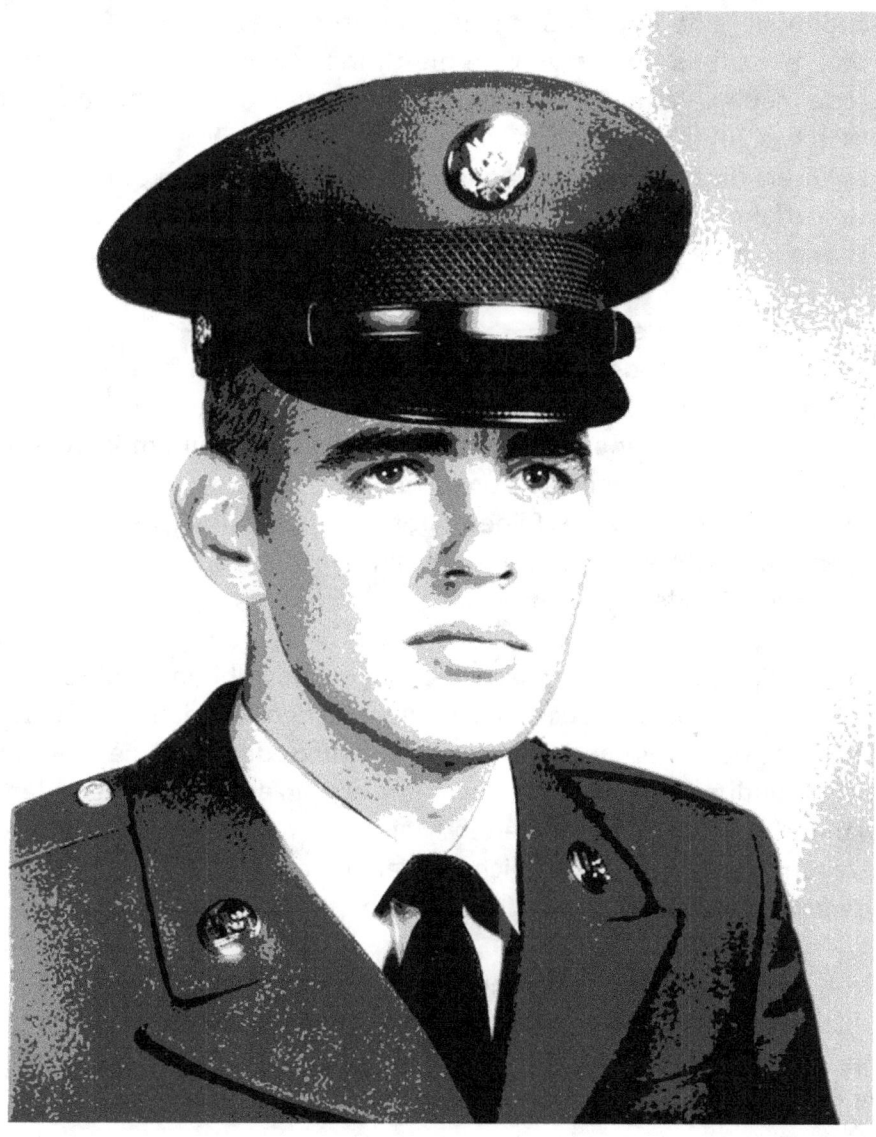

Das obige Bild wurde mit einem Bildbearbeitungsprogramm erstellt, um die Töne in fünf Schattierungen zu vereinfachen. Wenn Sie kein Bildbearbeitungsprogramm zur Verfügung haben, um diese Übung durchzuführen, empfehle ich Ihnen, die vorgefertigte Skizze in diesem Buch zu verwenden, anstatt Ihr eigenes Bild zu verwenden, wenn dies Ihr erster Versuch ist, diese Art von Kunstwerk zu erstellen. Das Aufteilen eines Schwarz-Weiß-Bildes in fünf Farbtöne erfordert ein geschultes Auge und die Hilfe einer speziellen Software für die Gestaltung von Kunstwerken am Computer. Vielleicht haben Sie ja Lust, diese Technik einmal an einem eigenen Bild auszuprobieren. Sollten Sie sich für die Verwendung eines eigenen Bildes entscheiden, finden Sie am Ende dieses Kapitels eine spezielle Anleitung zur Umwandlung Ihres eigenen Fotos in ein vereinfachtes Fünffarbenbild.

Verwenden Sie eine Kopie oder einen Ausdruck des Fünfton-Bildes (nicht das Foto selbst) und übertragen Sie die Umrisse jedes sichtbaren Tons auf Ihr Zeichenpapier. Wenn Sie Ihr eigenes Bild verwenden, probieren Sie eine der unten beschriebenen Übertragungsmethoden aus. Wenn Sie das Porträt meines Vaters für diese Übung verwenden, können Sie direkt mit der Schattierung fortfahren, indem Sie eine Kopie der leeren Kontur meines Vaters verwenden, die Sie später in diesem Kapitel sehen werden.

Abzeichnen eines Bildes
Es ist einfacher als Sie denken, Ihr Bild auf Zeichenpapier zu bringen! Manchmal ist ein Künstler der Meinung, eine perfekte Skizze angefertigt zu haben, oder er benötigt eine exakte Kopie seines Werkes und möchte es nicht noch einmal auf das endgültige Papier oder die Leinwand übertragen müssen. Für das Abzeichnen eines Bildes gibt es mehrere Möglichkeiten. Alle der im Folgenden beschriebenen Methoden sind nützlich, aber ich empfehle die Übertragung mit Hilfe von Kohle.

Eine Möglichkeit, eine Zeichnung zu übertragen, besteht darin, die Linien der Komposition mit winzigen Löchern zu durchstechen und dann mit Holzkohle (pulverisierte Holzkohle in einem Tuch) darauf zu drücken, die dann durch die Löcher hindurchgeht und die Zeichnung auf ein anderes Papier oder eine Leinwand überträgt. Schon die alten Meister benutzten diese Technik. Die Übertragung einer Kopie Ihrer Zeichnung auf eine andere Oberfläche ist eine unordentliche, aber wirkungsvolle Methode.

Die Rastermethode ist eine weitere Möglichkeit, ein Bild zu reproduzieren oder zu vergrößern. Bei diesem Verfahren wird ein Raster über ein Referenzfoto gezeichnet, um es in kleine Schritte zu unterteilen, und dann wird ein Raster mit den gleichen Proportionen auf das Papier, die Leinwand usw. gezeichnet, auf das oder die der Künstler das Werk übertragen möchte. Der Künstler konzentriert sich dann auf ein Quadrat nach dem anderen und zeichnet das Bild auf das Papier, die Leinwand usw., bis das gesamte Bild übertragen ist. Diese kostengünstige Technik schult die Beobachtungsgabe, kann aber zeitaufwendig sein.

Ein Projektor ist eine weitere Möglichkeit, aus einem Bild eine genaue Strichzeichnung zu erstellen. Ein Gerät, mit dem ein Künstler ein Bild auf eine andere Oberfläche projizieren kann. Zur Kontrolle von Größe und Zusammensetzung kann das Bild in verschiedenen Größen hergestellt werden.

Eine weitere Möglichkeit, ein Bild von einem Papier auf ein anderes zu übertragen, ist die Verwendung von Transferpapier. Die Funktionsweise ist die gleiche wie beim altmodischen Kohlepapier, nur dass hier Graphit anstelle von Kohle verwendet wird. Der Künstler klebt auf die Leinwand oder das Papier, auf die er sein Bild übertragen möchte, ein Stück Transferpapier (mit der "schmutzigen" Seite nach unten und der "sauberen" Seite nach oben). Auf das Transferpapier wird eine Kopie des Referenzfotos gelegt. Diese wird mit Klebeband fixiert. Mit einem Bleistift oder einem anderen stumpfen Gegenstand werden die Linien des Referenzbildes nachgezeichnet. Anschließend werden die Linien auf die Leinwand oder das Papier übertragen.

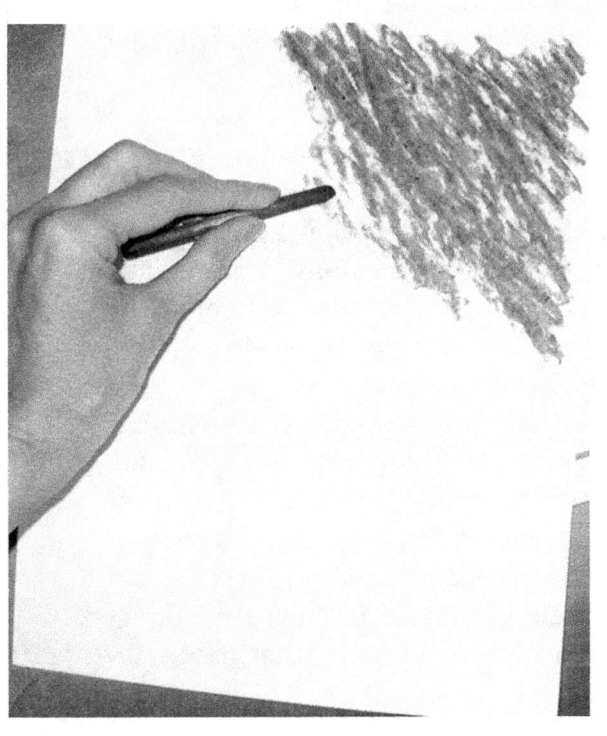

Meine Empfehlung ist die Kohle-Transfer-Methode. Bei dieser Methode sind keine zusätzlichen Anschaffungen erforderlich, und es ist die geringste Anzahl von Schichten erforderlich, um die Aufgabe zu erfüllen.

Zunächst wird die Rückseite des Referenzbildes mit Kohle ausgefüllt. Dazu wird der Abzug des Fotos umgedreht, so dass die bedruckte Seite zum Tisch zeigt und die leere Rückseite nach oben. Nehmen Sie ein Stück Kohle oder einen dunklen Bleistift und füllen Sie die Rückseite des Papiers, indem Sie hin und her fahren und darauf achten, dass keine weißen Stellen zurückbleiben.

Sie können entweder die gesamte Rückseite des Papiers ausfüllen, oder Sie können auch nur über den Bereich fahren, der übertragen werden soll. Hinweis: Wenn Sie Holzkohle verwenden, wird Ihr Arbeitsbereich durch die Rückstände der Holzkohle etwas staubig. Aus Sicherheitsgründen ist das Aufwirbeln des Staubes in die Luft nicht ratsam. Auch wenn es verlockend sein mag, das Papier zur Reinigung anzupusten, werden dabei Partikel der Holzkohle in die Luft geblasen, die von Menschen eingeatmet werden können. Dies ist vor allem dann von Bedeutung, wenn eine ganze Klasse an diesem Projekt arbeitet. Achten Sie auch darauf, wenn Sie Ihre Hand auf die Kohleoberfläche legen - die Kohle wird Ihre Haut berühren und wahrscheinlich auf ungewollte Bereiche der Arbeit (oder auf Sie selbst) gelangen. Das ist weniger gesundheitsschädlich als unordentlich.

Sobald die Kohle gefärbt ist, das Papier vorsichtig nehmen und umdrehen, so dass die Seite mit der Kohle zum Zeichenpapier weist. Das Papier darf nicht hin und her geschoben werden, um zu sehen, wo es am besten sitzt. Die Kohle würde sonst das ganze Zeichenpapier verschmieren. Legen Sie die Zeichenkohle stattdessen vorsichtig auf das Papier und heben Sie sie bei Bedarf wieder auf. Wenn die Zeichenkohle an der richtigen Stelle ist, kleben Sie sie mit Klebeband auf einer Seite des Zeichenpapiers fest (z. B. am linken Rand oben und unten). Auf diese Weise kann das Foto wie eine Buchseite umgeblättert werden, so dass die Zeichnung darunter zu sehen ist. Sie können das Papier nicht anheben, um Ihre Arbeit zu überprüfen, wenn Sie auf jeder Seite Klebeband anbringen (d. h. links, rechts, oben und unten).

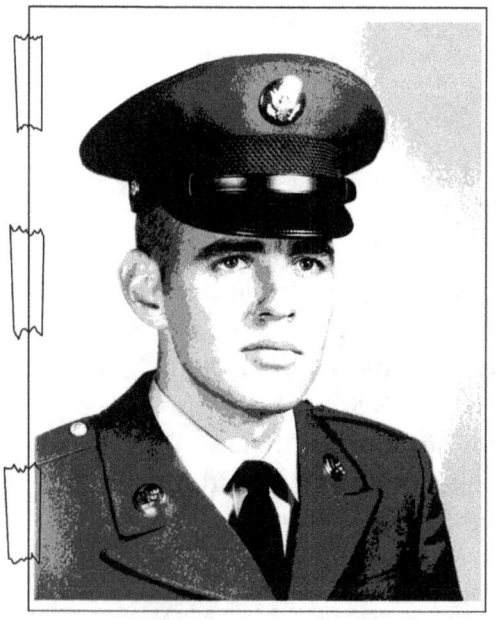

Tipp: Das Klebeband wird zu einem späteren Zeitpunkt wieder entfernt, deshalb sollte es nicht zu stark kleben. Sonst könnte das gute Zeichenpapier reißen oder ausfransen, wenn man es später entfernt. Bevor ich das Klebeband auf das Papier klebe, klebe ich es gerne ein paar Mal auf meine Hose oder einen Pullover. So fusselt es ein bisschen. Auf diese Art und Weise wird das Klebeband gerade klebrig genug zum Aufkleben auf das Papier. Es ist aber nicht so klebrig, dass es reißt oder sich ein Teil des Papiers beim Versuch des Entfernens ablöst. Wenn Sie Dinge auf das Papier kleben wollen, die Sie später wieder entfernen möchten, ist dies ein guter Trick.

Falls verfügbar, verwenden Sie archivtaugliches Klebeband. Es ist ideal, da es säurefrei ist und sich leicht und rückstandsfrei entfernen lässt.

Ist der Ausdruck mit dem Klebeband fixiert, zeichnen Sie die Ränder aller Töne, die Sie sehen, nach oder gehen Sie darüber. Zeichnen Sie keine Linien um Augen, Nase, Mund usw., wenn diese nicht vorhanden sind. Gelegentlich versucht unser Gehirn, "die Lücken zu füllen", indem es uns das zeichnen lässt, was wir glauben zu sehen, und nicht das, was wir wirklich sehen. Dann ist es wichtig, die Kanten jeder Farbe zu zeichnen und nicht die Gesichtszüge.

Bei nur fünf Farben sollte es nicht allzu schwierig sein, sie zu unterscheiden, aber es wird einige Zeit in Anspruch nehmen, besonders in der Nähe der Augen. Anzumerken ist, dass die Ränder jeder Farbe auf dem Ausdruck in Form von gezackten Rändern sichtbar sein können. Möglicherweise gibt es keine saubere Linie zwischen den einzelnen Farbtönen. Am besten ist es, die Linie zu vereinfachen, indem sie gerader gemacht wird, als sie aussieht, oder indem die kleinen gezackten Kanten geglättet werden. Auf diese Weise werden die Konturen leichter gezeichnet und das Ergebnis sieht besser aus.

Ich habe es so gemacht, dass ich zuerst die dunkelsten Flächen umrandet habe, dann alle zweitdunkelsten, dann die drittdunkelsten und zuletzt die viertdunkelsten. Weiße Flächen brauchen nicht umrandet zu werden. Wegen der vielen kleinen Details um die Augen herum kann die Konturierung etwas schwierig sein. Hier sollte man sich Zeit nehmen. Um die Persönlichkeit und den Charakter der Person einzufangen, sind die Augen wichtig. Durch das Hinzufügen dieser Details beim Übertragen der Zeichnung wird auch die Schattierung einfacher. Kontrollieren Sie Ihre Zeichnung von Zeit zu Zeit, indem Sie das obere Papier vorsichtig anheben. Ist die Übertragung fertig (und Sie haben doppelt und dreifach kontrolliert, dass alle Töne umrandet sind), ziehen Sie den Ausdruck vom Zeichenpapier ab, um die Umrisse aller Schattierungen zu sehen. Jetzt ist die Zeichnung fertig und es muss nur noch darauf geachtet werden, dass der Farbton innerhalb der Linien liegt. .

Nach dem Abziehen des Ausdrucks vom Zeichenpapier hat man ein Bild wie das auf der nächsten Seite. Den Ausdruck nicht wegwerfen! Wir brauchen ihn später noch. Tipp! Damit die Kohle nicht bei jeder Berührung mit Rückständen verschmutzt wird, sollte ein sauberes Stück Papier zum Abdecken der Kohle auf die "schmutzige" Seite geklebt werden. So kommt man beim Aufheben der Kohle nicht an die Hände. Die Pausenkurve wird zunächst beiseitegelegt.

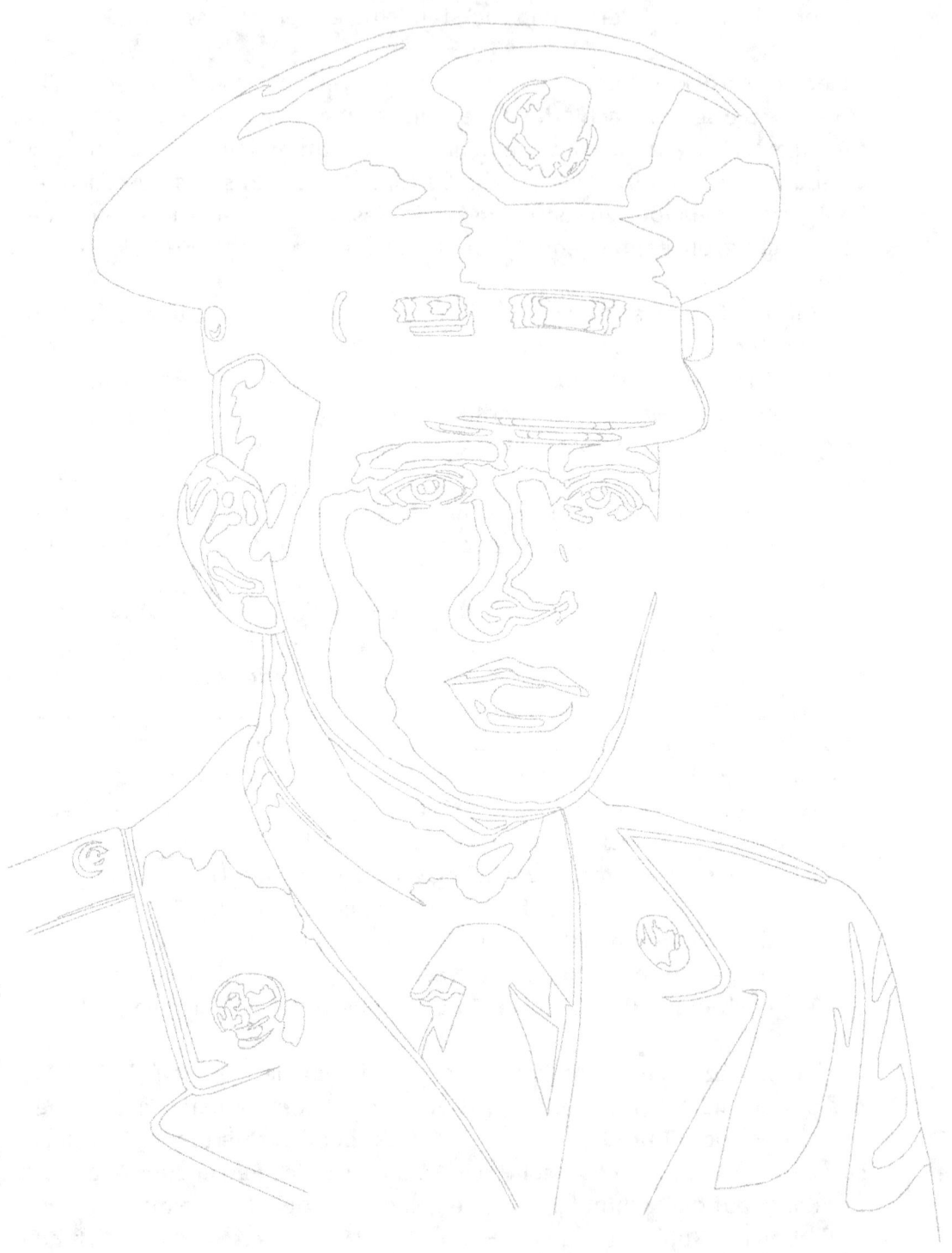

Die Zeichnung, die du jetzt hast, ist eine einfache Skizze, die anzeigt, wo ein Ton endet und ein anderer beginnt. Sie wird sehr seltsam aussehen und Sie werden sie vielleicht nicht einmal als das erkennen, was Sie ursprünglich gezeichnet haben. Seien Sie nicht beunruhigt, es sieht seltsam aus, weil es keine Schattierung hat und dadurch leer und unvollständig wirkt. Im Laufe der Zeit wird alles mit verschiedenen Farben gefüllt, und es wird ganz anders aussehen. Diese Skizze ist nur das Gerüst für unsere endgültige Zeichnung.

Der nächste Schritt in diesem Prozess ist die Erstellung einer leicht verständlichen Malen-nach-Zahlen-Karte. Beim Malen nach Zahlen wird ein Bild in Formen unterteilt, denen jeweils eine Zahl zugeordnet ist, die einer bestimmten Farbe oder einem bestimmten Wert entspricht. Ein Künstler füllt jede Form aus und am Ende fügen sich die Formen zu einem fertigen Kunstwerk zusammen. Ordnen Sie die fünf Farben auf dem Foto den fünf Farben auf der Skala zu. Der dunkelste Farbton auf dem Ausdruck des Fotos sollte mit der Nummer 5 auf der Skala der Farben übereinstimmen. Schreiben Sie mit einem Bleistift direkt auf den Ausdruck und markieren Sie den dunkelsten Bereich mit der Nummer 5 und den zweitdunkelsten Bereich mit der Nummer 4. Alle mittleren Grautöne werden mit der Nummer 3, die helleren Grautöne mit der Nummer 2 und die weißen Bereiche des Ausdrucks mit der Nummer 1 gekennzeichnet.

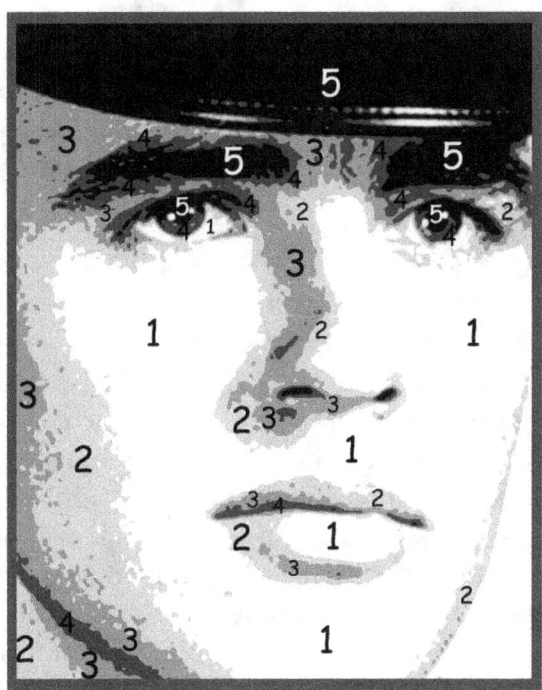

Sind alle Bereiche beschriftet, gehen Sie noch einmal zurück und überprüfen Sie die Töne in der Nähe der Augen, denn es könnte sein, dass Sie einige kleine Bereiche übersehen haben. Je mehr Töne jetzt beschriftet sind, desto einfacher wird es, wenn mit der Schattierung begonnen wird. Dieser Prozess dauert etwas, aber dranbleiben! Die Mühe, die man sich jetzt mit der Beschriftung der Farbtöne macht, ist von entscheidender Bedeutung, um ein gutes Ergebnis zu erzielen.

Dieser nummerierte Ausdruck ist eine Art "Spickzettel", auf den wir uns beim Eintragen der Farbtöne in die Umrisszeichnung beziehen werden. Bewahren Sie diesen Ausdruck griffbereit auf, denn Sie werden von Zeit zu Zeit darauf zurückgreifen müssen, wenn Sie Ihr Kunstwerk schattieren.

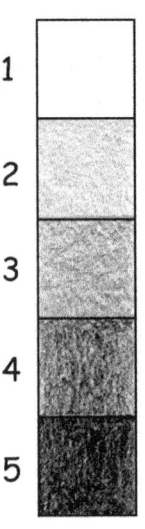 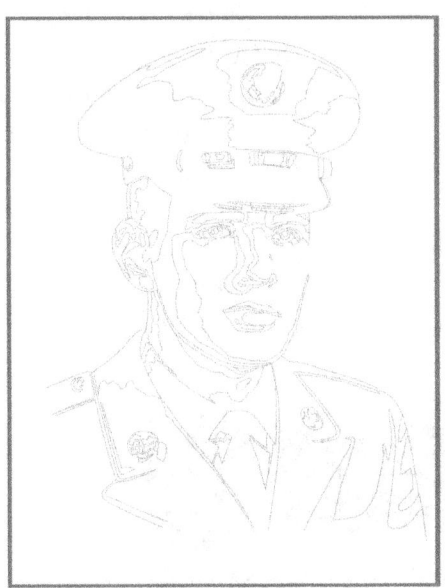 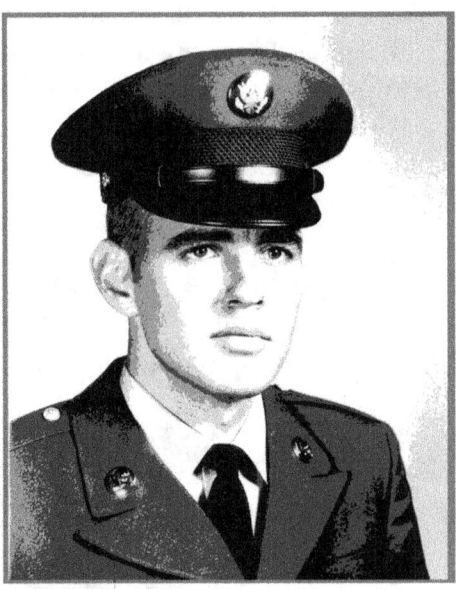

Oben sind die Werteskala, meine Zeichnung und der Ausdruck zum Nachschlagen abgebildet.

Jetzt beginnen wir mit der Schattierung. Sie sollten Ihre Werteskala und den Ausdruck mit den Tonwerten griffbereit haben. Beim Schattieren des Portraits sollte man sich darüber im Klaren sein, dass es sich nur um eine Übertragung handelt. Die Kohlestriche sehen zwar dunkel aus, lassen sich aber leicht verwischen oder mit einem Radiergummi ausradieren. Tipp: Seien Sie vorsichtig, wenn Sie Ihre Hand auf Ihr Kunstwerk legen, denn die Linien werden mit Sicherheit verwischt oder verschwinden sogar. Das kann sehr frustrierend sein. Bei der Schattierung sollten Sie sich nicht auf dem Werk abstützen oder mit einem helleren, dickeren Bleistift über die Umrisse gehen. Eine zusätzliche, aber lohnende Anstrengung!

Trotz aller Vorsicht wird es hier und da Flecken geben, die auf die Art der Kohleübertragung zurückzuführen sind. Hier kommt der Knetradierer zum Einsatz. Der Radiergummi wird in einer flachen, einer rechteckigen und einer quadratischen Verpackung geliefert. Möglicherweise müssen Sie sie mehrmals dehnen und biegen, bis sie weicher und griffiger wird. Viele meiner Schülerinnen und Schüler halten den Radiergummi für ein Stück Ton. Sie fragen sich, warum ich damit über mein Papier streiche. Ich erkläre ihnen, dass es kein Ton ist, sondern ein Radiergummi, und das ist fantastisch! Es handelt sich um ein großartiges Werkzeug, das jeder Künstler in seinem Arsenal an Materialien haben sollte. Diese Radiergummis machen Spaß, sind einfach in der Handhabung und eignen sich hervorragend für die Aufnahme von Pigmenten und Farben. Im Gegensatz zu herkömmlichen Radiergummis ist es nicht notwendig, mit dem Radierer hin und her zu reiben, um eine Markierung zu entfernen. Mit einer sanften "Druck- und Hebebewegung" kann eine große Menge unerwünschter Pigmente aufgenommen werden. Bei Bedarf kann der Radiergummi manipuliert oder in verschiedene Formen gedehnt werden. Dies ist besonders hilfreich beim Entfernen von Pigmenten in kleinen Bereichen. Bei der "Drücken und Heben"-Technik wird der Radiergummi wahrscheinlich nicht die gesamte Kohle von der Seite entfernen. In extrem dunklen Bereichen, die entfernt werden müssen, ist es manchmal notwendig, einen Blockradierer zu verwenden. Im Moment wollen wir nur Fingerabdrücke und Flecken entfernen, daher sollte der Knetradierer ausreichen. Wenn wir große Bereiche der Kohle entfernen wollen, müssen wir den Radierer reinigen, da er dazu neigt, viel Pigment zu sammeln. Man muss ihn nur auseinanderziehen und zusammenrollen, dann verschwindet die verschmutzte Stelle..

Beim Schattieren fange ich am liebsten mit der dunkelsten Stelle an, genau wie bei der Skala. Schauen Sie sich den beschrifteten Ausdruck an und suchen Sie alle Bereiche, die mit einer 5 nummeriert sind. Füllen Sie alle Bereiche, die mit einer 5 nummeriert sein sollten, mit einem 8B Bleistift auf Ihrer Umrisszeichnung aus. Dies sind die dunkelsten und sattesten Farbtöne. Drücken Sie so fest wie möglich auf den Bleistift, ohne die Spitze zu brechen, und füllen Sie alle mit 5 zu beziffernden Flächen mit einer sauberen, gleichmäßigen Bewegung vor und zurück. Konzentrieren Sie sich auf einen gleichmäßigen Druck mit dem Bleistift, um einen gleichmäßigen Farbauftrag zu erzielen. Ziel ist es, fünf verschiedene Tonabstufungen zu erhalten, die dann den Farbton bilden. Um die Einheitlichkeit zu gewährleisten, habe ich alle 5er, die ich zuerst gesehen habe, ausgefüllt. Ich bin nicht zu den anderen übergegangen, bis alle 5er ausgefüllt waren. Kontrollieren Sie noch einmal, ob Sie alle 5er im Augenbereich eingezeichnet haben.

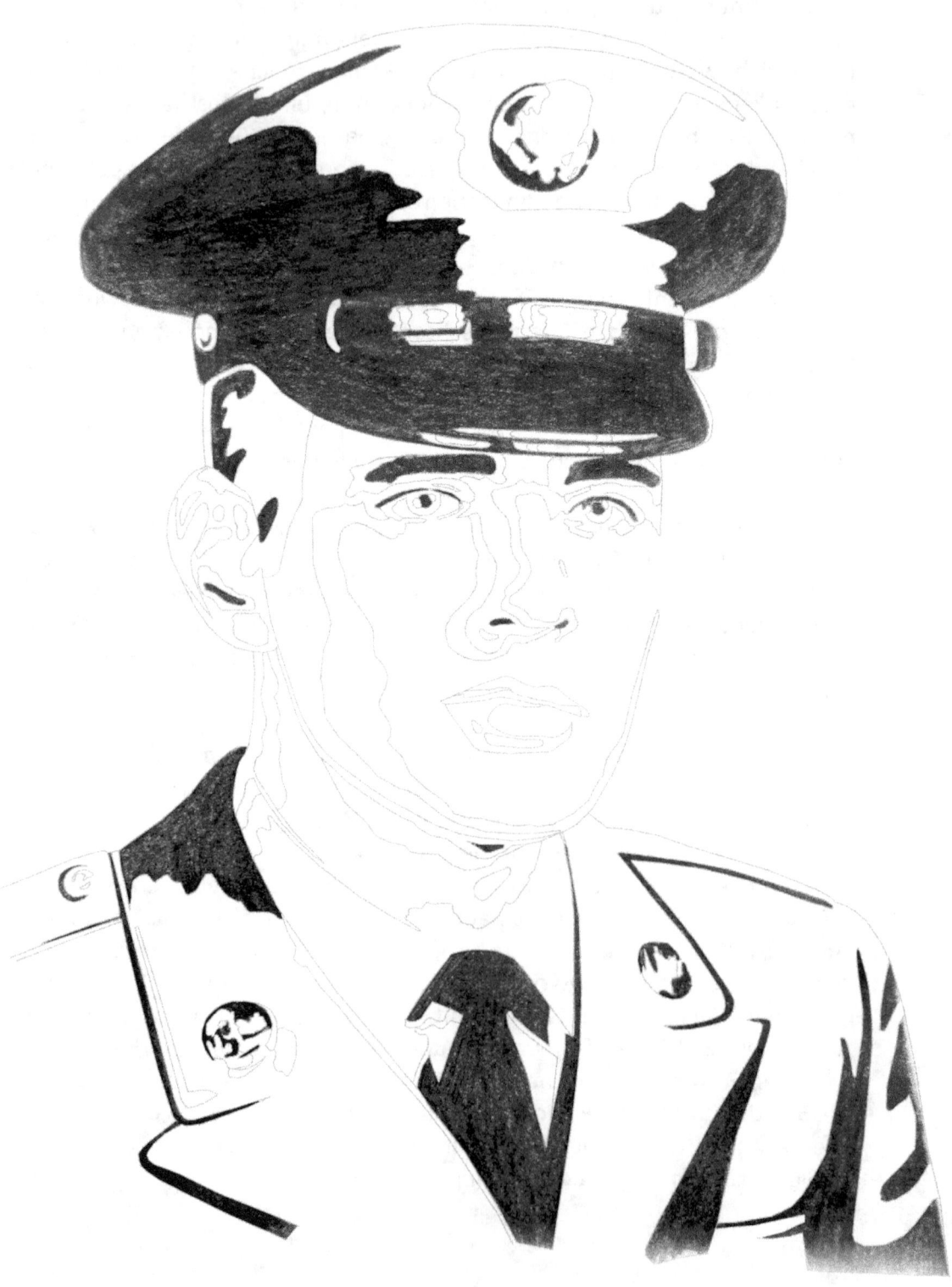

Wenn alle Felder mit der Nummer 5 auf der Zeichnung ausgefüllt sind, acht-
en Sie darauf, wo die Felder mit der Nummer 4 auf dem Ausdruck beschriftet
sind. Füllen Sie diese Bereiche auf der Zeichnung mit einer Farbe aus, die mit
der Farbe identisch ist, die für das Feld mit der Nummer 4 auf Ihrer Werteskala erstellt wurde. Die 4 sollte etwas heller als die 5 sein, damit ein deutlicher
Unterschied besteht. Sie können den Bleistift 8B mit weniger Druck oder den
Bleistift 6B mit gleichem Druck verwenden, um diesen Farbton zu erzielen.

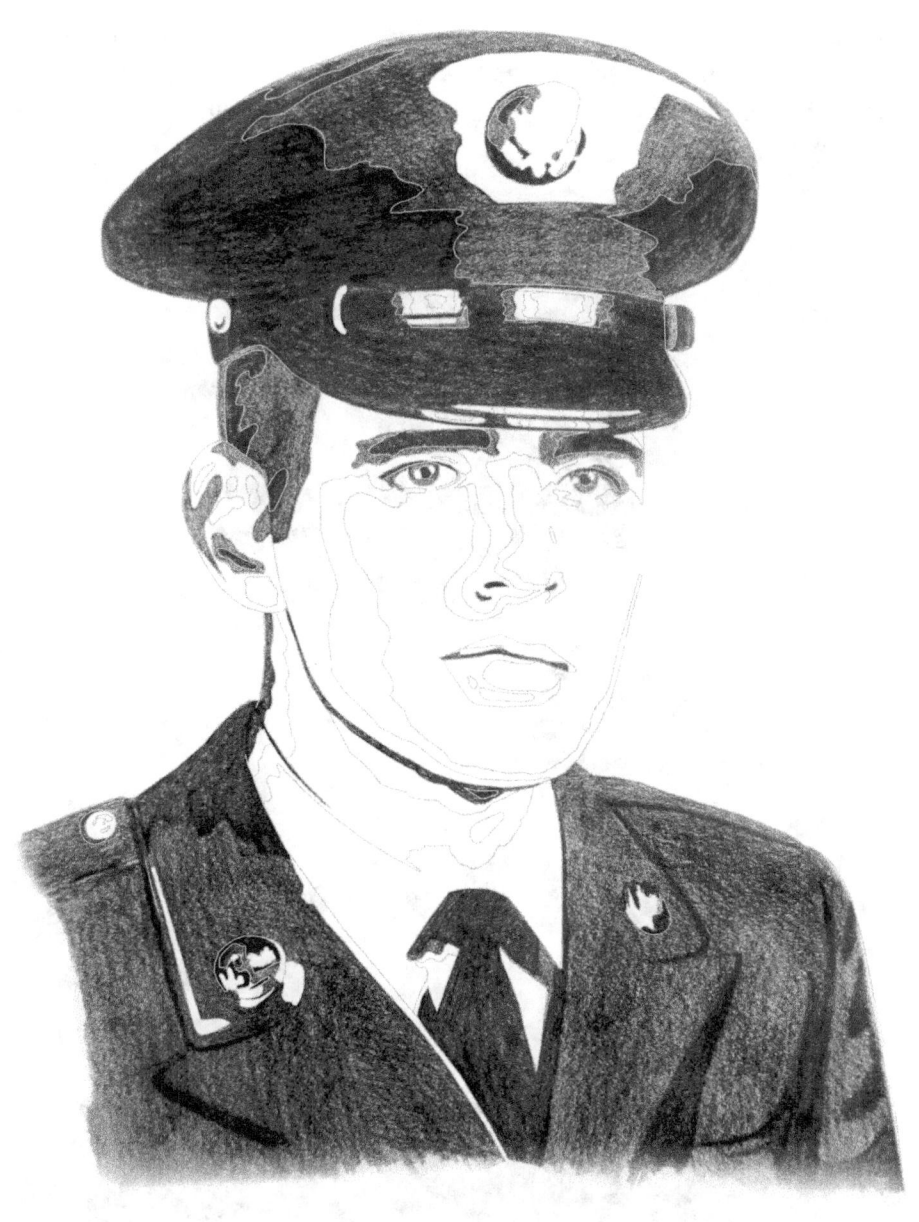

Zu diesem Zeitpunkt sollte die Zeichnung eine beträchtliche Anzahl von Farbtönen aufweisen. Achten Sie darauf, dass Sie die Töne nicht ineinander verwischen (absichtlich oder versehentlich). Es ist mühsam, während des Schattierens das Handgelenk vom Papier zu lösen. Aus diesem Grund kann es hilfreich sein, ein leeres Blatt Papier unter die Handfläche zu legen, die mit der Zeichnung in Kontakt ist.

Wenn alle 4er fertig sind, fülle sie mit einer 3 aus. Die 3 sollte heller als die 4 sein und der 3 auf deiner Werteskala entsprechen. Man kann den gleichen Bleistift 6B mit leichterem Druck verwenden oder zu einem Bleistift 5B oder 4B wechseln..

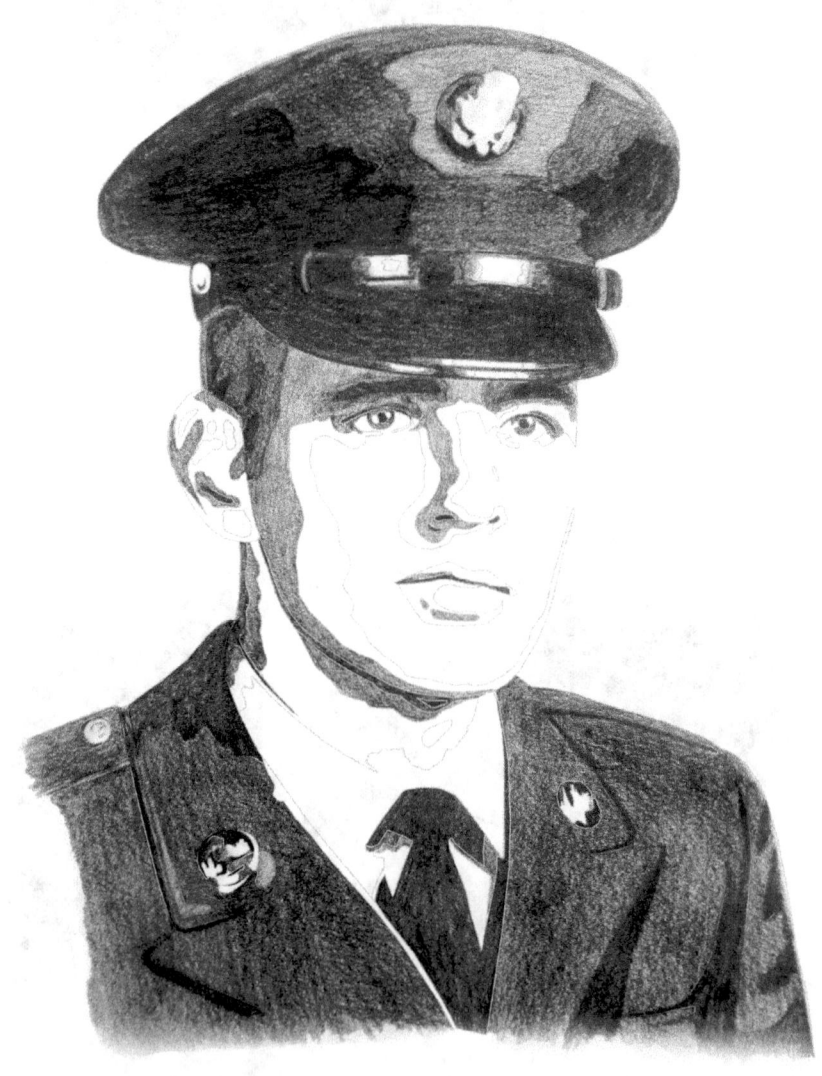

Zuletzt fülle alle mit 2 markierten Bereiche aus. Dies ist der hellste Grauton und sollte dem Feld mit der Nummer 2 auf Ihrer Werteskala entsprechen. Die Felder mit der Nummer 1 sind weiß und brauchen nicht ausgefüllt zu werden.

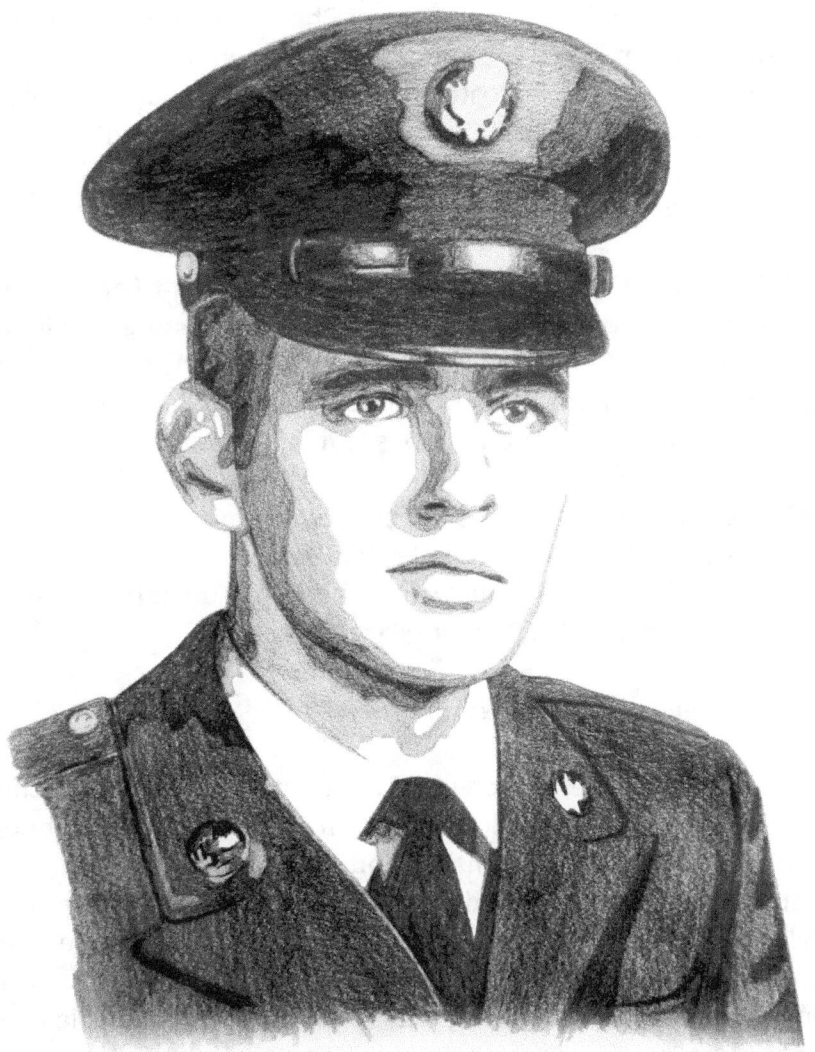

Das fertige Bild sollte ungefähr so aussehen wie das oben abgebildete. Diese Grautöne machen die Stimmung aus, komponieren und verleihen der Zeichnung Glaubwürdigkeit und vermitteln Tiefe und Dreidimensionalität. Wenn der Prozess des "Auffüllens" der Töne abgeschlossen ist, haben Sie eine schöne, schattierte Zeichnung. Versuchen Sie, die Töne nicht zu vermischen, denn das Ziel dieser Lektion ist es, für jeden Ton einen klaren Anfang und ein klares Ende zu haben. Wenn man sich der Veränderungen der Töne bewusst ist und sich darin übt, Töne zu finden und zu erzeugen, hilft das dem Künstler, bessere Schattierungen zu schaffen, unabhängig vom Thema.

Wie man mit Photoshop ein Bild mit fünf Farbtönen erstellt: Wenn Sie Ihr eigenes Bild verwenden möchten, benötigen Sie ein Bildbearbeitungsprogramm, mit dem Sie Ihr Foto auf einfache Weise bearbeiten können. Wählen Sie ein kontrastreiches Bild. Die dunklen Töne sollten kräftig und die hellen Töne scharf sein. Ich habe mein Foto in Photoshop eingescannt und in ein Dokument im Format 8,5 x 11 eingefügt. Wählen Sie Ihr Bild aus und gehen Sie zu Filter > Adjust > Posterize. Stellen Sie den Schieberegler auf fünf Stufen ein und klicken Sie auf OK. Speichern Sie Ihre Arbeit und drucken Sie eine Kopie aus. Bei Posterize handelt es sich um eine schnelle und einfache Methode, um die Farbtöne zu vereinfachen.

So erstellen Sie mit Microsoft Word ein Bild mit fünf Farbtönen: Wählen Sie die Registerkarte "Insert" und klicken Sie im Menü auf "Picture". Doppelklicken Sie auf das Bild, bis die Registerkarte "Picture tools" am oberen Bildschirmrand erscheint. Klicken Sie auf die Registerkarte "Corrections" und wählen Sie "Picture correction options" im unteren Teil des Menüs. Ein Pop-up-Menü öffnet sich. Stellen Sie den Kontrastregler auf "100%" und klicken Sie auf "picture color". Stellen Sie die Sättigung auf "100%". Ändern Sie die Temperatur auf 7.000. Färben Sie das Bild in Graustufen um (zweite Option unter Voreinstellungen). Passen Sie die anderen Schieberegler (außer Schärfe) nach Bedarf an, bis das Bild fünf Farbtöne hat.

Beispiele, Fragen und Kommentare

Die folgenden Beispiele, Fragen und Kommentare wurden von Schülerinnen und Schülern eingereicht und behandeln häufige Probleme, mit denen Künstlerinnen und Künstler konfrontiert sind, sowie konkrete Lösungen für diese Probleme. Wie Sie sehen werden, haben einige Schülerinnen und Schüler das Bild im Buch gewählt, um damit zu üben, während andere ihre eigenen Bilder ausgewählt haben. Sie werden eine Vielfalt von Stilen und Fähigkeiten sehen, die jedes Werk einzigartig und schön machen. Wenn Sie diese Werke betrachten, sollten Sie Ihre Arbeit nicht mit der Kunst anderer vergleichen. Deine originelle Herangehensweise, dein Strich und dein Stil machen ein Werk einzigartig und besonders.

Anmerkung: Beim Übertragen der Umrisse für die fünf Farbtöne hatte ich sehr große Schwierigkeiten mit der Markierung der Schattierungen in den kleinen Bereichen. Im gedruckten Bild waren sie deutlich sichtbar, aber meine Linien waren viel dicker und verdeckten einige der von mir benötigten Details.

Antwort: Solche kleinen Bereiche zu reproduzieren kann schwierig sein, und sie werden möglicherweise nicht genau so reproduziert, wie Sie sie sehen, wenn Sie die Kohle-Transfer-Technik verwenden. Es gibt einige Dinge, die Sie tun können, um eine bessere Kopie zu erhalten. Achten Sie darauf, dass der Stift, mit dem Sie die feinen Details zeichnen, gespitzt ist. Man kann auch vereinfachen, was man sieht. Vor allem im Bereich der Augen gibt es viele kleine Veränderungen in der Tonung, die vereinfacht werden können. Solange Sie darauf achten, dass die weiß hervorgehobenen Bereiche und alle Farbtonveränderungen der Pupillen und der Iris erhalten bleiben, sehen sie immer noch gut aus. Wenn es Ihnen nicht gelingt, die Details während der Kohleübertragung nachzuzeichnen, können Sie sich das gedruckte Bild ansehen und die Details später mit einem spitzen Bleistift nachzeichnen. Häufig sind diese kleinen Bereiche zu klein, um sie bei der Erstellung des Malen-nach-Zahlen-Rasters mit einer Farbtonzahl zu beschriften; daher ist es notwendig, das Referenzbild immer vor Augen zu haben, um es betrachten zu können..

Anmerkung: Ich hatte bei der Verwendung der von Ihnen vorgeschlagenen Stifte einige Schwierigkeiten bei der Unterscheidung zwischen den Stufen 3 und 4 auf meiner Werteskala.

Antwort: Wechseln Sie immer zu einem Bleistift, der Ihren Bedürfnissen entspricht, wenn Sie feststellen, dass der Bleistift, den ich für eine bestimmte Aufgabe bevorzuge, nicht ausreicht. Die Bleistiftmarkierungen hängen von Marke und Druck ab. Mit mehr oder weniger Druck oder durch den Wechsel zu einem weicheren oder härteren Bleistift erhalten Sie den richtigen Farbton. Die Bleistifte, die ich verwende, sind nur eine Empfehlung, die für mich funktioniert. Sie müssen selbst herausfinden, was für Sie funktioniert.

Frage: Haben Sie noch ein paar Tipps für die Übertragung? Bei der Übertragung meines Bildes hatte ich eine Menge zusätzlichen Kohlestaub, den ich wegwischen musste. Ich glaube, ich habe nicht so viel aufgetragen, aber ich habe es nie benutzt.

Antwort: Ja! Holzkohle macht viel Dreck, aber es geht schnell. Man kann auch Bleistift verwenden, der im Vergleich zu Holzkohle praktisch staubfrei ist. Der einzige Nachteil ist, dass es länger dauert, das Papier zu füllen. Eine andere Methode ist, einen Lichtkasten oder ein Fenster zu verwenden, um zu zeichnen. Ohne zusätzliche Pigmentschichten kann man mit dieser Methode einfach nachzeichnen. Stellen Sie den ausgedruckten Umriss auf das Fenster oder den Lichtkasten und legen Sie dann das Papier, auf dem Sie zeichnen möchten, darüber. Sie sollten sehen können, wo Sie Ihre Linien ziehen müssen, wenn das Zeichenpapier nicht zu dick ist.

Frage: Haben Sie für Ihre dunklen Töne schon mal mit einem Ebenholzstift gearbeitet?

Antwort: Ebenholzstifte machen Spaß und ergeben dicke, dunkle Linien, die leicht verwischt werden können. Der tiefschwarze Graphit kann bei der Schaffung eines schönen Kontrasts in einem Kunstwerk hilfreich sein, aber ich würde die Verwendung eines Ebenholzstiftes in einem Kunstwerk nur für bestimmte Bereiche nicht empfehlen. Die Verwendung eines Ebenholzstiftes nur in den dunkelsten Bereichen hat einen tiefen, dunklen Ton zur Folge, der nicht zum Rest des Kunstwerks passt. Das beste Ergebnis erzielen Sie, wenn Sie für die gesamte Zeichnung dieselbe "Bleistiftfamilie" verwenden. Verwenden Sie beim Schattieren mit einem Ebenholzstift denselben Stift für die gesamte Zeichnung. Durch Variieren des Drucks und Hinzufügen verschiedener Tonschichten können verschiedene Farbtöne erzeugt werden.

Kommentar: Das Schwierigste beim Schattieren sind die Augen. Mir hat es Spaß gemacht. Es ist aber nicht gerade gut geworden.

Antwort: Es ist schwierig, die Augen zu fokussieren, da die Detailbereiche sehr klein sind. Schauen Sie sich Ihr Referenzbild oft an, um sicher zu gehen, dass Sie nichts Wichtiges übersehen haben.

Frage: Wie finde ich heraus, welche Farbtöne wohin gehören?

Antwort: Halten Sie die Farbskala griffbereit und legen Sie sie bei Bedarf in die Nähe der Farbtöne in Ihrer Zeichnung, um die Farbtöne an die Skala anzupassen. Ein weiterer Tipp: Blinzeln! Durch das Zusammenkneifen der Augen wird das Bild in den Bereichen mit dicken Schatten einfacher, in denen man die Schatten besser erkennen kann.

Frage: Mein Kunstwerk wirkt flach und zweidimensional. Irgendwelche Vorschläge?

Antwort: Achten Sie darauf, dass Sie Ihre Tonbereiche bis zu den Linien, die die Töne voneinander trennen, und noch ein wenig darüber hinaus füllen. Alle Zwischenräume zwischen den verschiedenen Tönen sehen jetzt vollständig aus. Auch die Art des Papiers kann hilfreich sein. Druckerpapier lässt ein Kunstwerk flach erscheinen, während Zeichenpapier mehr Textur und Interesse bietet.

Frage: Ich habe kein Computerprogramm, mit dem ich ein Bild erstellen kann, das aus fünf verschiedenen Farben besteht. Was ist zu tun?

Antwort: Besuchen Sie Ihre Stadtbibliothek! Dort finden Sie nicht nur Bücher, sondern auch Computer, die Sie benutzen können. Oft stehen Ihnen auch technische Experten zur Verfügung, die Ihnen bei der Benutzung helfen. Während Sie darauf warten, Ausdrucke für die Schattierung zu bekommen, probieren Sie die Lektion "Kugeln schattieren" oder das Tutorial "Bäume zeichnen" aus. Diese Lektionen zeigen einfache Techniken zum schnellen Zeichnen eines Objekts, so dass Sie sich auf die Schattierung konzentrieren können. Falls kein eigenes Bild zur Verfügung steht, kann das im Buch mitgelieferte Bild verwendet werden, das bereits in fünf Schattierungen aufgeteilt ist. Und wenn alles andere nicht hilft, dann zeichnen Sie etwas Eigenes. Die Serie "How to Draw Cool Stuff" kann Ihnen helfen, Ideen zu finden und Ihre kreativen Gedanken fließen zu lassen!

Frage: Muss ich nur fünf Farben verwenden? Mich zu beschränken, finde ich schwierig.

Antwort: Es kann schwierig sein, die Palette der Farbtöne zu begrenzen, aber es ist eine großartige Übung, um den Ton und den Druck des Bleistifts zu üben. Versuchen Sie, vor allem wenn Sie eine solche Übung noch nie gemacht haben, die Anzahl der Töne zwischen vier und sechs zu halten. Verwenden Sie auf jeden Fall Ihre Werteskala als Referenz!

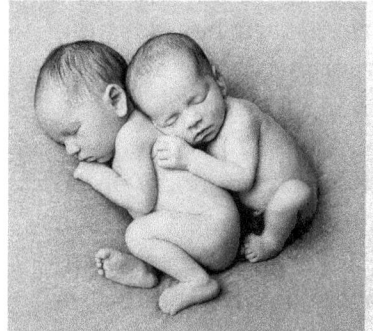 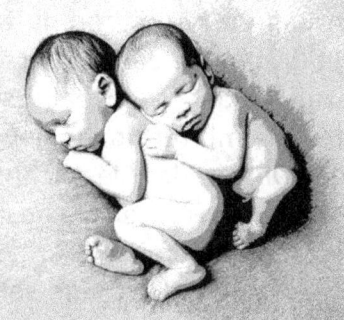 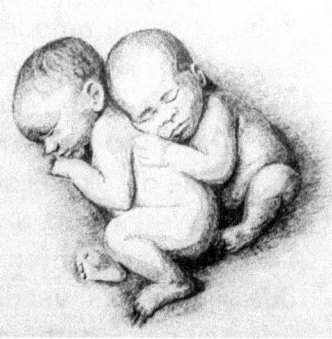

Foto von Elizabeth Jayne   *Übertragen in fünf Farbtönen*   *Kunstwerk von Pamela Dowie*

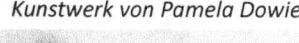

Kunstwerk von Pamela Dowie

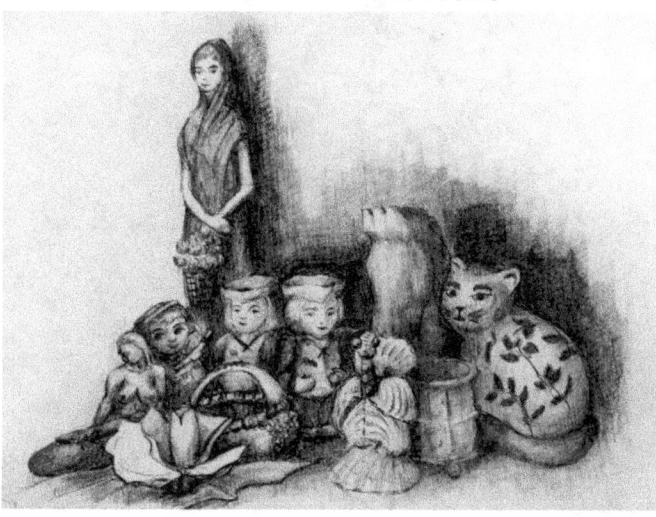

Frage: Ich habe eine Werteskala erstellt, aber ich hatte Schwierigkeiten bei der Verwendung von nur fünf Tönen in dieser Übung. Habe ich zu viele Objekte verwendet?

Antwort: Die Anzahl der Objekte hat keinen Einfluss auf die Anzahl der Farbtöne, die benötigt werden, um Schatten in einer Zeichnung zu erzeugen. Ein Bild kann ein oder hundert Objekte enthalten, die für eine realistische Darstellung benötigten Informationen sind dieselben: Position der Lichter, Mitteltöne und Schatten.

Nicht nur als Zeichenübung, sondern auch als wichtiges Hilfsmittel beim Erlernen des Schattierens kann das Schattieren mit einer vereinfachten Werteskala betrachtet werden. Eine Werteskala kann beliebig viele oder wenige Tonwerte enthalten. Es gibt tausende mögliche Farbtöne, aber für diese Übung brauchen wir nur eine Hand voll. Ich habe Ihnen das Zeichnen einer Werteskala mit fünf verschiedenen Werten beigebracht, aber natürlich können Sie die Anzahl der Werte ändern. Es wird schwieriger, eine Werteskala zu zeichnen, wenn es mehrere Tonbereiche gibt. Aus diesem Grund empfehle ich zu Beginn das Zeichnen einer Werteskala mit fünf Werten. Dadurch wird das Erkennen von Tönen erleichtert und der Künstler erhält die nötige Sicherheit, bevor er sich an schwierigere Zeichnungen wagt. Sobald man sich eine genaue Werteskala erarbeitet hat, kann man sie verwenden, um die Werte in jedem Objekt zu entdecken, das man zeichnet und schattiert. Ich kann nicht sagen, ob die Zeichnung, die Sie mir gezeigt haben, gelungene Schattierungen verwendet, da ich das Original nicht gesehen habe, aber Formmodellierung und Schattierung tragen dazu bei, dass die Zeichnung realistisch wirkt. Wenn Sie daran interessiert sind, Ihre Schatten und Schattierungen in Bezug auf den Wert realistischer zu gestalten, sollten Sie versuchen, eine Werteskala mit fünf oder sieben Tönen zu verwenden. Halten Sie die Skala vor das Objekt, das Sie zeichnen möchten, und wählen Sie den Wert auf der Skala, der den Farbton am besten repräsentiert. Weisen Sie denselben Farbton demselben Bereich Ihrer Zeichnung zu. Diese Methode kann zeitaufwendig sein, aber sie ist eine sehr genaue Methode zum Erlernen des Schattierens. Je größer die Zeichnung ist, desto leichter ist es, die Tonbereiche zu erkennen.

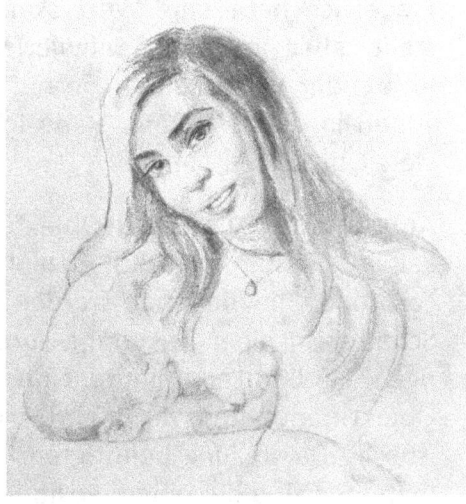

vorher

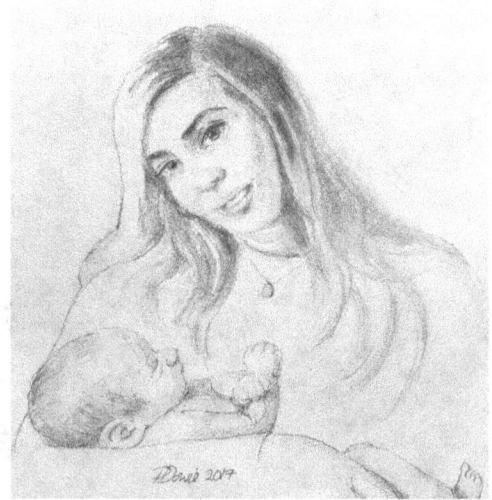

nachher

Eine Studentin, die ihre Nichte mit einem Baby im Arm porträtieren wollte, schuf diese wunderschöne Komposition. Ich schlug vor, das Baby kontrastreicher darzustellen, da ich mich sofort auf die Details der Frau konzentrierte; das Baby ist weniger auffällig, da ihm die Kontrastwerte der Frau fehlen. Da die Gesichter von Babys in der Regel nicht sehr kontrastreich sind, kann es schwierig sein, dieses Schattierungsproblem zu lösen. Eine Möglichkeit bestünde darin, den Kontrast der Frau zu verringern, wenn das Hinzufügen von mehr Kontrast für das Baby zu entmutigend wäre. Eine andere Lösung wäre das Hinzufügen eines dunkleren Farbtons für das Baby, so dass das Kunstwerk als Ganzes ausgewogener wird.

Nach der Anpassung einiger Bereiche des Kunstwerks ist das Endergebnis subtiler, aber gleichmäßiger, und es ist eine ausgewogene Studie mit Charme. Ich sagte der Studentin, wenn sie es ihrer Nichte schenkt, wird sie vor Glück weinen! Die Studentin antwortete: "Ich wollte meine Nichte in den Mittelpunkt stellen, aber ich war mir nicht sicher, ob das Baby nicht mehr Arbeit in Anspruch nehmen würde. Jetzt finde ich, dass das Baby mit etwas mehr Schatten viel besser aussehen würde. Ich bin sehr zufrieden und werde diese Methode in Zukunft öfters anwenden. Vielen Dank!"

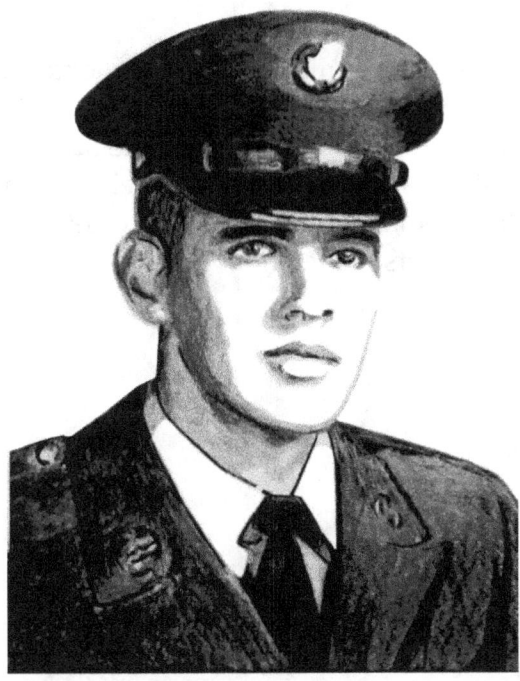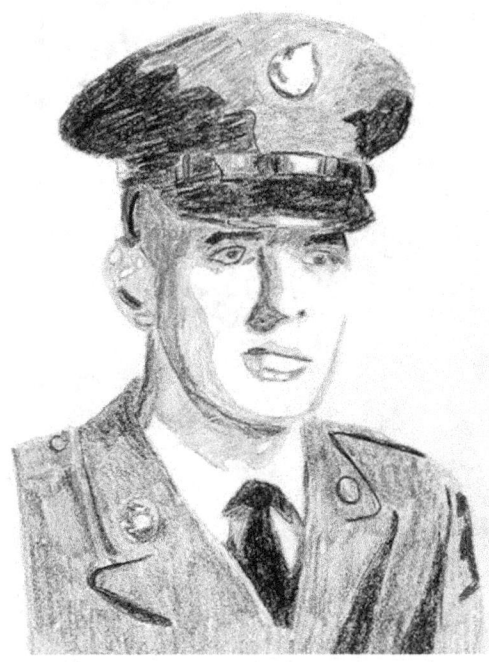

Kunstwerk von Jay Costello   *Kunstwerk von Daniel Warren*

Für die Schattierung eines Porträts mit nur fünf Farbtönen sind die obigen Kunstwerke gute Beispiele. Durch den gelungenen Einsatz von fünf Grautönen haben die Künstler ein Porträt geschaffen. Um das Werk noch realistischer wirken zu lassen, könnten die Umrisse der Gesichtszüge, insbesondere um den Kragen und die Nasenlöcher im linken Bild und die Umrisse des Auges im rechten Bild, weggelassen werden. Das Zeichnen von Linien zur Identifizierung dieser Gesichtszüge ist nicht notwendig, da sie durch die feinen Schatten bereits definiert sind. Es ist schwierig, von der Definition dessen, was wir als Nase oder Auge kennen, zu einer Reihe von Schattierungen überzugehen. Es kann schwierig sein, Merkmale nicht zu skizzieren, aber es ist wichtig, dies nicht zu tun. Eine gute Regel für das Skizzieren aus der Natur (oder aus dem Foto) ist: Zeichne, was du siehst, nicht was du glaubst zu sehen. Wird ein Bild durch Schattierung detaillierter, sollten die ursprünglichen Umrisse schattiert werden. Im wirklichen Leben gibt es keine Umrisse von Gegenständen oder Merkmalen, und deshalb sollten sie auch keine Umrisse haben, wenn sie in einer realistischen Schattierung gezeichnet werden.

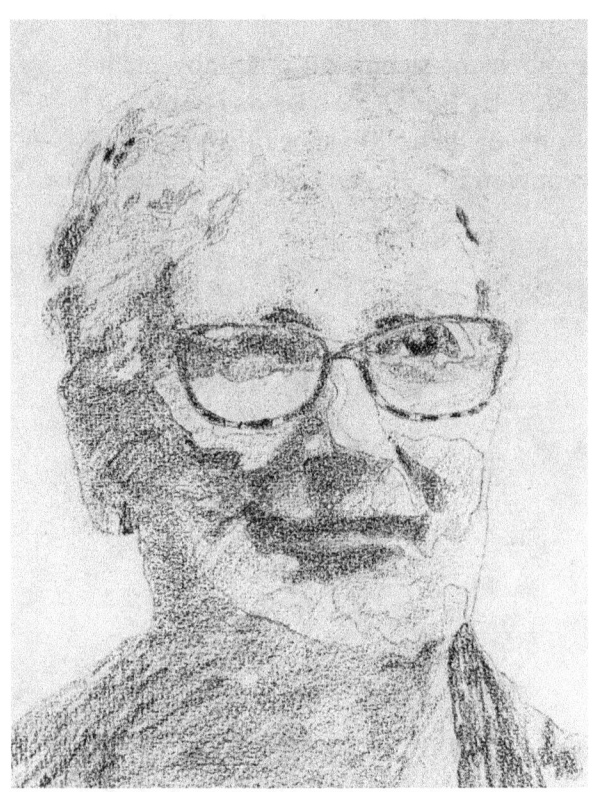

Kunstwerk von Anita de Rooij

"Das war eines meiner ersten Projekte. Ich habe vorher noch nie gezeichnet, und ich fand es toll, was Sie mir über die Schatten erklärt haben. Ich habe viel gelernt, und das hat mich ermutigt, mehr zu zeichnen und zu versuchen, mehr zu lernen."

"Catherine zeigt uns, wie man die Licht- und Schattenabstufungen auf dem Originalfoto betrachtet und wie man sie mit den Stiften nachzeichnet. Mein größtes Problem war, dass ich nicht herausfinden konnte, wie man das Originalfoto umdreht und das Ganze spiegelverkehrt macht. Das war eine echte Herausforderung! Ich war begeistert von der Anwendung dieser sehr cleveren und effektiven Methode. Ich bin ein absoluter Anfänger und hätte nie gedacht, dass ich meinem Großonkel James Winning so ähnlich sehen würde (er fiel übrigens im Ersten Weltkrieg in Gallipoli in der Türkei, nur wenige Monate nach der Aufnahme dieses Fotos im Jahr 1915)."

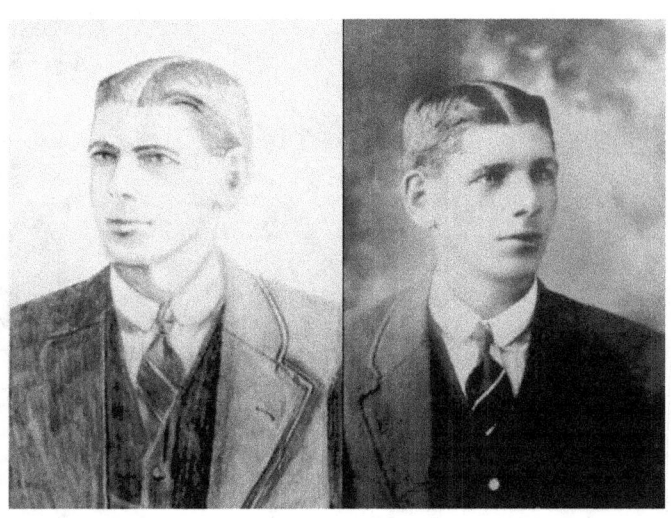

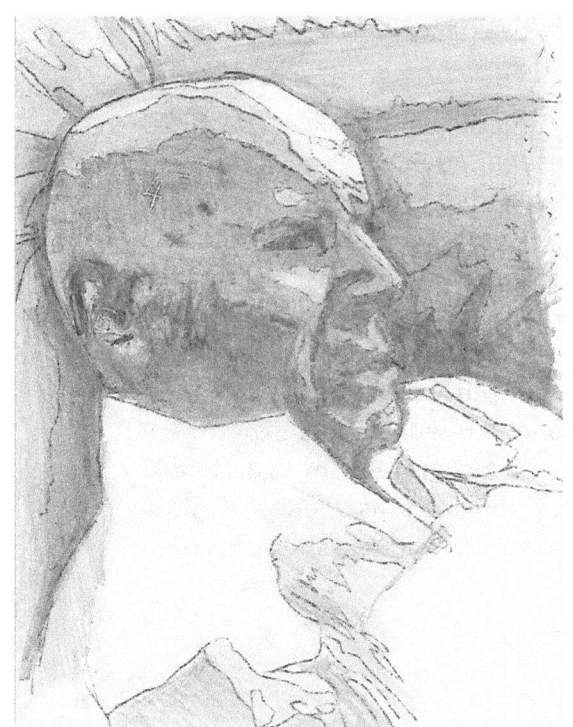

Kunstwerk von Nellisa Noordijk

"Für diese Lektion fotografierte ich zuerst meinen Vater in einem seiner Alzheimer-Momente. Wie von Catherine beschrieben, habe ich das Bild am Computer bearbeitet, um fünf Farbtöne zu erhalten, und dann versucht, es mit der Rastermethode zu zeichnen. Am Anfang war ich der Meinung, es würde nicht funktionieren, weil ich das Gefühl hatte, ich zeichne Flecken und keine echten Gesichtszüge, aber als ich fertig war, passte alles zusammen! Durch diese Methode habe ich einen ganz anderen Blick auf das Motiv bekommen. Ich sehe jetzt Segmente mit unterschiedlichen Tonwerten und nicht mehr nur eine feste Form. Diese Methode hilft mir, Tiefe zu schaffen, und vereinfacht eine schwierige Szene sehr gut. Auf diese Weise kann ich schneller arbeiten, was für das Skizzieren im Freien notwendig ist."

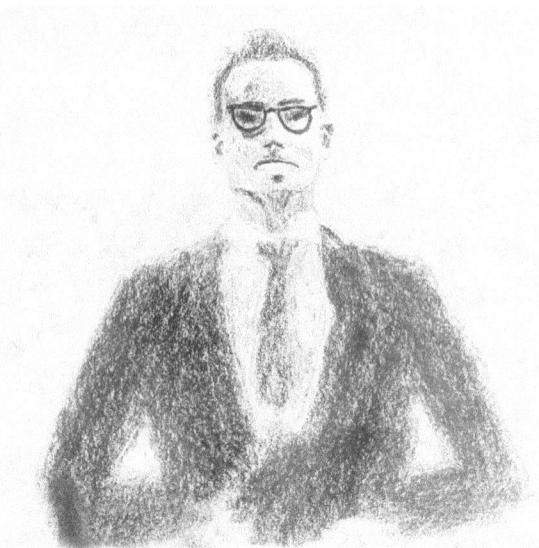

Kunstwerke von Tamara Eden

"Das Fünf-Ton-Verfahren hat mein Auge dafür geschult, verschiedene Schattierungsebenen zu erkennen."

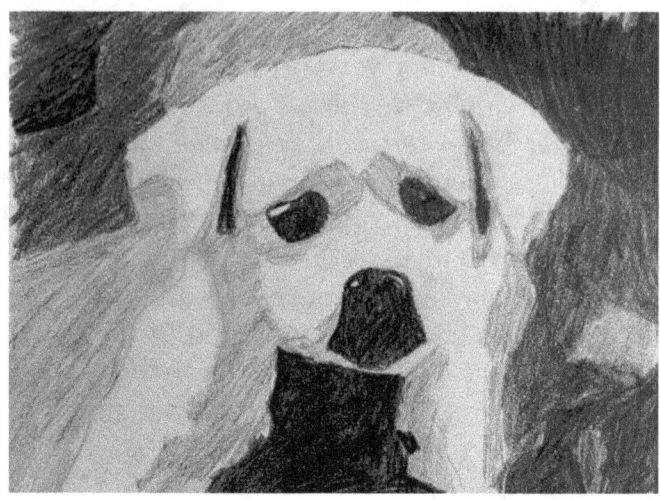

Kunstwerk von Whitney
Krug (zwölf Jahre)

Frage: Das ist meine Fünfton-Zeichnung. Statt des vorgeschlagenen Bildes habe ich mich für einen Hund entschieden. Können Sie mir sagen, wie ich es verbessern kann?

Antwort: Ein tolles, vereinfachtes Bild, perfekt für diesen Zweck. Ich habe das Bild, von dem du ausgegangen bist, nicht gesehen, daher kann ich dir nicht sagen, ob etwas fehlt, aber ich bin der Meinung, dass es im Bereich des Gesichts und des Körpers mehr Mitteltöne geben könnte. Ich sehe einen starken Kontrast zwischen dem Dunklen und dem Hellen, und das ist sehr auffällig. Ein paar subtilere Töne sind nötig, um die Details zu betonen. Außerdem lässt sich das Originalbild manchmal nicht gut in fünf Farbtöne umsetzen. In dieser Lektion habe ich bei einigen Bildern nur mit vier Farbtönen gearbeitet, bei anderen habe ich sogar acht Farbtöne verwendet. Das Experimentieren mit dem Bild am Computer ist eine gute Möglichkeit zum "Skizzieren" Ihres Kunstwerks, bevor Sie es tatsächlich in die Tat umsetzen. Auf diese Weise erhalten Sie einen kleinen Vorgeschmack darauf, wie Ihr Kunstwerk am Ende aussehen könnte.

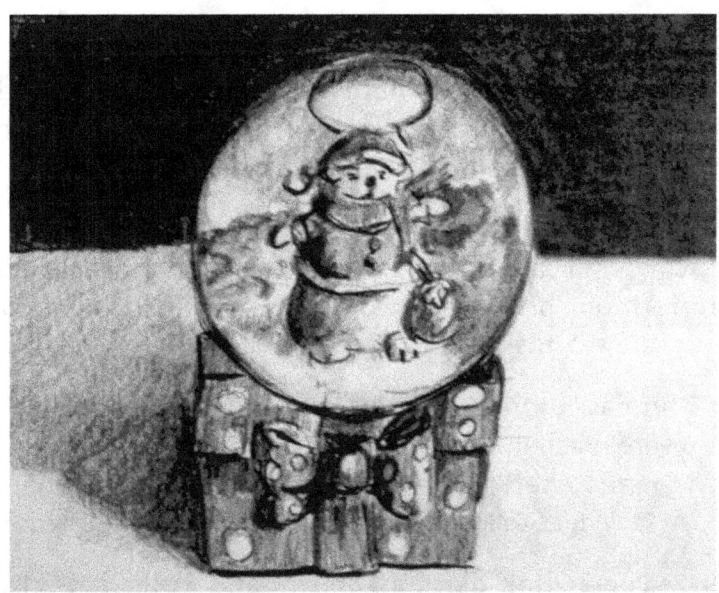

Frage: Manchmal ähnelt der dunkelste Wert einer Linie. Ist eine Kombination aus diesem Bereich und dem nächsten Wert die beste Lösung? Mein Objekt ist klein. Vielleicht ist es für diese Übung nicht geeignet.

Antwort: Das gezeichnete Objekt kann beliebig klein oder groß sein, es sollte jedoch groß genug sein, um Details zu sehen. Nur das Abbild (Ihre Zeichnung) muss groß genug sein, damit Sie es reproduzieren können. Das kann groß oder klein sein, je nachdem, welche Werkzeuge Sie benutzen. Es gibt Menschen, die besonders gut darin sind, sehr kleine Kunstwerke mit vielen Details zu zeichnen, während andere sich wohler fühlen, wenn sie in einem größeren Maßstab zeichnen. Allerdings kann der Eindruck von Tiefe und Dimension verloren gehen, wenn die Zeichnung so klein ist, dass die tiefsten Schatten mit einer dicken, dominanten Linie gezeichnet werden, um den Rand von etwas darzustellen. Die Idee dieser Art von Linie ist ähnlich wie das Umreißen von Teilen eines Objekts. Dies ist dem Realismus nicht dienlich. Folgt der Künstler der Form eines Objekts bis zum Rand, wird der Bereich dahinter (auch wenn es ein anderer Teil desselben Objekts ist) dargestellt. In der Realität werden Objekte nicht konturiert, wir sehen nur den Rand eines Objekts neben dem dahinter liegenden Hintergrund. Teile davon können als Linie erscheinen, aber diese Linie wird normalerweise nicht um eine Form herumgeführt, um sie zu "umreißen". Versuchen Sie auf jeden Fall, einen Farbverlauf zu erzeugen, indem Sie Farbtöne ineinander übergehen lassen, da dies einen viel subtileren Eindruck macht. Beim Überblenden von Farbtönen ist es schwierig, einen bestimmten Punkt im Werk zu finden, an dem der Farbton beginnt, dunkler oder heller zu werden. Durch das Überblenden entsteht der Eindruck, dass der Farbton immer nur ein wenig dunkler oder heller wird und es keinen Punkt gibt, an dem der Farbton einfach aufhört oder anfängt.

Kommentare:

"Für mich war das eine ausgezeichnete Art und Weise der Betrachtung einer Werteskala. Sie geben einige großartige Tipps, wie man ein Foto in eine Zeichnung mit fünf Farbtönen umwandelt. Das hat mir bei meinen anderen Kunstwerken geholfen.

"Es fiel mir schwer, mich auf fünf Farbtöne zu beschränken. Da ich immer wieder mehr Farbtöne hinzufügen wollte, als für diese Übung nötig waren, war es wichtig, die Werteskala neben meiner laufenden Arbeit zu haben".

"Vielen Dank für das Tutorial, die Werte zu verwenden und die Farbtöne in einem Bild zu vereinfachen. Mir gefällt diese Methode sehr gut, weil sie die Lichter und Schatten übertrieben wirken lässt und es einfacher macht, zu bestimmen, an welcher Stelle die einzelnen Töne platziert werden sollen.

"Bei meiner Zeichnung mit den fünf Tönen fand ich es am schwierigsten, die Augen und das Ohr zu finden. Ich musste das Objekt genau betrachten, um die kleinen Nuancen zu erkennen. Dieser Teil hat am meisten Zeit in Anspruch genommen, aber ich bin froh, dass ich es geschafft habe. Beobachtung ist der Schlüssel zu einer realistischen Schattierung, habe ich gelernt."

"Ich war sehr beeindruckt von dem Tipp, ein Foto mit der Option Posterisieren in nur fünf Farbtöne zu zerlegen. Was für ein großartiger Tipp, wenn das Auge nicht in der Lage ist, die Ebenen der Schattierung zu sehen!

"Ich habe schon immer gerne gezeichnet und mich immer für Menschengesichter interessiert. Genauer gesagt, wollte ich immer einfangen können, wie Menschen aussehen und wie ihre Stimmung aussieht. Statt mich auf Details zu konzentrieren, wurde mir beigebracht, das Gesicht mit Hilfe von Grundformen zu vereinfachen, auf Licht und Schatten zu achten und die einzigartige Knochenstruktur der Person zu erfassen, bevor ich mich auf die Gesichtszüge konzentriere. Durch diese neue Art des Denkens habe ich meine Fähigkeiten im Freihandzeichnen um ein Vielfaches verbessert. Jetzt, wo ich nicht mehr auf Präzisionswerkzeuge angewiesen bin, habe ich mehr Vertrauen in meine Zeichenfähigkeiten. Ich habe zwar immer noch einige Posen, die mir Schwierigkeiten bereiten, und manchmal treffe ich die Ähnlichkeit nicht auf Anhieb, aber ich lasse mich nicht mehr so entmutigen wie früher, weil ich jetzt weiß, wo ich Fehler mache und was ich tun kann, um sie bei meinen nächsten Versuchen zu korrigieren. -Johanne Climaco @johanneclimaco

"Diese Lektion hat mir bis jetzt sehr viel Spaß gemacht. Ich kann sehen, wie mir das Üben mit der Methode der Schattierung in fünf Stufen bei meinen zukünftigen Zeichnungen helfen kann, auch bei Zeichnungen, für die mehr als fünf Töne benötigt werden."

"Mein Verständnis von Licht und Schatten hat sich durch die Teilnahme an diesem Kurs verbessert. Dieses bessere Verständnis hat meine Zeichnungen realistischer erscheinen lassen." -Dan Warren

KAPITEL VIER
Kreuzkontur-Zeichnung

Wissen:
- In der Linienkunst werden Form und Umriss gegenüber Schattierung und Textur betont.
- Querkonturlinien beschreiben das Innere eines Objekts mit Linien, die der Richtung und Form der inneren Details eines Objekts folgen.

Verstehen:
- Wie der Künstler den Stift hält und wie viel Druck ausgeübt wird, erzeugt unterschiedliche Spuren.
- Durch das Nachzeichnen der inneren Details eines Gegenstandes mit dem Auge und deren Wiedergabe durch Linien auf dem Zeichenpapier ist es möglich, die Oberfläche eines Gegenstandes zu definieren.
- Die Querkonturen eines Objekts folgen einem Verlauf, der dem einer topografischen Karte ähnelt. Bereiche, die vom Auge am weitesten entfernt sind, sollten durch näher beieinander liegende Linien dargestellt werden, während Bereiche, die dem Betrachter am nächsten erscheinen, durch weiter auseinander liegende Linien dargestellt werden.
- Die Querkontur kann unter der Voraussetzung, dass die Oberflächenmarkierung der Form folgt, in einer Richtung oder in einer beliebigen Kombination von Richtungen angebracht werden.

Aktion:
- Finden Sie ein einfaches Objekt oder verwenden Sie das mitgelieferte Bild, um eine lineare Zeichnung zu erstellen, die die Außenkanten des Objekts beschreibt.
- Schauen Sie sich die inneren Details des Objekts an und fügen Sie eine Definition für eine Kreuzkontur hinzu, um diese inneren Details in Ihrer Zeichnung zu zeigen.

In dieser Lektion werden wir untersuchen, was es bedeutet, eine einfache Zeichnung zu erstellen, indem wir die "Line Art" und die "Cross Outline Definition" verwenden.

Beginnen wir mit der Bedeutung des leichten Zeichnens. Das Erlernen des leichten Zeichnens ist eine Fähigkeit, die es aus vielen Gründen zu entwickeln lohnt. Der Druck des Bleistifts ist entscheidend für realistische Schattierungen, und die Kontrolle über den Bleistift beeinflusst jeden Schritt des Zeichenprozesses von Anfang bis Ende. Den Druck des Bleistifts zu variieren oder mehrere Töne mit gleichmäßigem Druck übereinanderzulegen, kann von der ersten groben Skizze bis zur Fertigstellung der Schattierung zu einer deutlichen Verbesserung der Zeichnung führen. Feine Tonveränderungen können nur durch die Kontrolle über den Stift erreicht werden.

Das fängt schon beim leichten Zeichnen an. Dazu muss der Künstler den Stift weich und nicht zu fest halten. Ein fester Griff drückt dunkle Zeichen auf das Papier, während ein lockerer Griff zu helleren Linien führt. Es kann hilfreich sein, den Bleistift nicht in der Nähe der Spitze zu halten, sondern weiter oben am Schaft, in Richtung des Radiergummis. Eine weitere Technik, die dem Künstler hilft, klarere Linien zu zeichnen, besteht darin, den ganzen Arm über das Blatt zu bewegen, um eine Linie zu ziehen, anstatt die Bewegung mit einem festen Griff zu kontrollieren. Die Bewegung mit dem Handgelenk und den Fingern schränkt die Bewegung des Bleistifts ein. Dadurch entsteht ein unerwünschter Druck, der dunkle Spuren hinterlässt. Mit dem ganzen Arm lassen sich gerade Linien und sanfte Kurven leichter zeichnen. Wenn Sie Ihre Linien gut genug finden, um sie dauerhaft zu machen, können Sie sie immer dunkler machen. Nicht dauerhafte Linien lassen sich viel leichter ändern. Es kann fast unmöglich sein, eine Linie vollständig zu löschen, wenn sie zu dunkel gezeichnet wurde. Die Gewohnheit, mit einer schweren Hand zu zeichnen, durch eine leichtere Hand zu ersetzen, erfordert Übung, aber es ist möglich und die Mühe wert.

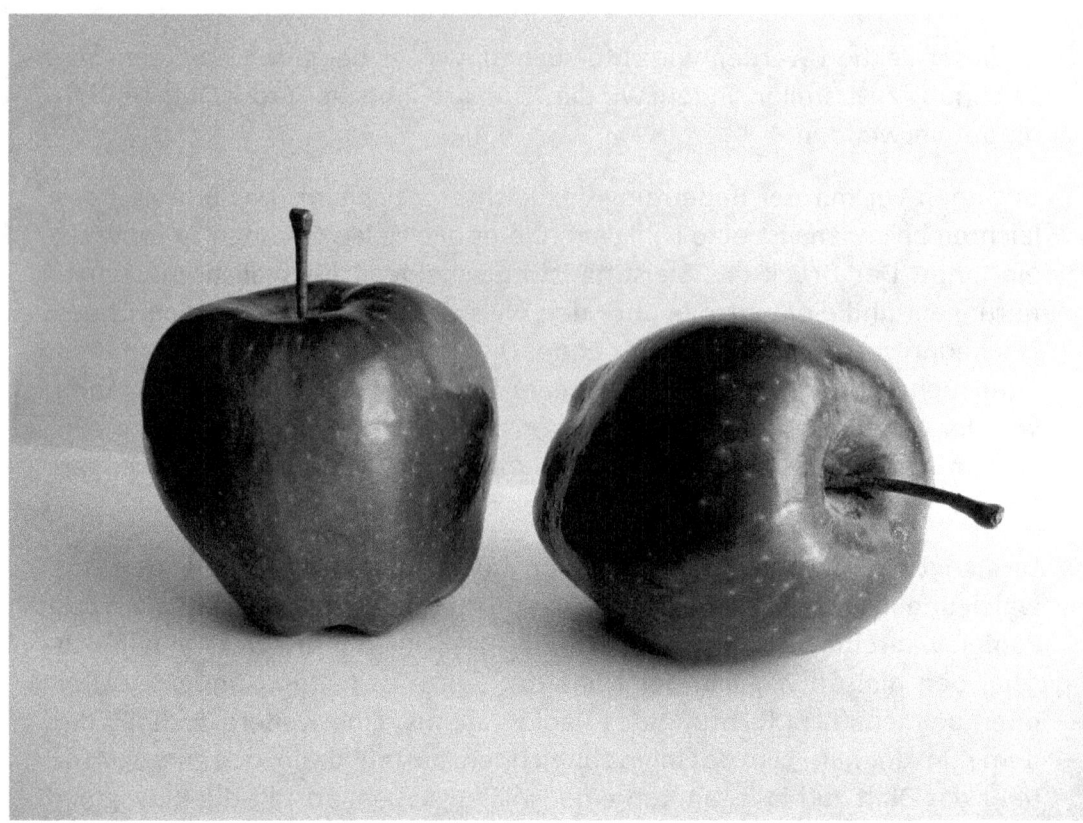

Anhand einer einfachen Zeichnung von zwei Äpfeln wollen wir das Zeichnen mit einer hellen Linie üben. Dies war ursprünglich ein Farbfoto, aber
ich habe es in Schwarzweiß umgewandelt, damit man die Schattierungen
besser erkennen kann. Wenn man in Schwarzweiß zeichnet, kann man beim
Betrachten eines Farbbildes leicht abgelenkt werden. Daher kann die Umwandlung eines Bildes in Schwarzweiß ein nützliches Hilfsmittel sein, besonders wenn man zum ersten Mal lernt, Schattierungen zu verwenden.
Ein Schwarzweißbild kann Veränderungen in den Farbtönen und Schatten
deutlicher machen, so dass es einfacher ist, die Umrisse des Gesehenen zu
beobachten und zu reproduzieren.

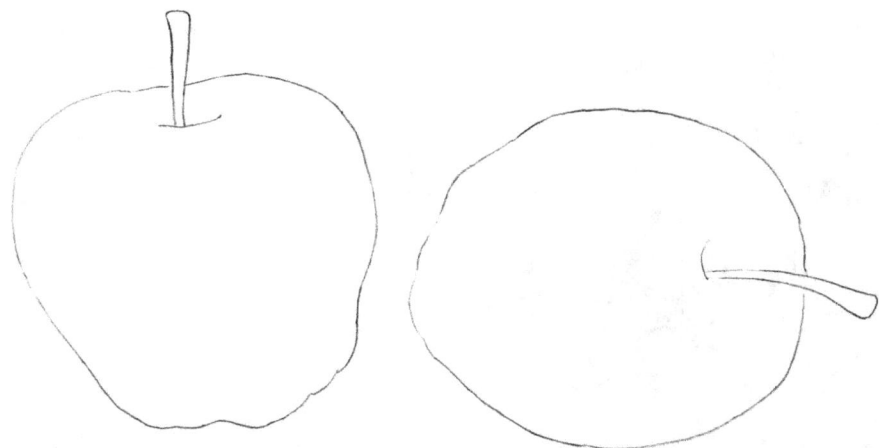

Hier sehen Sie die Umrisse der Außenseite eines Apfels. Diese Art der Zeichnung, die eine Form oder einen Umriss definiert, wird als Umrisszeichnung bezeichnet. Im Wesentlichen handelt es sich dabei um den Umriss oder die Silhouette eines bestimmten Objekts oder einer Figur. Das Zeichnen des Umrisses eines Objekts vor dem Zeichnen der inneren Details ist eine Möglichkeit, mit dem Zeichnen zu beginnen. Der Umriss kann mit einem HB-Bleistift gezeichnet werden. Wenn die Linien nach dem Geschmack des Zeichners gesetzt sind, können sie etwas dunkler und haltbarer gemacht werden. Ein Kunstwerk, das mit Umrisslinien gezeichnet wird, besteht aus klaren, geraden oder geschwungenen Linien ohne Schattierungen oder Farbabstufungen. Es wird oft als Linienkunst bezeichnet. In der Linienkunst liegt der Schwerpunkt auf Form und Umriss und nicht auf Schattierung und Textur.

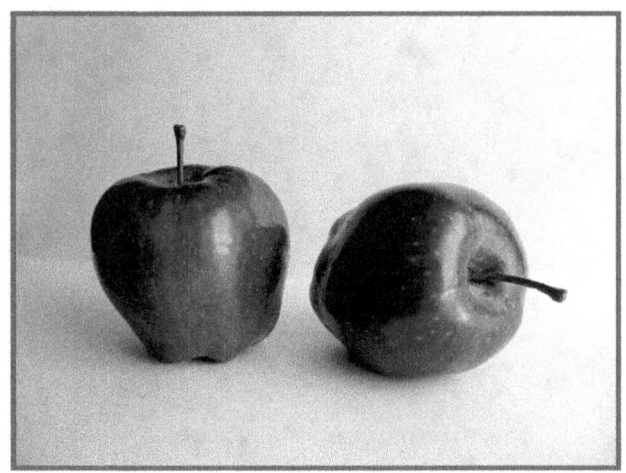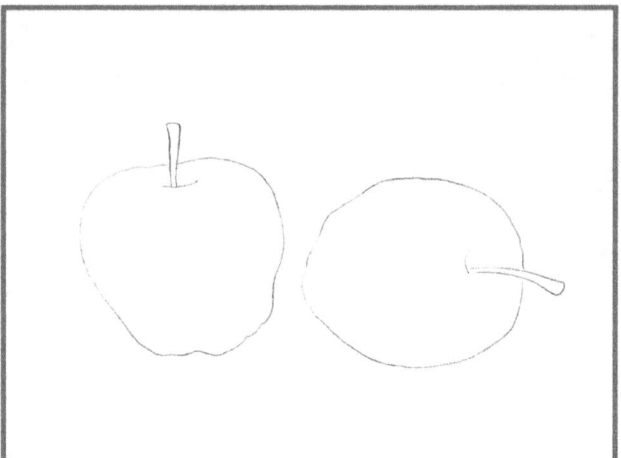

Stellen Sie Ihre Zeichnung und Ihr Referenzbild nebeneinander.

Nach Fertigstellung des Umrisses des Objekts ist der nächste Schritt in diesem Prozess die Konzentration auf die Definition der Querkontur des Objekts.

Das Äußere des Objekts ist definiert, nun müssen wir das Innere des Objekts mit Linien beschreiben. Um die Details im Inneren jeder Frucht zu bestimmen, haben Sie das Foto des Apfels vor sich. Beim Hinzufügen der Querkontur werden die inneren Details des Apfels mit dem Auge erfasst und mit Linien auf das Zeichenpapier übertragen. Diese Linien sind vergleichbar mit den Höhenlinien auf einer Landkarte, die uns bei der Visualisierung der Topographie einer Fläche behilflich sind. Die Querlinien werden normalerweise nicht so offensichtlich gezeichnet, aber die Übung, sie zu zeichnen, erleichtert es, die dreidimensionale Form eines Objekts zu erkennen und auf eine zweidimensionale Fläche zu übertragen.

Diese Äpfel sind zum Beispiel die Sorte Red Delicious, die eine erkennbare Oberfläche mit Unebenheiten, Vertiefungen und Tälern hat, unregelmäßiger als ein gewöhnlicher runder Apfel. Um die innere Form des Apfels darzustellen, fügen wir mehrere Linien hinzu, um die Richtung und Form dieser inneren Details anzuzeigen. Die am weitesten vom Auge entfernten Teile des Apfels müssen gemäß den Grundregeln der Perspektive durch engere Linien dargestellt werden. Linien mit größerem Abstand sollten zur Kennzeichnung von Bereichen des Apfels verwendet werden, die für das Auge aus der Nähe sichtbar sind. Um herauszufinden, wie die Oberfläche des Apfels aussieht, betrachten Sie Ihr Foto weiter.

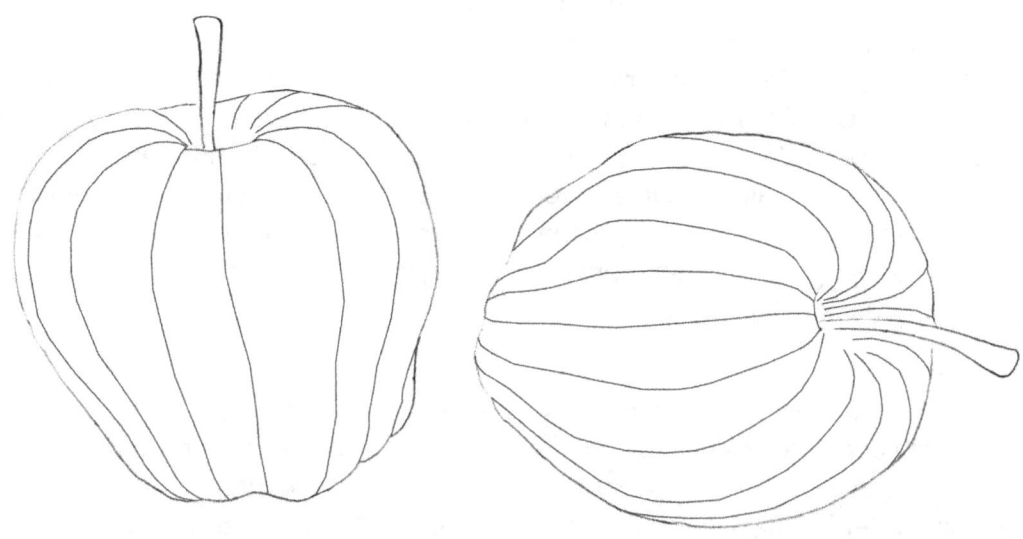

So könnte die Umrisszeichnung des Apfels aussehen, wenn die Linie der Form nur in eine Richtung folgt. Es entsteht ein interessantes Streifenmuster, das die Form der Frucht locker andeutet.

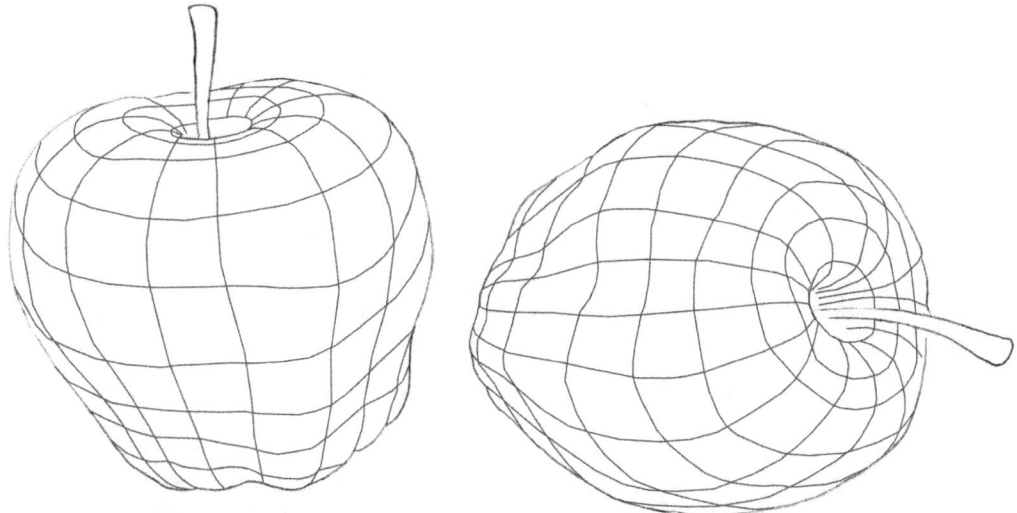

Um das Volumen des Apfels weiter zu definieren, sollten, nachdem alle beschreibenden Linien in eine Richtung gezeichnet wurden, Querlinien in die entgegengesetzte Richtung hinzugefügt werden. Achten Sie wieder darauf, welche Teile des Apfels sich nach vorne und welche sich in den Raum zurückzuziehen scheinen. Zeichne weiter, was du siehst, indem du Linien verwendest, die sich kreuzen. Wenn die Kreuzkonturen fertig sind, sollte die Zeichnung wie eine Drahtskulptur oder wie eine topografische Karte aussehen.

Der Apfel auf der rechten Seite wurde in einem anderen Winkel platziert als der Apfel auf der linken Seite. Die Richtung der Umrisslinien ist daher unterschiedlich. Versuchen Sie zu zeichnen, was Sie sehen, nicht was Sie glauben zu sehen, um die Tiefe oder Dreidimensionalität des Apfels darzustellen. Zeichne die Querkonturlinien in die eine und dann in die andere Richtung, um zu zeigen, wo die Oberfläche hervorsteht und wo sie nach innen zu gehen scheint. Ziehen Sie die Linien weit auseinander für Bereiche, die dem Betrachter nahe sind, und eng zusammen für Bereiche, die weiter entfernt zu sein scheinen. Sie können mehr oder weniger Querlinien hinzufügen, um die dreidimensionale Form darzustellen.

Die Zeichnung des Apfels mit den gekreuzten Umrisslinien sieht schon als Kunstwerk interessant aus, aber wir werden in dieser Lektion noch etwas weiter gehen und einen Schatten hinzufügen. Diese Konturlinien dienen als Platzhalter für die Schattierung und als Gerüst für die Richtung und Tiefe des Tons.

KAPITEL FÜNF
Schattierung mit Querkonturlinien

Wissen:
- Schattierung unter Verwendung von Konturlinien als Orientierungshilfe.
- Die Lichtquelle bestimmt, wo Schatten und Lichter auf einem Objekt platziert werden.
- Reflektiertes Licht ist das Licht, das von den umliegenden Bereichen auf Ihr Objekt reflektiert wird.
- Reflektierendes Licht befindet sich immer auf der Schattenseite eines Objekts.

Verstehen:
- Sie können eine schattierte Oberfläche erzeugen, die der dreidimensionalen Form eines Objekts folgt und diese verstärkt, wenn Sie den Verlauf der Querkonturlinien beim Zeichnen berücksichtigen.
- Die schnelle Definition der Form eines Objekts wird durch die Erstellung von Schattierungsschichten erleichtert.
- Eine Zeichnung wirkt realistischer, wenn Sie beim Hinzufügen von Werten den Kurven der Konturlinien folgen.
- Wenn Sie öfters auf Ihr Foto oder Ihr Referenzbild schauen, können Sie sicherstellen, dass sich die wichtigsten Schatten und Reflexionen an den richtigen Stellen befinden.

Aktion:
- Beim Erkennen der Tiefe in einem Kunstwerk kann die Verwendung von Querkonturen als Orientierungshilfe für die Schattierung helfen.
- Betrachten Sie Ihr Referenzbild, um die dunklen und hellen Bereiche zu bestimmen.

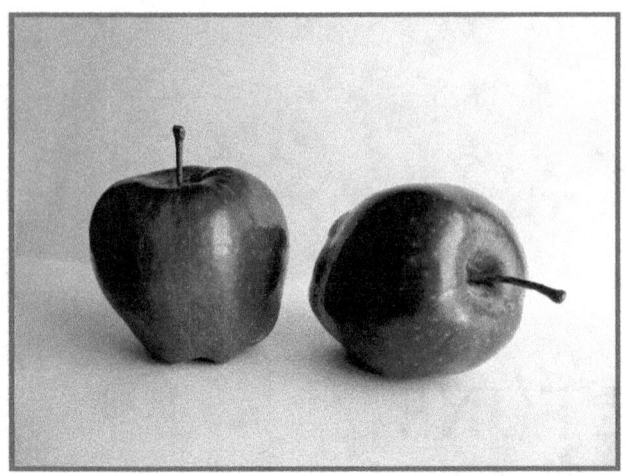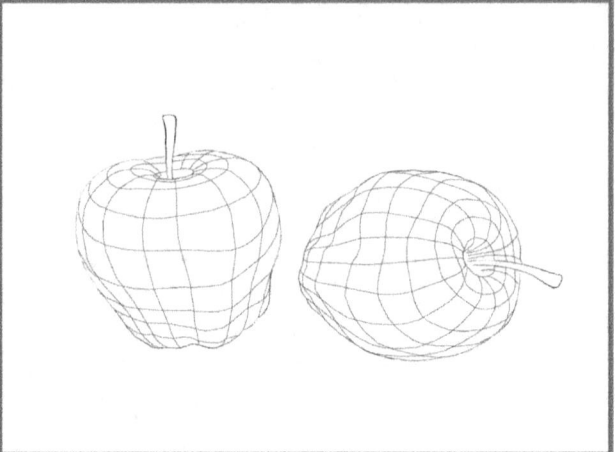

Bevor Sie anfangen zu schattieren, stellen Sie sicher, dass Sie das Referenzbild vor sich haben. Entscheiden Sie, welchen Bereich Sie zuerst schattieren
möchten. Ich bevorzuge es, mit der Schattierung in den dunkelsten Bereichen zu beginnen, da ich auf diese Weise das Weiß des Papiers ausblenden
kann und schnell einen Eindruck von der Tiefe bekomme. Wenn man von
Anfang an einen Kontrast zum weißen Papier schafft, ist es für die Augen
einfacher und hilft, die Form eines Objekts schneller zu erkennen. Auf dem
Foto befinden sich, vor allem weil die Lichtquelle von rechts kommt, die dunkelsten Bereiche auf der linken Seite der Äpfel. Um diese Schattierungen und
Schatten nachzumalen, folgen Sie der Richtung der Konturlinien und füllen
Sie diese dunklen Bereiche aus, indem Sie den Bleistift hin und her bewegen.

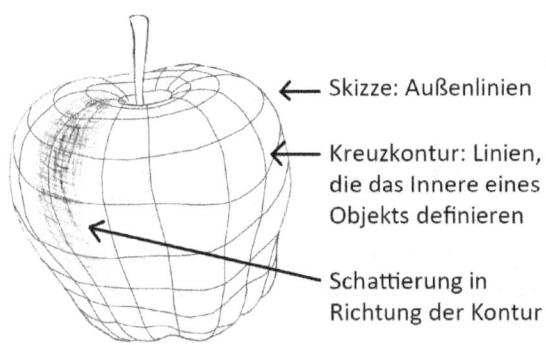

← Skizze: Außenlinien

← Kreuzkontur: Linien,
die das Innere eines
Objekts definieren

← Schattierung in
Richtung der Kontur

Es ist ratsam, die Schatten
nicht sofort bis zur vollen Intensität auszufüllen. Zuerst
eine erste Schattierungsschicht anlegen und die zu
schattierenden Flächen mit
leichtem Strich ausfüllen. Im
weiteren Verlauf der Zeichnung werden wir die Schattierung weiter bearbeiten,
und eine leichte Berührung

hilft, Schatten und Lichtpunkte gegebenenfalls zu löschen oder zu verschie-
ben. Zeichnen Sie einige Linien, die den Verlauf des Schattens zeigen und
den Höhen und Tiefen des Apfels in einer geschwungenen Bewegung folgen. Sie können auch eine geradlinige Hin- und Herbewegung verwenden,
aber eine Schattierung in die Richtung, in die sich der Apfel wölbt, lässt Ihr
Kunstwerk viel realistischer aussehen. Folgen Sie daher den Querkonturen,

wenn Sie Werte hinzufügen. Zur Erzielung einer realistischen Tiefe kann es erforderlich sein, einige Bereiche mehrere Male zu überarbeiten. Es ist hilfreich, die erste Schattenschicht zu verwenden, da sie leichter zu erkennen ist, wenn das große Weiß der Seite entfernt wird. Achte darauf, wo der Apfel in die Konturen eintaucht und wo er sich nach außen wölbt. Die Bereiche, die sich nach innen wölben, sind etwas dunkler, während die Bereiche, die nach außen ragen, etwas heller sind. Fahren Sie fort, den Kurven zu folgen, und füllen Sie den Apfel leicht mit den Schattierungen, die Sie sehen. Denken Sie daran, dass dies nur die erste Schattierung ist.

Der Farbton wird etwas heller, wenn Sie sich zur rechten Seite des Apfels bewegen. Sie können den Druck, den Sie auf den Bleistift ausüben, verringern oder zu einem helleren Bleistift der Klasse B wechseln. Beachten Sie, dass es im hellen Bereich auf dem Foto einen Glanzpunkt gibt, der in die Zeichnung übernommen werden sollte. Der Glanz ist fast weiß. Lassen Sie die hellsten Stellen in der Zeichnung weiß oder gehen Sie später zurück und verwenden Sie den Radiergummi, um den Bleistift zu entfernen und einen Glanzpunkt oder eine Reflexion zu erzeugen. Wenn der Apfel Gestalt annimmt, fügen Sie weitere Schattierungen hinzu. Nach und nach eine weitere dünne Schattierungsschicht auf den Apfel auftragen und nach Bedarf verdunkeln. Der Kontrast zwischen den hellen und dunklen Bereichen sollte immer deutlicher werden. Jetzt ist es an der Zeit, die Bewegungsrichtung der Schattierung zu ändern und der gegenüberliegenden Querkontur zu folgen. Wenn die Schattierung diesen Querkonturen folgt, erhält man mehr Tiefe und Details.

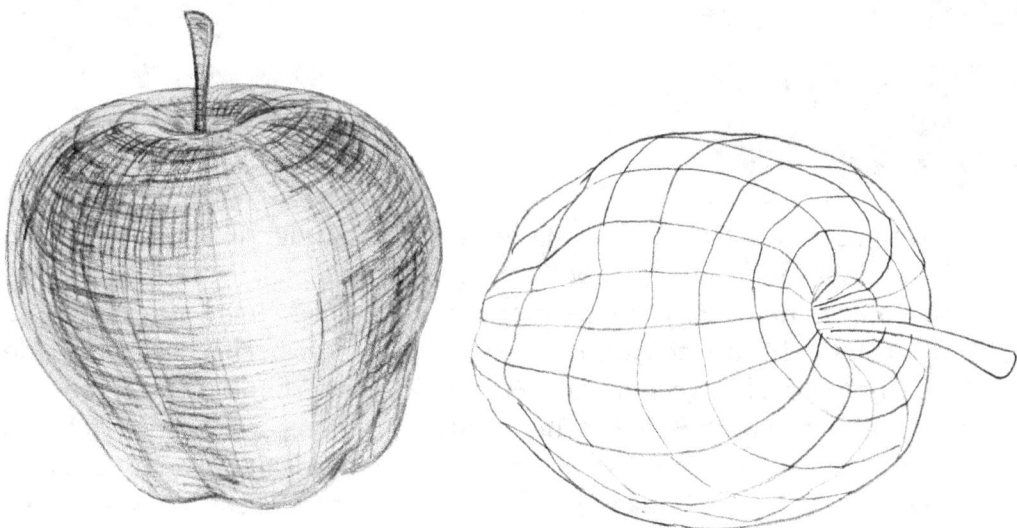

Beobachtung ist sehr wichtig, halten Sie also von Zeit zu Zeit inne und betrachten Sie Ihre Arbeit. Um sicherzugehen, dass sich die Hauptschatten und Reflexionen an den richtigen Stellen befinden, vergleichen Sie häufig das

Foto oder Referenzbild mit Ihrer Zeichnung. Um zu sehen, ob die Farbtöne übereinstimmen, werfen Sie einen Blick auf Ihren Apfel und dann auf das Foto. Es kann hilfreich sein, die Augen zusammenzukneifen, um die Farbtöne besser zu erkennen. Wenn Sie die ganze Zeit am Kunstwerk kleben, kann es schwierig sein, sich ein Bild davon zu machen, wie das Kunstwerk aus der Ferne aussieht, so wie es eigentlich aus der Nähe sichtbar sein sollte. Lassen Sie sich auch von Ihrer Werteskala leiten, wenn Sie die Farbtöne auftragen. Dies wird Ihnen helfen, in Ihrer Zeichnung konsistent zu bleiben.

Wir wissen bereits, dass die Lichtquelle von der rechten Seite des Apfels kommt, was dazu führt, dass diese Seite des Apfels heller zu sein scheint. Diese Lichtquelle beleuchtet auch einen kleinen Teil der Oberfläche im Schatten. Dieser kleine Bereich ganz links wird als reflektiertes Licht bezeichnet. Bei reflektiertem Licht handelt es sich um schwaches Licht, das von den Oberflächen in der Nähe und in der Umgebung eines Objekts reflektiert oder zurückgeworfen wird und dadurch den Farbton des Objekts verändert. Reflexionslicht wird besonders gut von runden Gegenständen wie einer Kugel oder einem Apfel reflektiert.

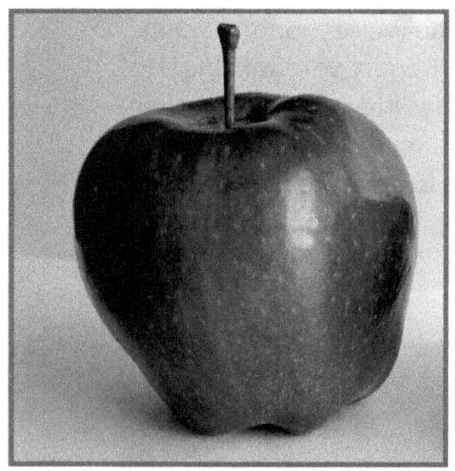 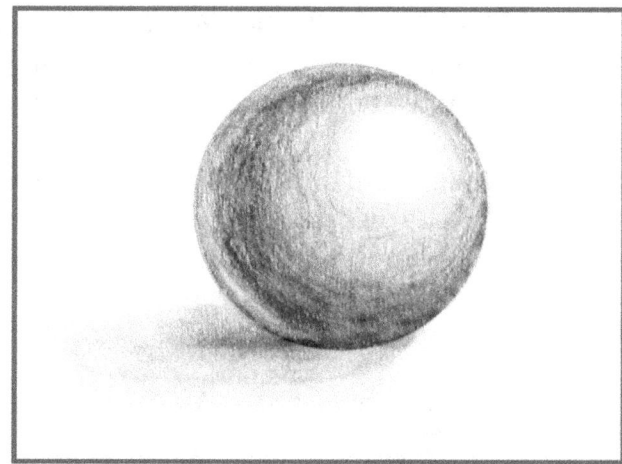

Beachten Sie den Rand des reflektierten Lichts auf der linken Seite des Apfels auf dem Foto sowie auf der Illustration einer Kugel. Lassen Sie auf Ihrer Zeichnung im dunkleren Schattenbereich einen hellen Rand stehen, um das reflektierte Licht anzuzeigen, das von der weißen Oberfläche, auf der der Apfel sitzt, zurückgeworfen wird. Folgen Sie weiterhin den Querkonturen und fügen Sie je nach Bedarf Töne hinzu oder entfernen Sie sie. Betrachten Sie immer wieder Ihr Foto im Vergleich zu Ihrer Zeichnung. Dort sind alle Antworten zu finden. Denken Sie auch daran, das zu zeichnen, was Sie sehen, und nicht das, was Sie denken, dass es dort sein sollte. Sie wissen in Ihrem Kopf, wie ein Apfel aussieht, und manchmal versucht Ihr Verstand, die leeren Bereiche oder Bereiche, bei denen Sie sich nicht sicher sind, mit etwas Unwahrem zu füllen und Dinge zu erfinden, wenn sie nicht deutlich sichtbar sind. Das ist der Punkt, an dem ein Künstler in Schwierigkeiten geraten und die ganze Dynamik des Kunstwerks verändern kann. Wenn du versuchst, Dinge zu erfinden, kann es sein, dass das Kunstwerk nicht ganz richtig wird, vor allem, wenn du zum ersten Mal Schatten aus dem wirklichen Leben lernst. Das Zeichnen aus der Fantasie, das Schaffen von abstrakten und Fantasiewerken oder von Dingen, die nicht aus dem wirklichen Leben stammen, ist eine andere Sache; ein Verständnis für realistische Schattierungen wird jedoch dazu beitragen, dass imaginäre Werke glaubwürdiger werden. Die besten Ergebnisse beim realistischen Schattieren erzielen Sie, wenn Sie zeichnen, was Sie sehen, und nicht, was Sie zu sehen glauben.

Um die Ränder der Zeichnung zu definieren, sollten keine dunklen Konturen hinzugefügt werden. Je tiefer schattiert wird, desto mehr sollte der ursprüngliche Umriss in den Schatten übergehen. Im wirklichen Leben haben die meisten Dinge keine dunklen Konturen, sondern eher eine Veränderung der Werte. Dasselbe gilt für eine Zeichnung: Die Konturen sollten nicht dunkler werden, sondern nur die Schatten.

Sobald die Töne auf der Vorlage mit denen auf dem Foto übereinstimmen, können Sie die Details ausarbeiten. Dazu kann es nötig sein, die Töne zu mischen oder mit dem Knetgummi etwas Ton zu entfernen. Wenn der Lichtpunkt auf dem Foto viel heller ist als auf der Zeichnung, entfernen Sie so viel Pigment wie nötig, um eine bessere Ähnlichkeit zu erzielen. Ein glaubwürdiger Kontrast zwischen Hell und Dunkel ist das Ziel. Beginnen Sie mit den offensichtlichen Lichtern auf der rechten Seite und suchen Sie dann nach den Lichtern, die auf der Zeichnung nicht so offensichtlich sind. Vergessen Sie nicht, das reflektierte Licht auf der linken Seite mit einzubeziehen. Optimieren Sie die Schattierung, bis Sie mit dem Ergebnis zufrieden sind.

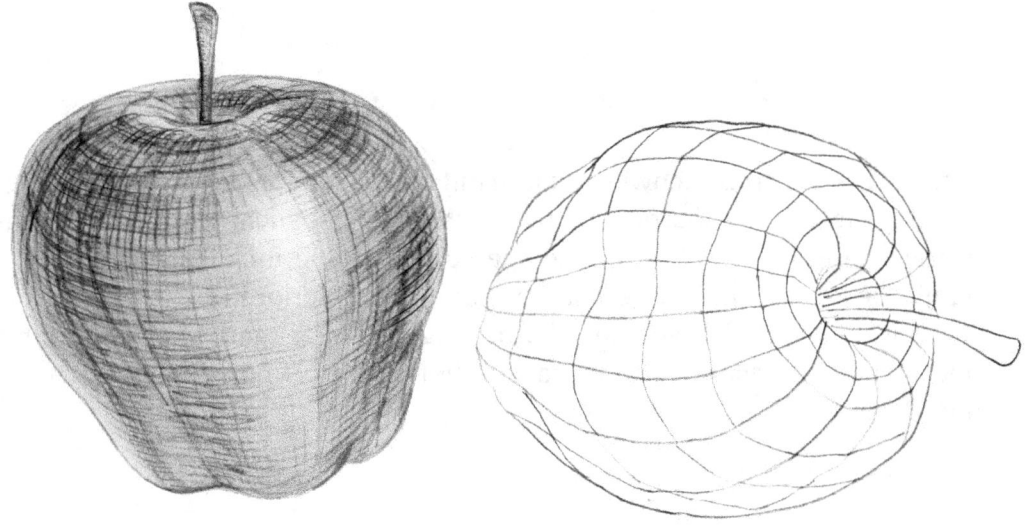

Bei Schraffuren und Kreuzschraffuren werden häufig Querkonturlinien verwendet. Zur Erzielung eines realistischen Aussehens können diese Linien um die gesamte Form oder in Form von kurzen, gekrümmten Linien gezogen werden.

Je nach Perspektive sollte sich die Richtung der Linien um die schattierte Form herum bewegen.

Der Zeichner sollte sich beim Zeichnen des Flusses der Querkonturen bewusst sein, um die dreidimensionale Form zu verbessern.

Um ein glatteres Aussehen zu erzielen, müssen die Linien und Schatten, die für diese spezielle Übung erstellt werden, nicht überblendet werden. Ziel ist es, die Linien so zu zeichnen, dass sie ineinander übergehen, ohne überblendet zu werden, und dabei der Richtung der Konturen zu folgen. Sobald Sie mit dieser Technik vertraut sind, können Sie sie auf Ihre Kunstwerke anwenden und nach Lust und Laune ineinander fließen lassen.

Schülerarbeiten, Fragen und Kommentare

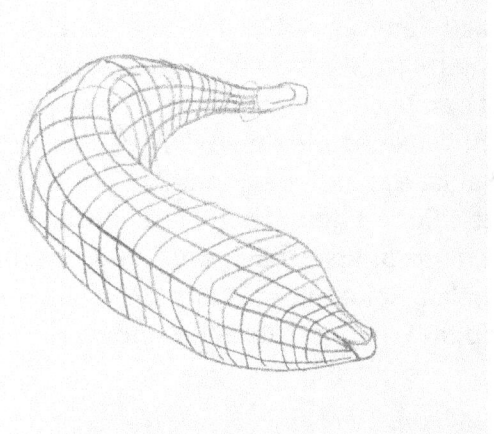

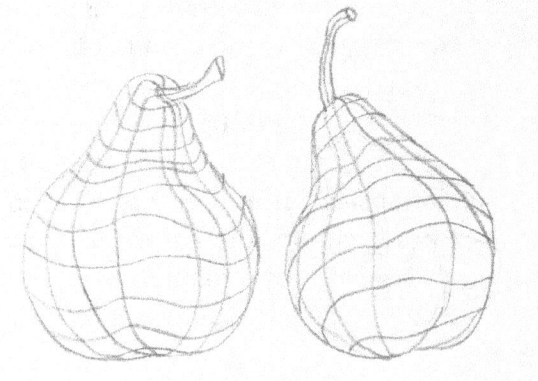

Kunstwerke von TCH   Kunstwerk von Whitney Freeling

Frage: Ich hatte große Schwierigkeiten mit dieser Lektion. Ich bin überwältigt von den vielen Bleistiftstrichen, die ich sehe. Ich versuche, Ihren Rat zu beherzigen und meine Mischwerkzeuge so wenig wie möglich zu benutzen, damit die Textur, die ich geschaffen habe, nicht verloren geht. Dabei versuche ich, viele Schichten von Schattierungen zu erzeugen, aber ich bin mir mit meiner Technik noch nicht ganz sicher. Haben Sie irgendeinen Rat für mich?

Antwort: Wenn Ihr Werk fertig ist, werden Sie viele Linien sehen, aber wenn Sie immer nur eine Linie zeichnen und dabei die Richtung der Objektoberfläche im Auge behalten, wird es Ihnen leichter fallen. Es sollte leichter fallen zu zeichnen, wenn man ein Objekt in kleine Teile zerlegt, anstatt das Ganze zu betrachten. In dieser Lektion zum Thema Überblenden geht es nicht um das Verwischen oder Vermischen von Farbtönen. Es geht darum, all die schönen Linien zu sehen, die die Oberfläche des Objekts beschreiben, und ein Skelett zu schaffen, mit dem sowohl die äußeren als auch die inneren Formen des Objekts dargestellt werden können. Betrachten Sie Ihr Kunstwerk als topografische Karte. Die Linien einer topografischen Karte verlaufen entlang der Form des Objekts. An Stellen, an denen sich die Höhe ändert, werden die Linien dichter. Indem wir den "Linien" innerhalb der Form folgen, können wir die Form eines Objekts verstehen. Querumrisse zu zeichnen, ist eher eine Übung als ein endgültiges, raffiniertes Produkt.

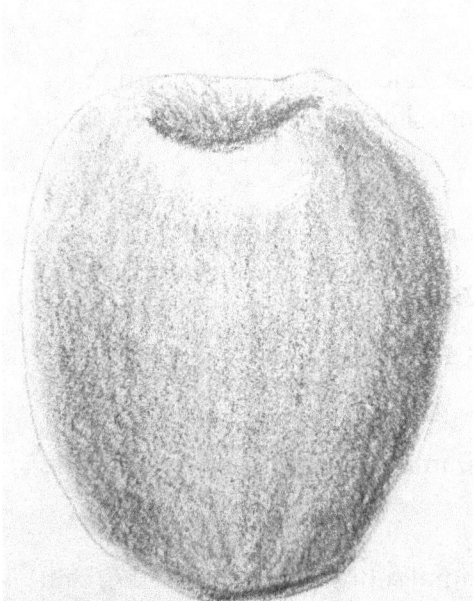

Kommentar: Der Apfel ist gelungen, aber ich glaube, ich muss noch üben.

Antwort: Weitermachen, es sieht gut aus. Denken Sie daran, dass dies nur eine Übung ist, bei der es um die Erzeugung eines Tons auf den Konturen in Querrichtung geht. Sie haben dem Apfel Tiefe gegeben, er wirkt dreidimensional.

AKunstwerke von Tamara Eden

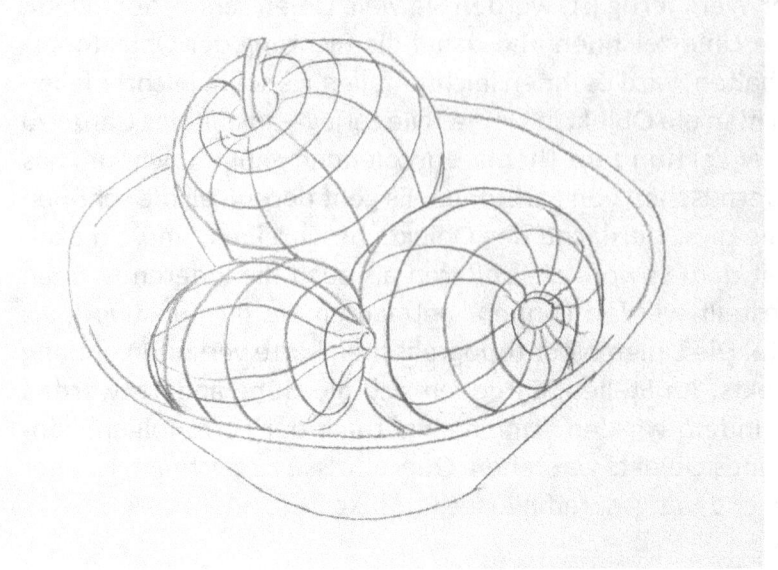

*Kunstwerke
von Zoe Nickerson*

Frage: Ich mag die ganzen Linien auf meiner Zeichnung nicht. Zeichnen Sie bei der Anwendung dieser Technik die Umrisslinien in der Regel sehr hell, oder ist dies eher eine Übungstechnik?

Antwort: Wenn ich mit der Platzierung zufrieden bin, zeichne ich sie so dunkel, dass man sie gut sehen kann. Dies ist definitiv mehr eine Lerntechnik, die Idee ist, dass, wenn man genug geübt hat, man die Umrisslinien nicht mehr platzieren muss und sehen kann, wie man schattiert.

Kommentar: Diese Übung fiel mir schwer, weil ich nicht wusste, wo ich die Lichter und die Schatten platzieren sollte. Damit alles realistischer aussieht, muss ich daran arbeiten.

Antwort: Da die Farbveränderungen manchmal sehr subtil sein können, sind die Bereiche mit Schatten und Lichtern und alle Schattierungen dazwischen schwer zu erkennen. Wenn Sie nicht gerade ein Schwarz-Weiß-Bild als Referenz verwenden, sollten Sie es zunächst mit einem Schwarz-Weiß-Bild versuchen. Auf einem Schwarz-Weiß-Bild sind die Veränderungen im Farbton und in den Schatten besser zu erkennen, und es ist einfacher, die Konturen dessen, was man sieht, zu beobachten und zu reproduzieren. Schatten können auch durch Zusammenkneifen der Augen gefunden werden. Auf diese Weise lässt sich ein komplexes Bild in Bereiche mit groben Schatten zerlegen, die dann leichter zu erkennen sind.

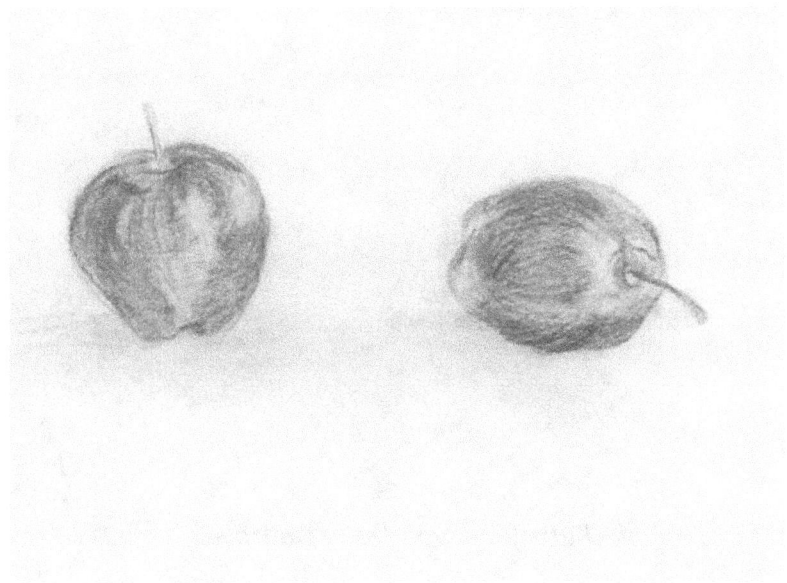

Kunstwerke von Tyna Williams

Frage: Das Zeichnen des ersten Apfels war einfach, aber das Zeichnen des zweiten Apfels war viel schwieriger, besonders das Zeichnen des Stiels. Irgendwelche Tipps?

Antwort: Der zweite Apfel hat einen anderen Winkel als der erste. Es überrascht mich also nicht, dass er etwas schwieriger zu zeichnen war. Beim Betrachten des Fotos, das ich Ihnen zur Verfügung gestellt habe, bin ich der Meinung, dass der Bereich in der Nähe des Stiels ein bisschen runder oder voller sein könnte. Die dunklere Fläche links sollte noch dunkler sein und die Umrisse sollten schärfer sein. Die Lichter sind an der richtigen Stelle und das reflektierte Licht (das manchmal schwer sichtbar ist) ist gut wiedergegeben. Bezüglich der Stielrichtung nehmen Sie ein Lineal, ein Stück Papier oder Ihren Bleistift und richten es am Stiel im Referenzbild aus. Achten Sie auf die Richtung, die Ihr Lineal nimmt. Vergleichen Sie nun die Stielrichtung im Bild mit der auf Ihrer Zeichnung, um zu sehen, ob sie übereinstimmen, und korrigieren Sie gegebenenfalls. Auch die Betrachtung dieser Merkmale im Vergleich zum Rand der Leinwand bzw. des Papiers kann bei der Entscheidung hilfreich sein, ob Sie die Richtung richtig erfasst haben.

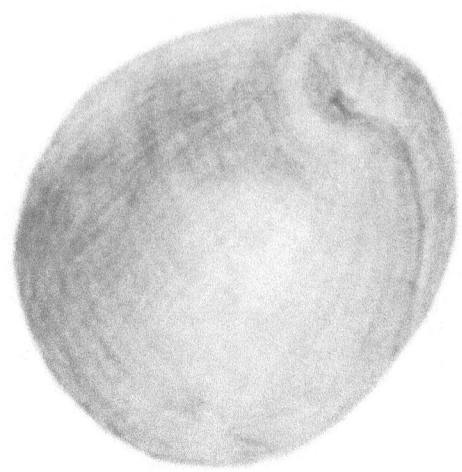

Kunstwerk von Naila Dautova

Anmerkung: Ich habe einen 2HB Bleistift verwendet und hatte Probleme mit dunklen Flecken und dunklen/hellen Übergängen.

Antwort: Einen 2HB Bleistift zu verwenden erfordert etwas mehr Arbeit als eine Vielzahl von Bleistiften zu verwenden. Bei der Verwendung eines 2HB Bleistifts ist die Variation des Drucks größer und die Palette der Farbtöne ist nicht so groß. Dennoch ist es auch mit diesem Stift möglich, ein Kunstwerk mit einer guten Schattierung zu schaffen. Es braucht jedoch mehr Zeit und mehr Druckvariationen.

Kommentar: Ich versuchte es einige Male, aber ich hatte immer das Gefühl, dass etwas fehlte. Ich konzentrierte mich auf die Tonwerte, aber der Kontrast war zu schwach.

Antwort: Versuchen Sie, die dunklen Farbtöne ein oder zwei Stufen tiefer zu setzen und die hellen Farbtöne ganz wegzulassen, um sie zu Highlights zu machen. Auf diese Weise haben Sie mehr Kontrast und Interesse und fügen vielleicht die Komponente hinzu, von der Sie der Meinung sind, dass sie fehlt.

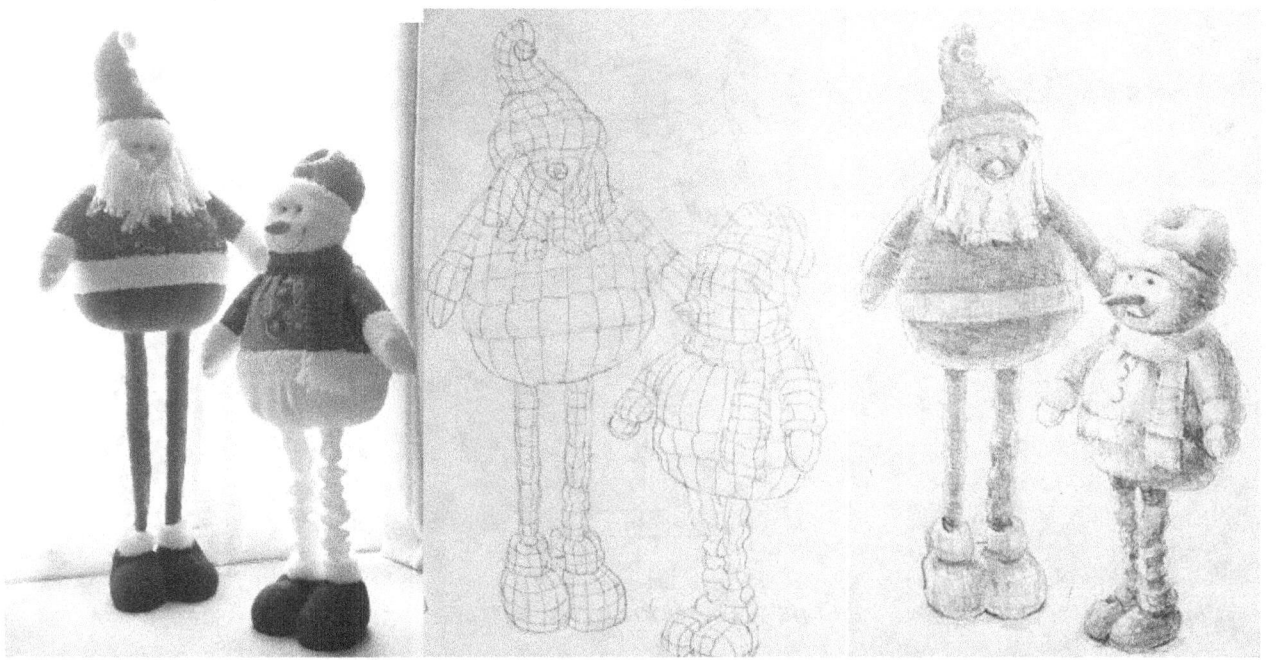

Kunstwerke von Pamela Dowie

Kommentar: Sollte die Querkonturlinie bei jeder Linie von Rand zu Rand und von unten nach oben verlaufen? Beim Zeichnen meiner Objekte habe ich festgestellt, dass ich die Breite der Linien variieren muss, um die Konturen zu zeigen. Ich habe einige der Linien wegradiert, weil es schien, als würden sie in den kleineren / schmaleren Bereichen verschwinden, aber dann habe ich mir überlegt, dass es vielleicht nicht nötig ist, sie zu löschen.

Antwort: Die Querkonturlinien müssen nicht bei jeder Linie von Kante zu Kante oder von oben nach unten verlaufen. Manchmal liegen Formen, Täler, Vertiefungen usw., die Sie mit Querkonturen darstellen, hinter anderen Formen, Vertiefungen, Tälern usw.. Dies ist eine perspektivische Darstellung. Das Variieren der Breite der Abstände zwischen den Linien der Querkonturen ist genau das, was Sie bei der Darstellung der Informationen im Inneren Ihres Objekts tun sollten. Die Linien sollten weit voneinander entfernt sein, um die in der Nähe liegenden Bereiche zu repräsentieren, während die Linien, die näher beieinander liegen, die weiter entfernten Bereiche repräsentieren.

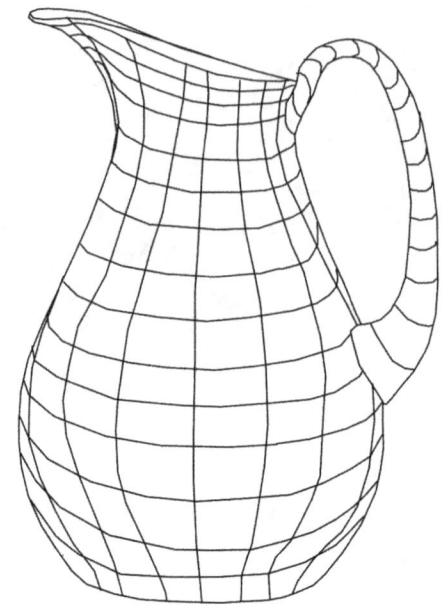

Kunstwerke von Owen Andrews

Frage: Ich finde diese Methode sehr nützlich, aber ich habe immer noch Probleme, die Bereiche einzuzeichnen, an denen die Linien dicht aneinander liegen müssen. Wie kann ich das in den Griff kriegen?

Antwort: Versuchen Sie, größer zu zeichnen. Wenn Sie sich mehr Platz zum Zeichnen lassen, haben Sie viel mehr Möglichkeiten zum Hinzufügen von Details und komplizierten Schattierungen. Sie können einen guten Trick ausprobieren, wenn Sie Ihre endgültige Zeichnung in einem kleineren Maßstab anfertigen wollen: Zeichnen Sie in einem großen Maßstab und verkleinern Sie das Kunstwerk dann mit Hilfe der Fotofunktion eines Fotokopierers. Sie werden überrascht sein, was für feine Details Sie sehen! Bei Schwarz-Weiß-Zeichnungen funktioniert das am besten.

Frage: Welche Formen soll ich mit dem Bleistift zeichnen?

Antwort: Einfach den Umrissen des Apfels folgen und den Stift leicht schräg halten.

Frage: Müssen die Linien gerade sein?

Antwort: Quer verlaufende Konturlinien müssen nicht gleichmäßig sein und auch nicht quer über das Objekt verlaufen. Diese Linien sind eine Hilfe für den Künstler bei der Beschreibung einer dreidimensionalen Form auf einer zweidimensionalen Fläche. Um eine Formveränderung anzuzeigen, müssen sie nicht allzu sichtbar sein und können plötzlich enden. Der Rest ist Sache der Vorstellungskraft des Betrachters, denn zum Verständnis dreidimensionaler Details auf einer einfachen Zeichnung müssen erstaunlich wenige Informationen gezeichnet werden.

Kommentare:

"Ich bin der festen Überzeugung, dass mir die Kreuzkonturtechnik bei der Erstellung realistischerer Schattierungen sehr geholfen hat. Glaubwürdige Schattierungen waren mir vorher nie wirklich gelungen. Diese Lektion hat bei mir wahre Wunder bewirkt, denn die Technik der Kreuzkonturen war für mich ein echter Durchbruch. Ich habe mir vorgenommen, ein paar Objekte aus meiner Umgebung zu malen und diese Technik so oft wie möglich auszuprobieren, denn ich habe festgestellt, dass sie unglaublich hilfreich ist. Ich habe das Gefühl, je mehr ich diese Technik ausprobiere, desto mehr wird sie mir in Fleisch und Blut übergehen. Ich bin keine 'geborene' Künstlerin, aber ich zeichne und male extrem gerne.

"Mir gefällt die organisierte Art und Weise, in der mich dieser Querschnittskurs durch den Prozess führt, die inneren Details eines Objekts zu sehen. Es hilft mir auch, ein Stück besser zu verstehen.

"Ich hatte einige Schwierigkeiten mit der Frage, wo genau ich die Umrisslinien zeichnen soll. Ich denke, das kommt mit der Übung. Es war eine Offenbarung, die Querkonturmethode zu lernen".

"Es war eine sehr wertvolle Lektion. Ich mag die Art und Weise, wie die Konturen eine Karte für die Richtung von Schatten und Licht darstellen.

"Ich fand diese Lektion sehr nützlich. Durch das Betrachten der Konturen bin ich mir der Form und der Richtung meines Schattens bewusster. Wenn ich Schwierigkeiten bei der Platzierung von Schatten und Licht habe, zeichne ich ein paar Linien quer über die Konturen.

KAPITEL SECHS
LICHTQUELLE UND SCHATTEN

Wissen:
• Erkennen einer Lichtquelle innerhalb einer Szene
• Schatten, Lichter und Übergänge

Verstehen:
• Die Richtung einer Lichtquelle wirkt sich auf die Platzierung des Schattens und den Schattenwurf auf einem Objekt aus.

• `Die Schattierung hilft dabei, die Kanten eines Objekts zu definieren (ohne Umrisse) und den Eindruck einer dreidimensionalen Form zu vermitteln.

Aktion:
• Verwenden Sie die erlernten Techniken, um eine einfache organische Form (Klecks/Wolke) in ein realistisch schattiertes Objekt zu verwandeln, das Tiefe und Dimension zeigt.

In dieser Lektion wird der Schwerpunkt auf Lichtquellen und Schatten gelegt. Dazu gehört das Bestimmen der Richtung einer Lichtquelle und das Erkennen des Einflusses dieses Lichtes auf die Schatten und den Schattenwurf auf einem Objekt.

Beim Zeichnen eines Objekts oder einer Zusammenstellung sollte sich der Künstler darüber im Klaren sein, welche Bereiche hell und welche schattig sein sollen. Wenn ich zu zeichnen beginne, beginne ich gerne mit den dunkleren Bereichen und arbeite mich dann langsam durch das ganze Bild, um die Schatten zu füllen. Eine andere Methode, die von einigen Künstlern angewandt wird, ist das leichte Ausfüllen des gesamten Objekts mit nur einem Farbton vor dem Hinzufügen eines detaillierten Kontrasts. Die letztgenannte Methode kann sich als nützlich erweisen, da sie große weiße Flächen verschwinden lässt und so dazu beiträgt, dass das Objekt schnell Gestalt annimmt und das Kunstwerk - unabhängig davon, ob es fertiggestellt ist oder nicht - als vollständig empfunden wird. Das Hinzufügen von Schattierungen lässt jedes Objekt realistischer erscheinen und verleiht ihm Interesse und Tiefe, unabhängig von der verwendeten Technik.

Eine einfache Zeichnung eines organischen Flecks kann dies veranschaulichen.

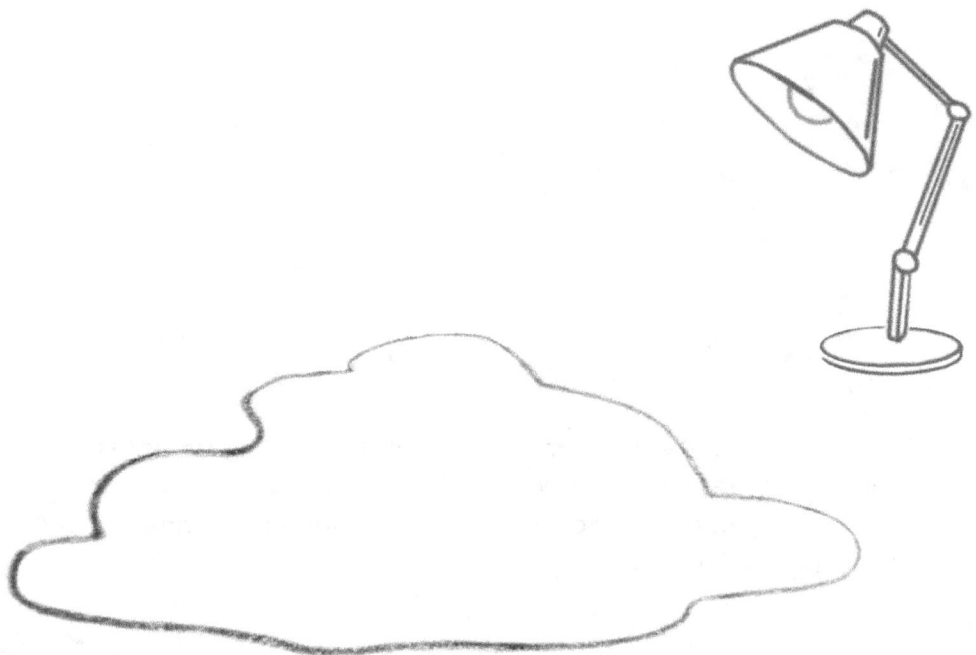

Wir beginnen mit einer sehr hellen, skizzenhaften, organischen, wolkenähnlichen Form. Unser Ziel ist es, dieser Form eine Schattierung hinzuzufügen, so dass sie Tiefe zu haben scheint. Die Schattierung hilft bei der Definition der Ränder und bei der Erzeugung des Eindrucks einer dreidimensionalen Form. In diesem Beispiel habe ich die Lichtquelle so gewählt, dass sie von oben rechts kommt und den unteren Teil der Form und den linken Teil im Schatten liegen lässt. Es ist nicht notwendig, eine Lampe oder Lichtquelle in die Zeichnung einzuzeichnen. Damit Sie, der Betrachter, leicht erkennen können, woher das Licht kommen soll, habe ich eine Lampe gezeichnet, um meine Lichtquelle anzudeuten. Wie bereits erwähnt, fange ich gerne mit den dunkelsten Stellen an. Auf diese Weise habe ich einen Referenzpunkt, von dem aus ich beginnen kann, und es hilft mir auch, bestimmte Formen auszublenden, die durch die inneren Details (Kreuzkonturen) eines Objekts entstehen können. Um Wellen oder Falten anzudeuten, füge ich auch ein wenig Dunkelheit in die Form ein und versuche, sie ein wenig mehr wie ein Fleck aussehen zu lassen.

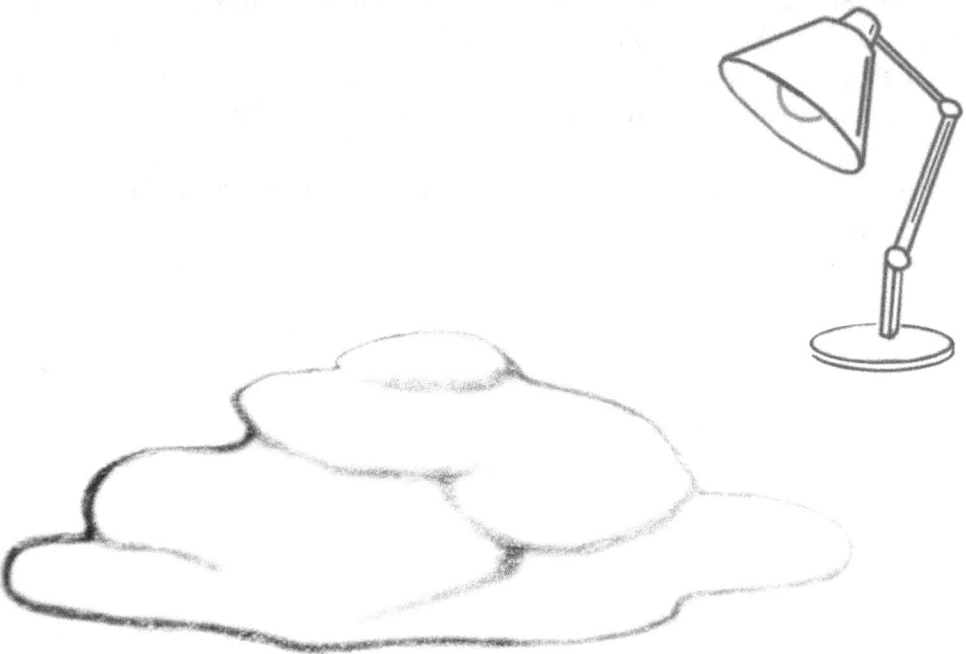

Das Bild oben zeigt einige Kurven in der Form. Sie stellen Falten oder Schichten innerhalb des Flecks dar. Diese Linien helfen bei der Beschreibung dessen, was im Inneren der Form vor sich geht und bilden eine Art Querkontur zur Definition der Tiefe.

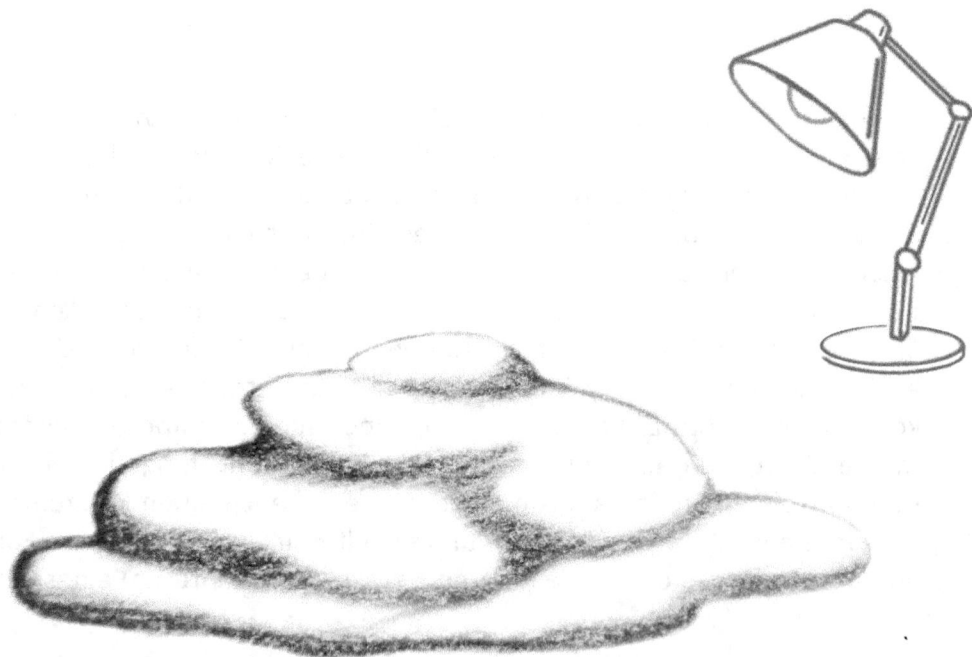

Als nächstes fügte ich den gefalteten Kurven etwas mehr Schatten hinzu, indem ich mit der Kante eines Bleistifts einen Ton auftrug und die Linien verbreiterte. Dies verwischt die scharfen Kanten, die durch die Originallinien entstehen. In den Bereichen, die weiter von der Lichtquelle entfernt sind, sollte die Breite der schattierten Linien größer sein. Diese Markierungen sollten auch etwas dunkler in den Bereichen sein, die weiter vom Licht entfernt sind.

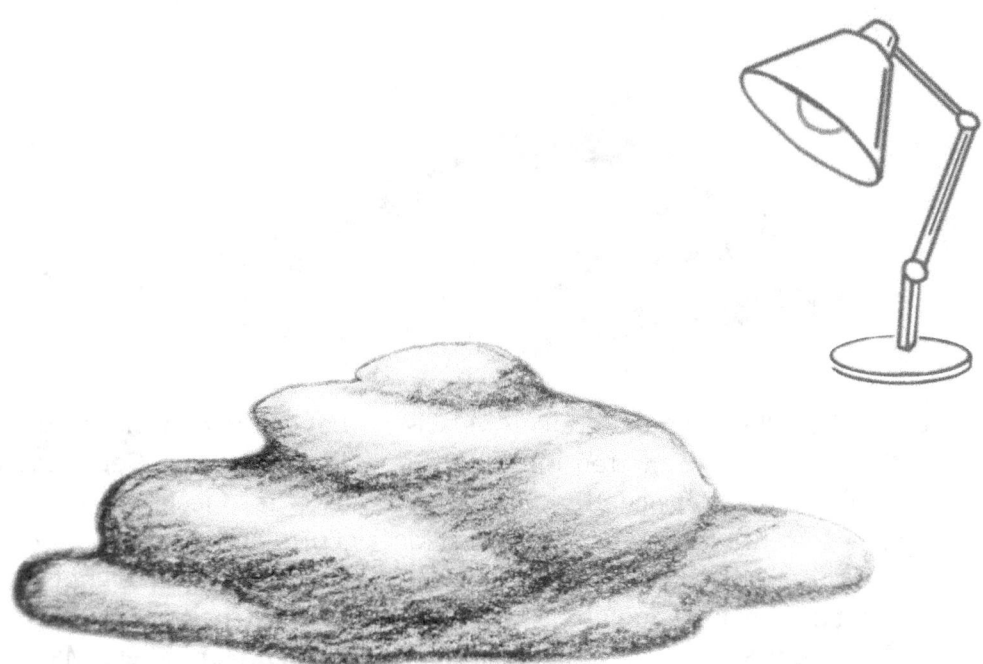

Sobald die dunkleren Falten identifiziert sind, kann der Rest der Form ausgefüllt werden, indem der Schatten leicht hin und her bewegt wird, um einen Teil des hellen Weiß des Papiers zu zerstreuen, wobei nur die Oberseiten der Falten unangetastet bleiben. Ein leichter Kontrast zwischen dem Bild und dem Hintergrund kann dazu beitragen, dass sich das Bild vom Weiß des Papiers abhebt und dem Kunstwerk eine gewisse Fülle verleiht. Nachdem eine dünne Schicht Ton über die gesamte Fläche aufgetragen wurde, können die Töne übereinander gelegt werden, um sie glatter erscheinen zu lassen. Reiben Sie die Bleistiftstriche vorsichtig mit einem Papierstück oder dem Finger hin und her, damit die Töne glatter erscheinen und leicht ineinander übergehen. Reiben Sie nur wenige Male, damit die Töne leicht vermischt werden, aber nicht zu stark, damit der Unterschied zwischen den Tönen nicht mehr wahrgenommen wird.

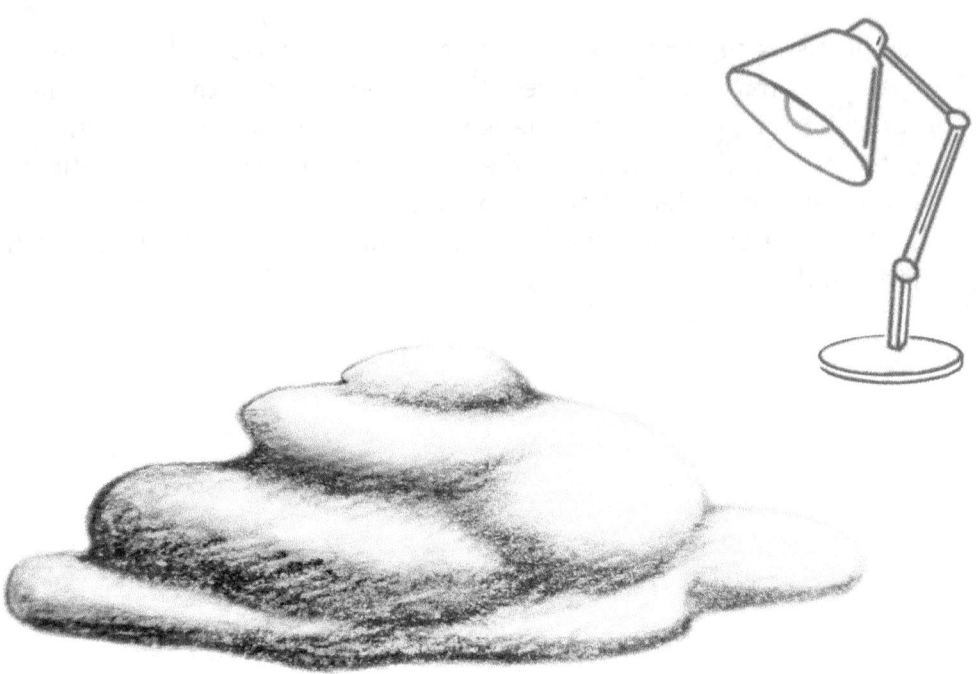

Wenn Sie alle weißen Bereiche verwischt haben, gehen Sie zurück und definieren Sie die Schatten mit einem dunkleren Farbton. Gegebenenfalls zur Verstärkung der Schatten auf der Unterseite des Kleckses eine weitere dunkle Schicht hinzufügen. Wenn der Klecks Form annimmt, nach Belieben Wellen oder Falten hinzufügen. Für diese dunkleren Schatten eignet sich der Bleistift 8B. Um eine dunklere Markierung zu erzielen, halten Sie den Bleistift näher an der Spitze, während Sie kräftig aufdrücken. Für hellere Markierungen ist es hilfreich, den Stift weiter von der Spitze entfernt zu halten, damit der Künstler nicht zu stark drücken muss. Zur Erzielung eines stärkeren Kontrasts ist es ratsam, die Bereiche hervorzuheben, die der von oben einfallenden Lichtquelle am nächsten sind. Die Hervorhebungen können mit dem Radiergummi verstärkt werden, um die Pigmente an den Spitzen der Kurven und in den Bereichen, die der Lichtquelle am nächsten liegen, zu entfernen. Der Radierer kann nach Bedarf neu geformt werden, um Kurven und Lichter zu formen. Durch Tupfen oder Hin- und Herbewegen einen Teil des Pigments entfernen, so dass der Fleck einige helle Stellen nahe der Oberseite aufweist. Durch das Hinzufügen heller Lichter zu den dunkleren Schatten entsteht der Eindruck von Volumen, Definition und Tiefe. Das Verwischen von Teilen der ursprünglichen Konturen, so dass sie in den dem Licht am nächsten gelegenen Bereichen kaum noch sichtbar sind, kann ebenfalls zum Realismus der Schattierung beitragen.

Mit Hilfe dieser Techniken kann ein unförmiger und uninteressanter Fleck in ein dynamisches und interessantes Objekt verwandelt werden.

Jedes Bild kann realistischer und interessanter werden, wenn man Schattierungen hinzufügt.

Hier ist eine lustige Übung, die Sie mit einem Zeichentrickfilm ausprobieren können. Suchen oder zeichnen Sie ein einfaches Bild einer Figur mit Umrissen. Wählen Sie eine Richtung, in der sich eine Lichtquelle befinden wird, und schattieren Sie das Objekt entsprechend. Schattieren Sie die hellen und dunklen Bereiche der Figur nacheinander, bis die gesamte Figur einen Wert hat. Auf diese Weise können Sie schnell üben, einem einfachen Gegenstand Werte zu geben, damit er realistischer aussieht. Auch wenn der Zeichentrickfilm wahrscheinlich nicht realistisch sein wird, verleiht das Hinzufügen von Schatten der Figur Tiefe und Interesse.

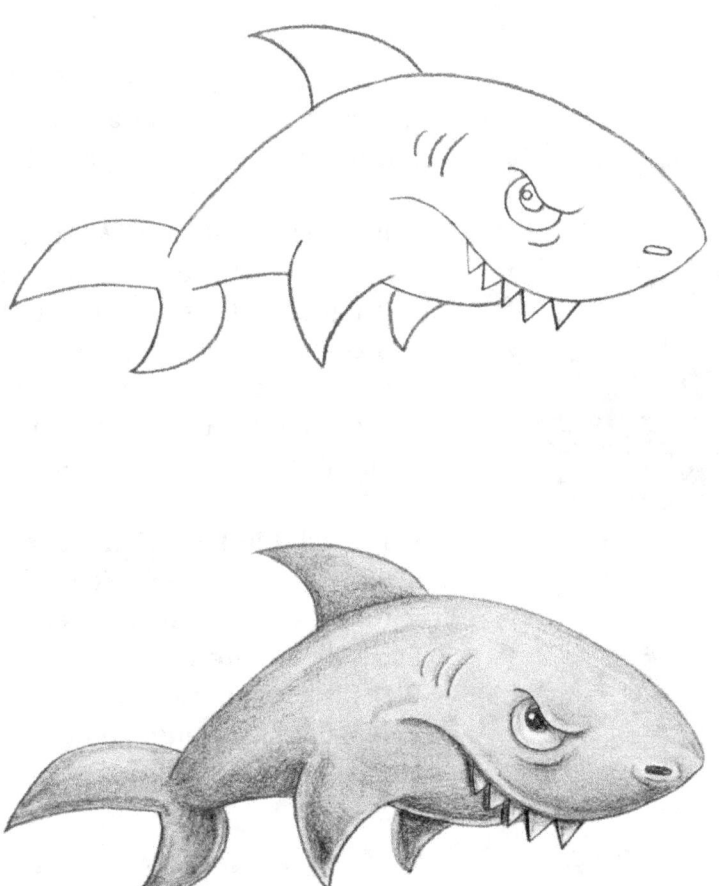

Schülerarbeiten, Fragen und Kommentare

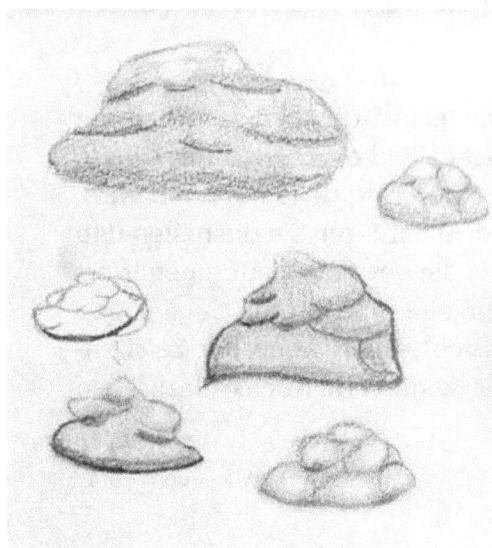

Frage: Ich hatte so viel Spaß beim Zeichnen dieser Flecken! Es hat mir besonders viel Spaß gemacht zu sehen, wie eine einfache Form zum Leben erwacht und dreidimensional wird. Das Zeichnen von Schattierungen ist für mich einfacher, wenn ich die Richtung meiner Lichtquelle selbst bestimmen kann. Wo das Objekt hell und wo dunkel sein soll, weiß ich dann instinktiv. Beim Betrachten von Objekten in der realen Welt habe ich es schwerer, die Stellen zu bestimmen, die dunkel und die Stellen, die hell sein sollen. Warum ist das so?

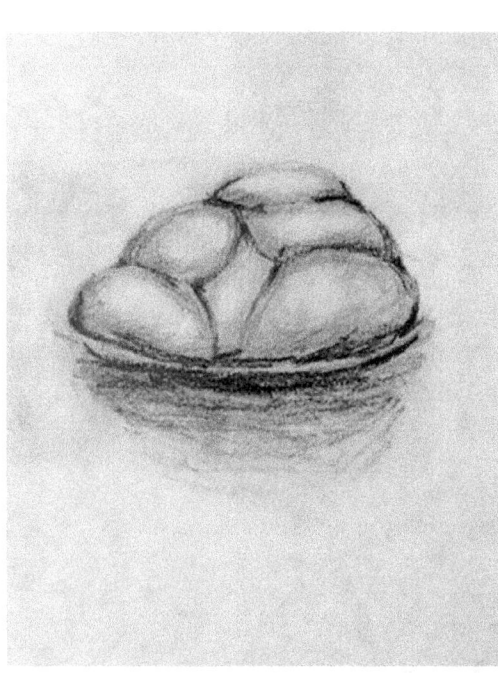

Antwort: Das sind tolle Flecken. Beim Zeichnen in der Phantasie ist keine Beobachtung im Spiel, deshalb ist es leichter, die Art und Weise, wie das Objekt sein soll, zu manipulieren. Es kann schwierig sein, die Realität zu beobachten und wiederzugeben. Diese Übung ist ideal für das Zeichnen von einfachen Lichtern und Schatten. Bei einem realen Objekt ist es oft schwieriger, diese Töne und die subtileren Mitteltöne zu erkennen..

Frage: Ich bin kein Maler, aber Licht und Schatten faszinieren mich. Plötzlich sah ich dieses Wesen auftauchen, als ich den Fleck bearbeitete, schattierte und mit Bleistift ausradierte. Es hat mir so gut gefallen, dass ich weiter gemacht habe. Verstehe ich die Grundidee?

Antwort: Sie lernen sogar etwas mehr als die Grundidee dieser Lektion. Im Grunde genommen ist die Klecks-Skizze eine Möglichkeit, sich darin zu üben, wie man eine 2D-Skizze in eine 3D-Skizze umwandelt. Jetzt schauen Sie über den Tellerrand hinaus und sehen, dass das, was Sie skizziert haben, dem ähnelt, was Sie sehen. Wie wunderbar kreativ ist es doch, wenn man Inspiration findet, wenn man sie am wenigsten erwartet! Sie sehen nun das gleiche Bild, aber aus einem anderen Blickwinkel. Sie sind auf der Suche nach alternativen Herangehensweisen an ein Problem und auf der Suche nach anderen Wegen des Denkens. Sie sind auf dem Weg zum echten Künstler.

KAPITEL SIEBEN
EINEN BAUM REALISTISCH SCHATTIEREN

Wissen:
• Schattieren, hervorheben, Schatten werfen

Verstehen:
• Wenn Licht ein Objekt beleuchtet, wird der Teil des Objekts, der im Dunkeln bleibt, als Schatten bezeichnet, der hellste Bereich wird als Glanzlicht bezeichnet.

• Die Verwendung eines Referenzbildes beim Zeichnen kann dazu beitragen, die Natürlichkeit/Realität des Kunstwerks zu erhöhen.

Aktion:
• Zeichnen Sie einen einfachen Baum mit einer bestimmten Lichtquelle, und schattieren Sie ihn mit den angegebenen Techniken, um Lichter, Schatten und Schlagschatten darzustellen.

Um ein Objekt ohne dunkle Konturen visuell zu definieren, helfen Licht und Schatten. Wenn Licht ein Objekt beleuchtet, wird der Teil des Objekts, der im Dunkeln bleibt, als Schatten bezeichnet. Der von diesem Objekt erzeugte Schatten wird Schlagschatten genannt. Normalerweise kann man die Lichtquelle identifizieren, indem man die Position des Schattens und des Schlagschattens genau bestimmt. Alle Schatten werden in dieselbe Richtung geworfen, wenn es nur eine Lichtquelle gibt. Der Schlagschatten und der Schatten erscheinen am dunkelsten, wenn dieses Objekt auf Papier gezeichnet wird.

Highlight

Die Richtung, aus der eine dominante Lichtquelle kommt, ist der hellste Bereich auf einem Bild. Der hellste Bereich wird als Glanzlicht bezeichnet. Wo dieser helle Bereich auf einer bestimmten Oberfläche erscheint, hängt von der Position der Lichtquelle und dem Winkel der Oberfläche ab. Die Platzierung einer Lichtquelle auf einem Objekt wirkt sich auf alle Aspekte einer Zeichnung aus, auch auf die Platzierung von Schatten (die ebenfalls die Position der Lichtquelle anzeigen).

Der Zeichner kommt einer realistischeren Darstellung mit Schattierungen näher, wenn er die dunkelsten und hellsten Werte des Objekts findet.

In der nächsten Übung soll ein einfacher Baum gezeichnet werden. Dabei wird eine bestimmte Lichtquelle verwendet, um Licht und Schatten darzustellen.

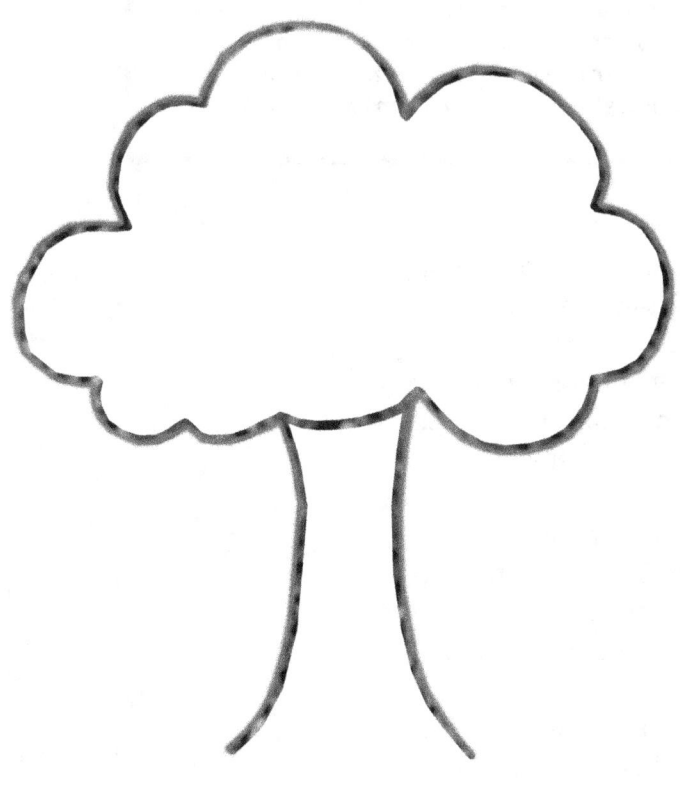

Hier eine einfache Baumskizze. Bäume wie diese werden wahrscheinlich von kleinen Kindern und Hobbykünstlern gezeichnet. Sie verwenden einen rechteckigen oder leicht gebogenen Stamm mit einem organischen Büschel an der Spitze, das die Blätter andeutet, und stellen sie ohne viele Details dar. Das mag simpel erscheinen, aber es ist eine gute Art, einen einfachen Baum darzustellen. Der Betrachter kann die Zeichnung sofort erkennen, da sie realitätsbezogen erscheint. Eine anspruchsvollere Zeichnung eines Baumes kann - ähnlich wie die Zeichnung eines Kindes - mit einfachen geometrischen und organischen Formen beginnen, und der Künstler fügt dem Bild dann nur noch Details und Werte hinzu.

Weltweit gibt es über 100.000 Baumarten, das heißt, ein Baum kann völlig anders aussehen als der nächste. Sogar Bäume der gleichen Art sehen unterschiedlich aus.

Dieses Beispiel zeigt einen allgemeinen, universellen Baum. Obwohl der Baum nicht eindeutig ist, sind die Schritte in diesem Tutorial ziemlich universell und können beim Zeichnen einer Kiefer, eines Ahorns, einer Esche oder jeder anderen Art von Baum nützlich sein.

Suchen Sie sich eine Referenz, wenn Sie aus dem Leben zeichnen wollen. Nach Phantasie zu zeichnen kann eine wunderbare Erfahrung sein, aber manchmal brauchen wir Anleitung, um ein realistisches Kunstwerk zu schaffen. Die Natürlichkeit einer Zeichnung wird durch die Verwendung eines Referenzbildes erhöht. Um das zu finden, was Sie suchen, können Sie im Internet nach Bildern suchen, in die Welt hinausgehen und Fotos machen oder einfach die Dinge um Sie herum beobachten. Angesichts der Fülle von Bildmaterial sollten Sie nicht zögern, so viele Informationen wie möglich aus den verfügbaren Quellen zu sammeln. Die Welt um uns herum zu sehen und zu erleben, kann uns helfen, eine bessere Perspektive zu entwickeln. Das Betrachten und Studieren Ihres Motivs wird Ihnen beim Erfassen eines Bildes, beim Verdeutlichen Ihrer Ideen und beim Visualisieren feiner Details helfen (How to Draw Cool Stuff, 2016). Auch wenn erfundene Kreaturen oder Szenen nicht einfach die Realität abbilden, sollten beim Zeichnen aus der Fantasie Referenzen verwendet werden. Die Verwendung von Informationen, die auf der Realität basieren (z. B. das Studium von Schatten, Formen und Strukturen realer Objekte), ist unerlässlich, um glaubwürdige Fantasiebilder zu schaffen.

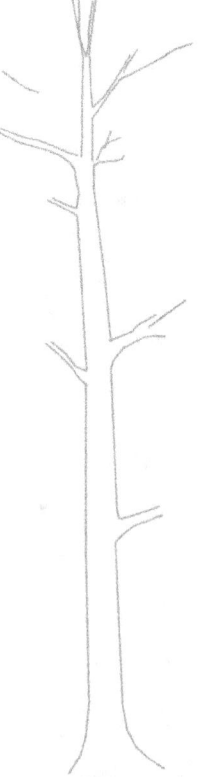

Wenn ich einen Baum zeichne, beginne ich gerne damit, den Stamm etwas schlanker zu gestalten als das standardmäßige, vereinfachte Rechteck. Unten sehen Sie einen hohen, schlanken Stamm mit minimalen Ästen. Die meisten Äste werden später mit Blättern bedeckt sein, daher ist es nicht notwendig, alle Äste zu zeichnen. Betrachten Sie diese Linien als ein zugrunde liegendes Skelett, dem Sie Details hinzufügen können. Beachten Sie, dass der Winkel der Zweige leicht nach oben gerichtet ist. Zweige wachsen normalerweise nach oben und in Richtung der lebensspendenden Sonne. Verwenden Sie für diesen Vorgang kein Lineal, denn ein natürlicher Baum weist Unebenheiten, subtile Kurven und Asymmetrie auf. Um ein organisches Ergebnis zu erzielen, sollten Sie von perfekt geraden Linien Abstand nehmen..

Erstellen Sie eine Skizze für die Struktur des Baums. Fügen Sie anhand der Grundskizze des Stammes leichte geschwungene Linien um den Stamm und die Äste herum hinzu, die als Leitlinie für die Blätter dienen. Gestalten Sie diese Kurven zu einer organischen, wolkenähnlichen Form, die in der Mitte des Stammes etwas breiter und oben schmaler ist. Die Form wird sich wahrscheinlich noch ändern, wenn wir anfangen, Details hinzuzufügen, aber eine erste grobe Orientierung hilft dem Künstler, sich das Endprodukt vorzustellen. Machen Sie es nicht perfekt symmetrisch - Bäume sind organische Strukturen und sind nie genau gleich auf beiden Seiten. Entwerfen Sie eine Grundform, die Ihnen gut gefällt, indem Sie Ihr Wissen über Bäume nutzen oder ein Referenzbild heranziehen.

Oben rechts auf dem Papier befindet sich die Lichtquelle. Die Sonne muss nicht gezeichnet werden, die Schatten verraten ihe Position.

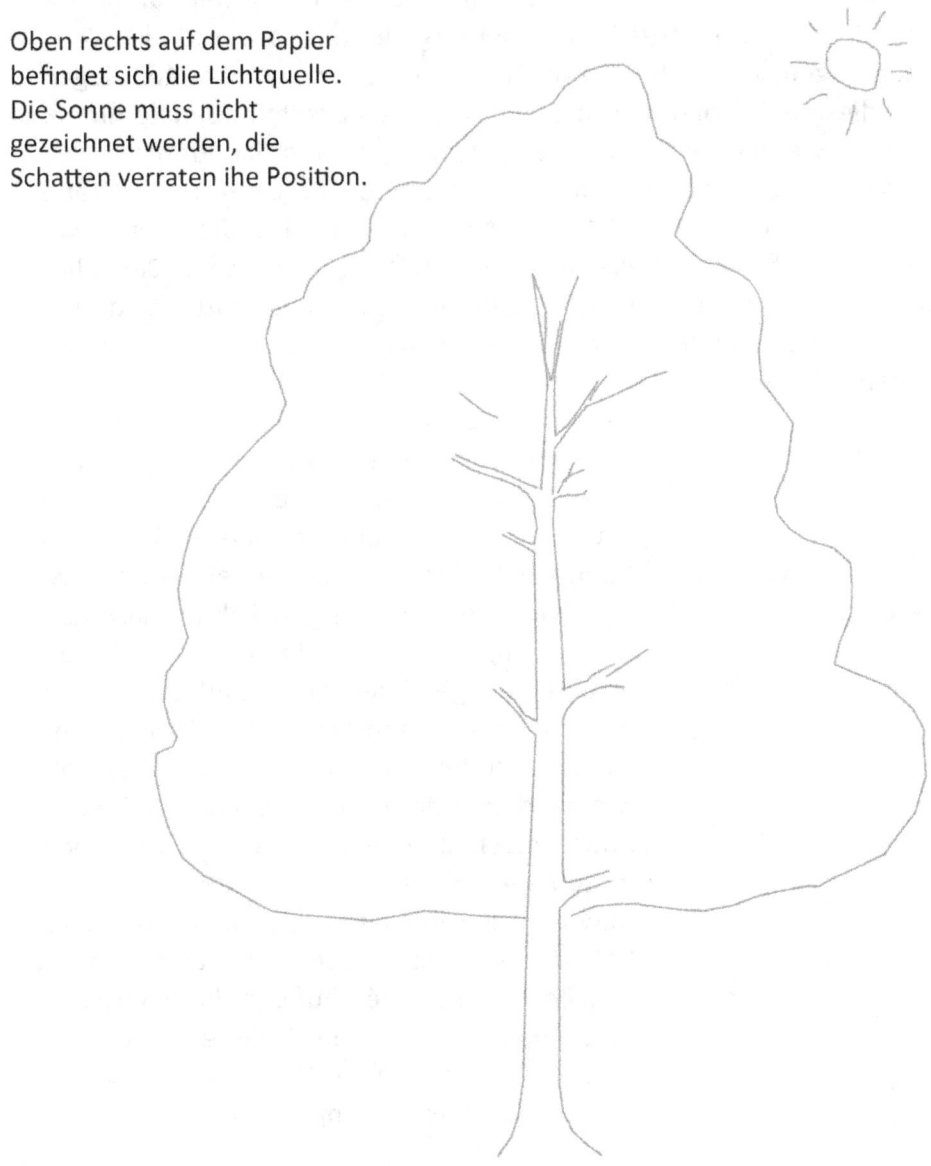

Farbton

obald Sie den Stamm und die Blätter platziert haben, können Sie mit der Schattierung beginnen. Wenn manche Leute mit dem Schattieren beginnen, denken sie oft, dass ein Objekt auf einer Seite komplett hell und auf der anderen Seite komplett dunkel sein muss. Das ist nicht unbedingt der Fall, vor allem nicht, wenn es sich um ein komplexes, mehrschichtiges Objekt wie einen Baum handelt. Die Oberfläche eines Baums ist uneinheitlich, mit kleinen Blattbüscheln, die nach außen ragen, und leeren Bereichen, die sich nach innen bewegen. All diese Veränderungen auf einer Oberfläche müssen mit Schatten dargestellt werden. Das kann bedeuten, dass einige Bereiche des Baums, die sich auf der Schattenseite befinden, heller und einige Bereiche auf der helleren Seite dunkel erscheinen. Bevor Sie mit dem Hinzufügen des Schattens beginnen, sollten Sie die Hauptlichtquelle bestimmen, damit Sie wissen, welche Bereiche Ihres Baums hervorgehoben werden und welche im Schatten liegen. Dadurch wird auch bestimmt, wo die Schatten liegen werden. In diesem Beispiel wird die Lichtquelle von rechts oben kommen. Es ist nicht notwendig, eine Sonne zu zeichnen, da die Schatten und die Schattierung anzeigen, wo sich die Sonne befindet. Bereiche in der Nähe der Lichtquelle werden die hellsten Werte sein, Bereiche, die weiter von der Lichtquelle entfernt sind, werden die dunkleren Werte sein. Diese Regel kann sich im Laufe des Zeichnens ändern, da es viele Blätter und eine Vielzahl von Ebenen im Bild gibt, die nach außen ragen oder sich nach innen zurückziehen.

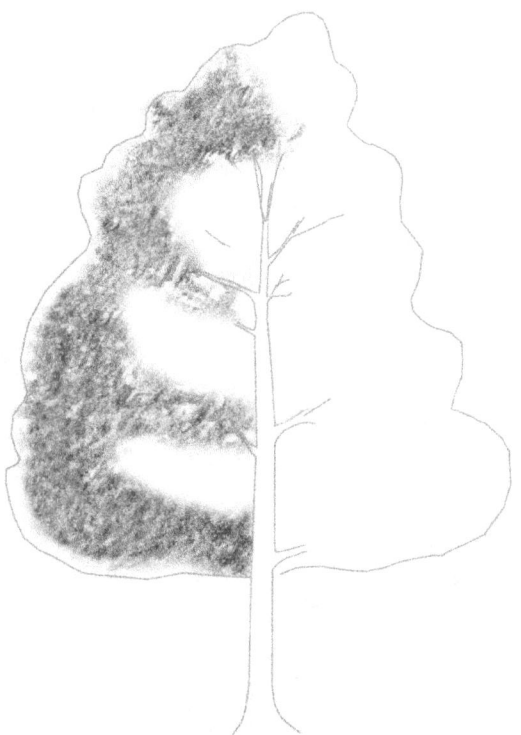

Beginnen Sie damit, die dunkleren Bereiche mit einer leicht kreisenden, kritzelnden Bewegung zu blockieren. Diese dunklen Bereiche werden sich auf der linken Seite des Baums befinden. Genau wie bei dem Klecks, den wir in der vorherigen Lektion gezeichnet haben, sollten innerhalb der skizzierten Struktur einige Linien oder dunkle Bereiche vorhanden sein, um Schichten, Wellen oder Falten anzudeuten. Die meisten dieser Falten werden in der dunkleren linken Seite des Baums erscheinen; einige werden sich jedoch in den Teil auf der rechten Seite schleichen, obwohl sich die Lichtquelle auf dieser Seite befindet. Die dunkelsten Werte und die tiefsten Texturen werden auf der Unterseite des Blätterdachs erscheinen. Hellere Werte und Texturen sollten auf die Oberseite der Baumkrone und die Falten angewendet werden.

Für einen mittleren Ton habe ich einen 6B-Bleistift in kurzen, kreisförmigen Kurven verwendet, um eine blattartige Struktur zu erzeugen. Durch das Kritzeln bleiben die Blätter locker und nicht zu detailliert. Fahren Sie fort, den Baum mit kreisförmigen Kritzeleien auszufüllen. Der untere Teil eines jeden Blattbüschels sollte etwas dunkler sein als der obere Teil. Tipp: Halten Sie den Bleistift nicht senkrecht zum Papier, sondern schräg. So können Sie einen großen Bereich auf einmal abdecken und ausblenden. Wenn Sie den Bleistift gerade nach oben und unten halten, dauert es länger, bis die weißen Flächen ausgefüllt sind, und die Linie des Bleistifts erscheint feiner. Das Kritzeln kann etwas knifflig sein, aber wenn es richtig gemacht wird, verleiht es Textur und füllt die ersten Schattenbereiche schnell auf. Konzentrieren Sie sich bei dieser Bewegung darauf, den Baum auf der rechten Seite und am Boden dunkler zu machen. Die Texturmarkierungen sollten innerhalb der Grenzen der Linien bleiben, die die Baumkrone definieren; sie können sich jedoch leicht überlappen. Konzentrieren Sie sich darauf, eine Textur zu zeichnen, die als eine Konzentration von Blättern erscheint, und nicht als einzelne Blätter selbst.

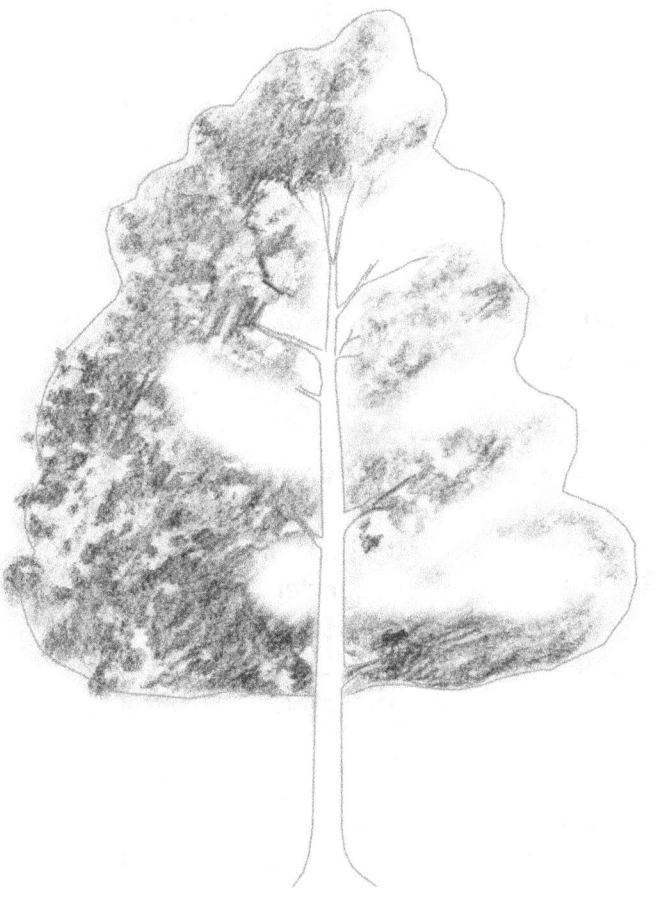

Bringen Sie einige weitere Bereiche des Schattens von links nach rechts ein, um die Schichten der Blattbüschel anzudeuten. Wenn ein Bereich zu dunkel ist, tupfen Sie mit dem Knetradierer auf die dunkle Stelle, um etwas Pigment herauszuziehen. Einige winzige Bereiche in den dunkelsten Schatten können mit dem Radiergummi aufgehellt werden, um mehr Tiefe zu erhalten. Es kann einige Schichten von Texturen oder Durchgänge mit dem Radiergummi erfordern, um die nötige Ausgewogenheit zu erreichen, damit die Illusion von Blättern entsteht, aber die Zeit lohnt sich.

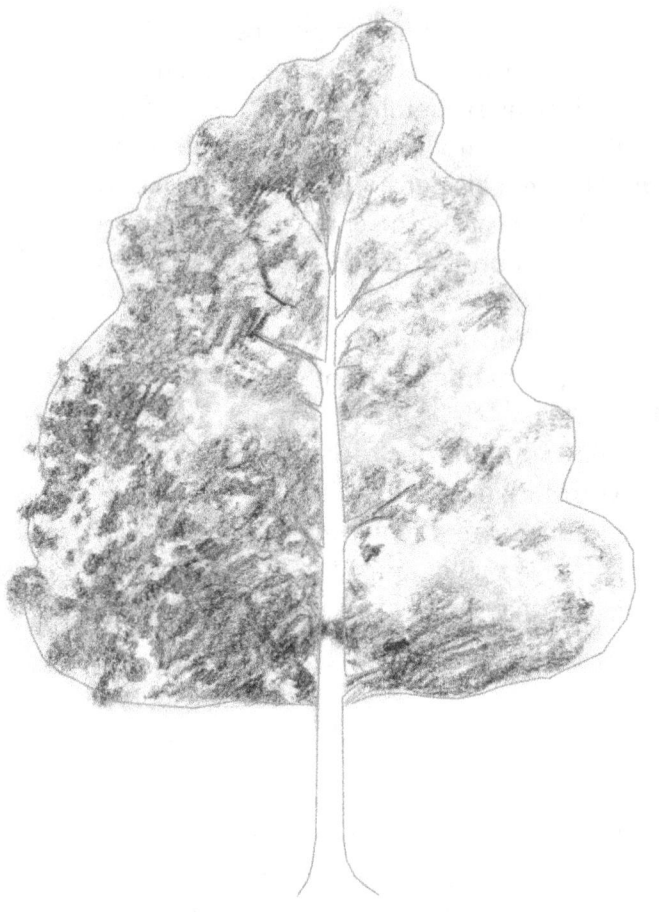

Um den Blattbereich schnell auszufüllen und einen Teil des Weiß zu entfernen, um einen Kontrast zum Hintergrund zu schaffen, kann dem restlichen Blattbereich eine leichte Tonschicht hinzugefügt werden. Dies lässt das Bild vollständiger erscheinen. Bereiche, in denen nur die hellsten Lichter zu sehen sind, können mit dem Knetradierer zu einem reinen Weiß ausradiert werden.

Die Blätter zeigen nicht nur an, wo sich eine Lichtquelle befindet, sondern der Schatten auf dem Stamm wird auch verdeutlichen, dass die Lichtquelle von rechts kommt. Da sich die Lichtquelle auf der rechten Seite befindet, werden die linke Seite des Stammes und Teile der freiliegenden Äste im Schatten liegen. Beginnen Sie beim Schattieren des Stammes mit dem dunkelsten Bereich und bewegen Sie sich dann allmählich nach rechts, während Sie den Druck des Bleistifts verringern, um einen helleren Ton zu erzeugen. Dies kann mit einer schnellen Hin- und Herbewegung geschehen. Links am Rand des Schattenbereichs sollte ein dünner heller Streifen zu sehen sein, um reflektiertes Licht oder Licht, das sich um den Zylinder der Stammform gewickelt hat, anzuzeigen. Wir wollen, dass der Baum röhrenförmig und nicht flach erscheint, damit die Lichtquelle, die von der rechten Seite kommt, sich um den Stamm wickelt und dieses bisschen Helligkeit im Schatten bietet.

Fügen Sie ein einfaches Wurzelsystem an der Basis des Stammes hinzu, damit der Baum nicht unnatürlich endet oder im Raum zu schweben scheint.

Hier und da können ein wenig vom Baumstamm und einige Äste durch die Blätter hindurchscheinen.

Es kann ein wenig dauern, bis Sie mit dem Bild zufrieden sind. Arbeiten Sie weiter daran und denken Sie daran, wo die Lichtquelle ist und wo die dunklen Bereiche sind. Wenn Sie weiter schattieren, sollte der ursprüngliche Umriss Ihrer Zeichnung allmählich mit dem Baum verschmelzen. So wie Objekte im wirklichen Leben nicht umrissen sind, sollte auch Ihre realistische Zeichnung nicht umrissen sein. Verwenden Sie den Knetradierer nach Bedarf, um scharfe Glanzlichter und eine natürliche Verschmelzung der Farbtöne zu erzielen. Es sollte keine scharfe Abgrenzung von einem Ton zum anderen geben, sondern einen sanften Übergang von einem Ton zum nächsten.

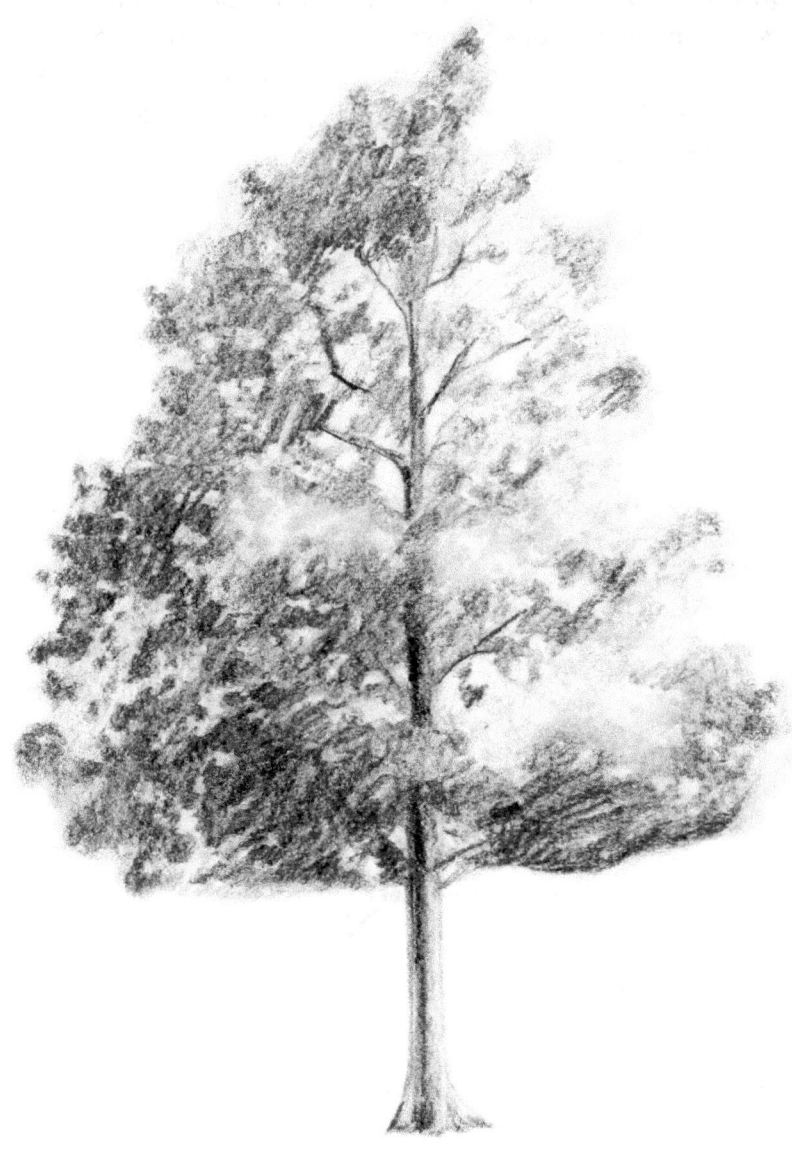

Schatten

Zum Schluss fügen wir einen Schlagschatten auf dem Boden hinzu. Dieser verstärkt die Richtung, aus der die Lichtquelle kommt. Ein Schlagschatten ist eine vereinfachte Version des ihn erzeugenden Objekts. In diesem Fall wird ein Mitteltonbereich erzeugt, der von der Basis des Baumes ausgeht und sich von der Lichtquelle wegbewegt. Der Schlagschatten kann nicht nur ein Hinweis darauf sein, welche Seite des Baumes hell und welche dunkel sein soll, sondern auch ein Hinweis auf die Tageszeit (und die Position der Sonne am Himmel) in Abhängigkeit vom Winkel des Schattens.

Schatten sind nicht sehr detailreich, können aber die allgemeine Form des schattenwerfenden Gegenstandes wiedergeben. In diesem Fall genügt ein vereinfachter Baumstamm mit ein paar Kritzeleien, um die Blätter darzustellen. Dort, wo der Schatten den Stamm an der Basis trifft, sollte er am dunkelsten sein. Um ein samtiges Finish zu erzielen, können die Töne mit einem Finger oder einem Stück Papier verwischt werden, sobald der Schatten platziert ist. Mit dem Radiergummi können die Lichter neu definiert werden, wenn sie zu sehr verwischt sind.

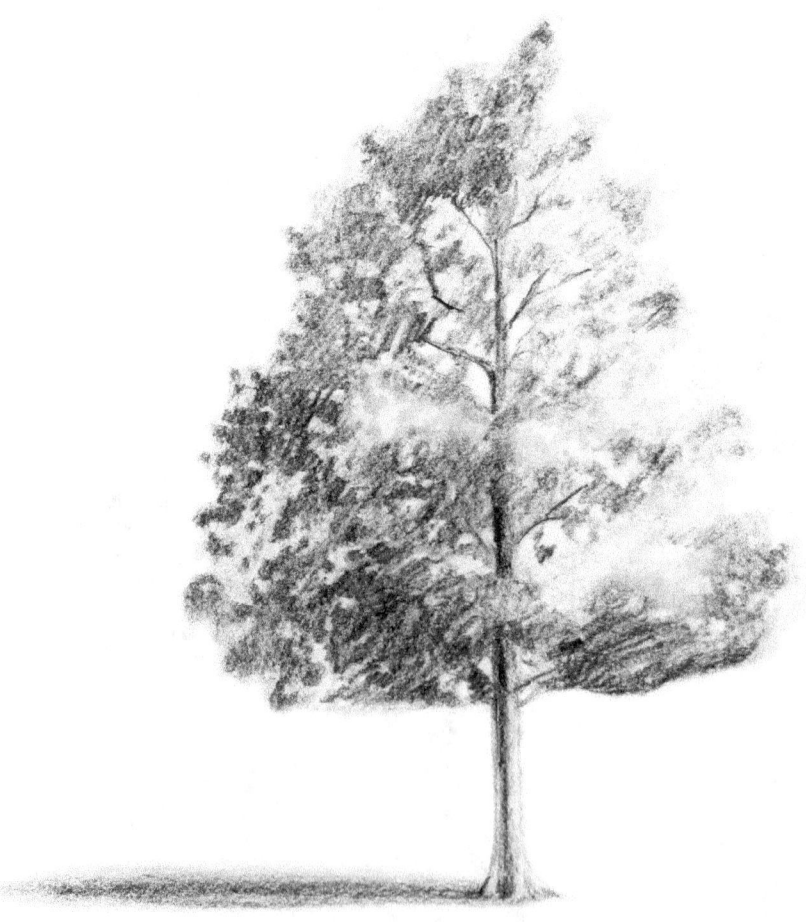

Es erfordert Übung und Beobachtung, um die Illusion einer realistischen Lichtquelle zu erzeugen, die auf ein reales Objekt einwirkt.

Am besten lässt sich das Konzept von Lichtquelle und Schatten verstehen, wenn man einen Gegenstand auf einen Tisch neben ein Fenster oder eine einzelne Lampe legt. Betrachten Sie das Objekt aus verschiedenen Blickwinkeln und üben Sie, wie Sie Schatten auf das Objekt werfen, indem Sie sich auf die Lichtquelle und die Auswirkungen des Lichts auf das Objekt selbst und auf die umgebenden Bereiche konzentrieren. Für den Anfang sind einfache Objekte am besten geeignet.

Üben Sie das Zeichnen eines organischen Flecks, eines Apfels oder eines anderen einfachen Objekts und schattieren Sie es so, dass eine helle Lichtquelle sichtbar wird. Zeichnen Sie als Nächstes einen Baum von einem Foto, aus dem Leben oder aus Ihrer Fantasie und schattieren Sie den Baum mit den angegebenen Techniken. Legen Sie die Position der Lichtquelle fest und zeichnen Sie einen Schatten auf den Baum, um die Richtung der Lichtquelle anzuzeigen.

Tipps zum Zeichnen von Bäumen:

• Der Stamm sollte nicht gerade in den Boden getrieben werden, da die meisten Bäume ein leichtes Wurzelsystem haben und sich in der Nähe der Basis biegen.

• Vergessen Sie nicht, dass Bäume langgestreckte Röhren sind und der Schatten ein zylindrisches Objekt darstellen sollte. Dies kann erreicht werden, indem gekrümmte Linien für die Schattierung verwendet werden und indem Tonabstufungen verwendet werden.

• Um dem Objekt Tiefe zu verleihen, ändern Sie den Druck des Bleistiftstrichs. Für die dunkleren Bereiche sollte ein stärkerer Strich oder ein stärkerer Druck verwendet werden, während für die helleren Bereiche ein leichterer Strich oder ein leichterer Druck verwendet werden sollte.

• Das Zeichnen von Ästen und Stamm mit geraden Linien ist ein häufiger Fehler. Ein Baum sieht realistischer aus, wenn kleine Unebenheiten, Äste und Biegungen hinzugefügt werden.

• Beobachten ist der Schlüssel. Beobachten und Vergleichen Sie das Motiv, um herauszufinden, welche Farbe ein Teil der Zeichnung haben soll. Mit etwas Übung geht das ganz leicht.

• Perspektive. Welche Details dem Baum hinzugefügt werden, hängt von der Perspektive ab, aus der der Betrachter auf den Baum blickt, und von seiner

Entfernung. Kleine Kritzeleien und vereinfachte Details können auf einem weit entfernten Baum angebracht werden. Bei einem Baum aus der Nähe oder bei einem Baum mit einer detaillierten Ansicht sind feinere Details von Bedeutung.

• Man sollte immer wissen, woher das Licht kommt. Dies beeinflusst jeden Schritt des Schattierungsprozesses. Mit einem Trick können Sie den Schattenwurf eines Objekts bestimmen, wenn Sie sich nicht sicher sind. Wenn man diesen gefunden hat, kann man leicht die Richtung bestimmen, aus der die Lichtquelle kommt.

• Entscheidend sind die offenen Stellen im Baum. Für ein realistisches Kunstwerk sollte man einige hinzufügen.

• Bei der Schattierung ist es empfehlenswert, eine Reihe von Farbtönen zu verwenden, wobei die dunkelsten Bereiche in den schattierten und die hellsten Bereiche in den hervorgehobenen Bereichen liegen.

Beispiele, Fragen und Kommentare

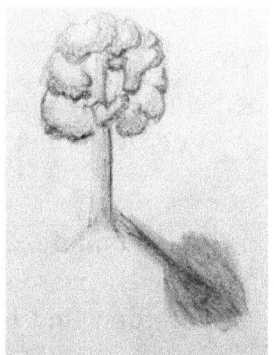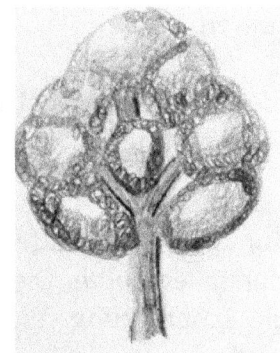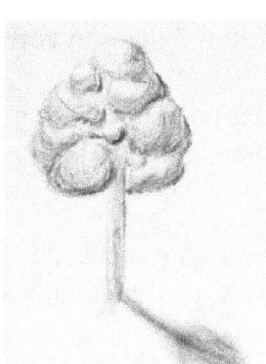

Frage: Ich habe mich einige Male an der Zeichnung eines Baumes versucht und werde dies auch noch einige Male tun, weil ich der Meinung bin, dass ich den weichen Teilen nicht genügend Form gegeben habe. Was sollte ich tun, um dem Baum mehr Form zu geben? Welche Technik ist am besten geeignet, um die Blätter hinzuzufügen?

Antwort: Die Blätter in diesem Baum setzen sich aus vielen einzelnen Formen zusammen. Man sollte ab und zu einen Schritt zurücktreten. So kann man sicherstellen, dass die Blätter des Baumes als eine Einheit und nicht als einzelne Teile erscheinen. Sie wirken etwas zu perfekt und gleichförmig. Ich finde, dass das Gekritzel in einem Kreis für mich am besten funktioniert, aber jeder Mensch ist anders! Verschiedene Techniken auszuprobieren ist gut. Eine Sache scheint bei allen gleich zu sein: Sie sind symmetrisch in der Form und ziemlich voll. Versuchen Sie, noch mehr Büschel dieser Art zu machen, aber mit mehr gezackten Kanten und mit kleineren Büscheln, die ineinander übergehen. Zum Trennen der Büschel kann man einen Rand in einem dunkleren Farbton anbringen, ohne sie ganz abzuschneiden. Manchmal kann sogar ein Hauch Schatten in einem Bereich aussagekräftig sein.

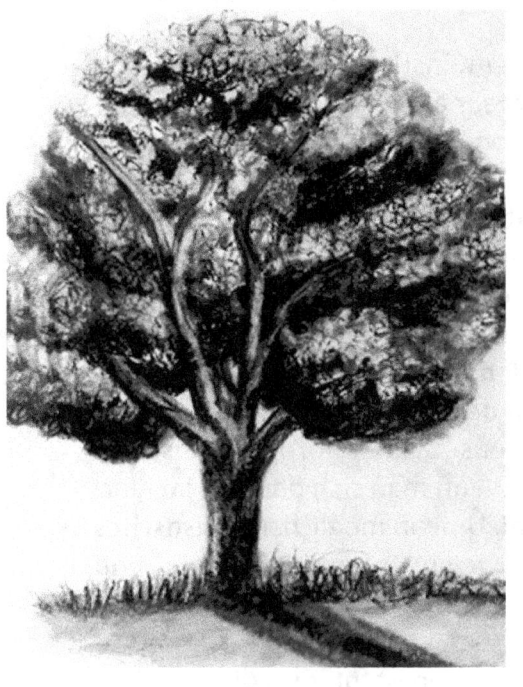

Frage: Könnten Sie mir bitte einen Tipp geben, um diesen Baum zu schattieren und zu beleuchten? Ich habe ihn mit Kohle gezeichnet.

Antwort: Er ist wunderschön! Wenn ich etwas raten müsste, würde ich sagen, die dunklen Stellen etwas aufzuhellen. Sobald man dunkle Pigmente aufgetragen hat, ist Kohle ein schwieriges Medium, um heller zu werden. Ein Gleichgewicht zwischen Hell und Dunkel ist notwendig, um Kontrast und Interesse zu erzeugen. Das Bild kann realistischer wirken, wenn der Übergang von einem zum anderen weicher gestaltet wird und einige Mitteltöne hinzugefügt werden.

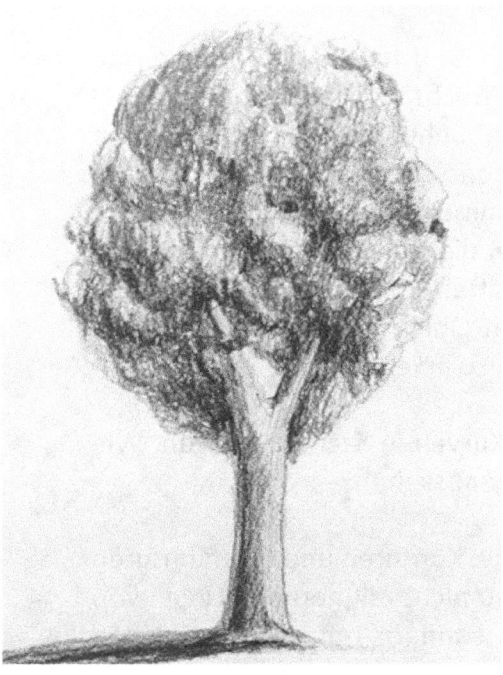

Frage: Das ist mein Baum. Am Ende habe ich gemerkt, dass ich nicht genug Platz gelassen habe, um den Schatten richtig werfen zu lassen, so dass der Schatten ganz schön schräg ist! Wie kann ich das korrigieren?

Antwort: Das kommt manchmal vor. Manchmal sind Teile eines Bildes zu groß geraten, aber ich versuche, jeden "Fehler" zu meinem Vorteil zu nutzen. Das kann z.B. das Beschneiden meines Kunstwerks auf eine interessante Art und Weise sein oder das Anpassen der Lichtquelle. Dein Schatten ist in Ordnung, er bringt die Sonne nur an eine andere Position am Himmel, als du vielleicht ursprünglich im Sinn hattest.

Frage: Manchmal spüre ich, dass das Licht und der Schatten nicht an der richtigen Stelle sind. Ich weiß nicht, wo der Schatten liegen soll, denn wenn ich ihn zeichne, wo ich ihn sehe, stimmt er nicht mit der Lichtquelle überein. Woran liegt das?

Antwort: Beim Zeichnen einer Szene stellt der Künstler manchmal fest, dass sich die Position des Schattens ändert, weil mehr als eine Lichtquelle vorhanden ist, insbesondere bei der Verwendung von künstlichem Licht. Dies führt zu unklaren oder inkonsistenten Schatten. Da es nicht nur eine Lichtquelle gibt, ist es unwahrscheinlich, dass der Schatten scharf ist, was die einfachste und intuitivste Art des Zeichnens ist. Mehrere Lichtpunkte erzeugen diffuse Schatten. Diffuses Licht entsteht, wenn keine direkte Lichtquelle sichtbar ist und alles im Schatten liegt. In der Regel ist ein geworfener Schatten an der Stelle dunkler, an der ein zweiter Schatten auf ihn fällt. Ein Objekt kann beliebig viele Schatten werfen. Der Bereich, in dem sich die meisten Schatten überlappen, ist der dunkelste Teil des Schattens. Dies ist normalerweise der Bereich, der dem Objekt am nächsten liegt. Wenn man sich darüber im Klaren ist, hat man diese Schatten besser im Griff. Um ein möglichst realistisches Bild zu erhalten, ist es immer besser, das zu zeichnen, was man sieht, und nicht das, was man zu sehen glaubt.

Frage: Das Schwierigste beim Zeichnen von Schatten ist für mich die Entscheidung, wo der Schatten sein soll und wie weit er vom Objekt entfernt sein soll. Wie weit soll ich meine Schlagschatten nach außen legen?

Antwort: Schatten sehen unterschiedlich aus und haben unterschiedliche Formen, wenn man sie unterschiedlich betrachtet. Die Platzierung und Größe des Schattens kann etwas knifflig sein. Sehen Sie sich den Schatten immer in Relation zum Gegenstand an und entscheiden Sie, ob er kleiner oder größer ist als der Gegenstand. Das ist immer ein guter Ausgangspunkt für die Größenbestimmung. Eine Lichtquelle, die sich in einiger Entfernung von einem Objekt befindet, wirft einen Schatten, der etwa so groß ist wie das Objekt selbst. Eine Lichtquelle nahe am Objekt wirft einen größeren Schatten. Bei künstlichem Licht ist dies leicht zu erkennen.

Frage: Für mich ist es schwierig, Dinge mit Kurven in Szene zu setzen. Wie kann ich Schattierungen erzeugen, die runder aussehen?

Antwort: Verwenden Sie Ihren Bleistift, um die Konturen und Querkonturen eines Objekts zu markieren. Zeichnen Sie also nicht mit geraden Linien von oben nach unten oder von Seite zu Seite, sondern mit geschwungenen Linien.

Frage: Haben Sie Vorschläge für Schattenwinkel? Meine enden alle in einer Kurve.

Antwort: Meinen Sie den Schattenwurf? Versuchen Sie, den Bleistift locker zu halten. Manchmal muss man eine leichtere Hand haben, wenn man ihn näher am Radiergummi und weiter von der Spitze entfernt halten kann. Ich empfehle einen leichteren Druck und krumme Bewegungen mit dem Bleistift. Wenn man feststellt, dass immer noch scharfe Winkel entstehen, wird etwas Pigment mit dem Knetradierer entfernt und verwischt.

Frage: Haben Sie einen Vorschlag für die Trennung der Blattbüschel voneinander und vom Stamm?

Antwort: Man sollte Schattierungen verwenden, auf keinen Fall Umrisse. An der Basis jedes Blattbüschels kann etwas mehr Schatten hinzugefügt werden. Es ist auch möglich, einige weiße Flecken in der Nähe des Stammes zu belassen.

Frage: Ich neige dazu, das, was andere gezeichnet haben, genau zu kopieren und dann mit meinen Zeichnungen zu vergleichen. Haben Sie einen Rat, wie ich damit aufhören kann?

Antwort: Ja, damit aufhören! Es ist zwar schön, sich von einem Bild inspirieren zu lassen, aber es ist besser, ein echtes Objekt zu betrachten. Wenn Sie Ihre Arbeit mit einer anderen vergleichen wollen, vergleichen Sie sie mit Ihrer eigenen Arbeit. Sie könnten angenehm überrascht sein!

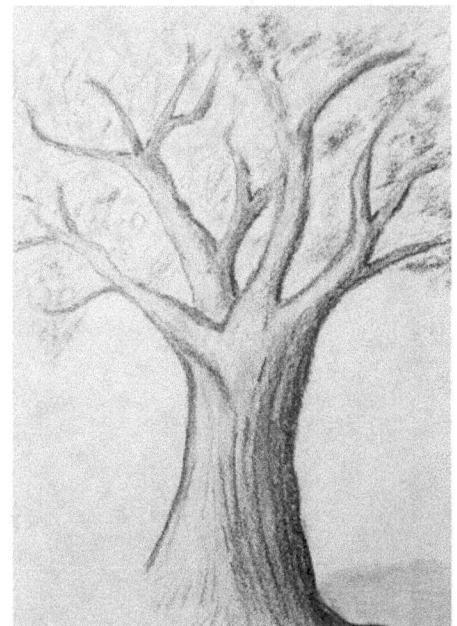

Frage: Wie kann ich meinen Baum verbessern?

Antwort: Die Schattierung scheint an allen richtigen Stellen zu sein. Vielleicht könnten die Linien noch ein bisschen feiner sein, und ein paar mehr Äste würden dem Bild ein vollständigeres Aussehen verleihen. So wie es aussieht, hat es eine schöne, lockere, illustrative Qualität.

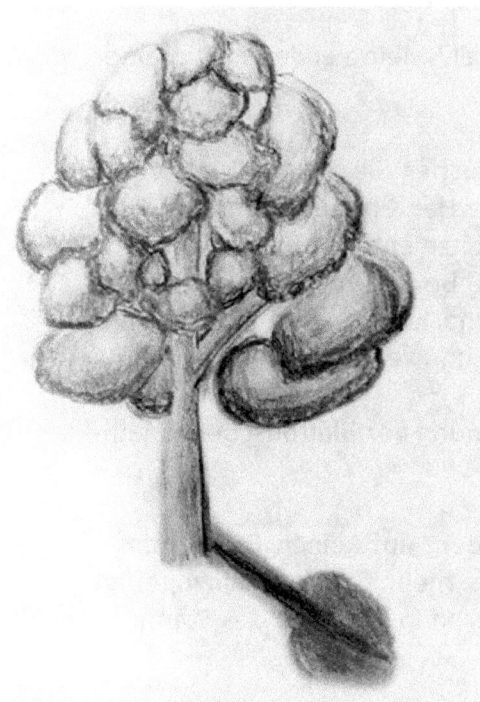

Kunst von Whitney Krug (Alter 12)

Frage: Ich habe diesen Baum so gezeichnet, wie ich ihn mir vorgestellt habe, nicht nach einem Bild. Was braucht er dazu?

Antwort: Die Nutzung der eigenen Vorstellungskraft ist eine großartige Art und Weise, kreativ zu sein! Es ist hilfreich, nach dem Leben oder nach einem Bild zu zeichnen, wenn man versucht, realistisch zu zeichnen. Es ist ein wichtiger Teil des Lernprozesses, ein Referenzfoto zur Hand zu haben, um zu sehen, wohin die Schatten fallen und wohin das Licht fällt. Haben Sie die Möglichkeit, nach draußen zu gehen und einen Baum zu beobachten oder sich im Internet ein paar Bäume mit Blättern anzusehen? Wenn Sie die Möglichkeit haben, achten Sie auf die organische Form der äußeren Konturen der Bäume. Achten Sie auf die Stellen, an denen die Blätter weiter in den Baum hineinragen, und auf die Tatsache, dass sie nicht immer ganz flach sein müssen. Schauen Sie sich ein Objekt an, das so aussieht wie das, was Sie entwerfen wollen.

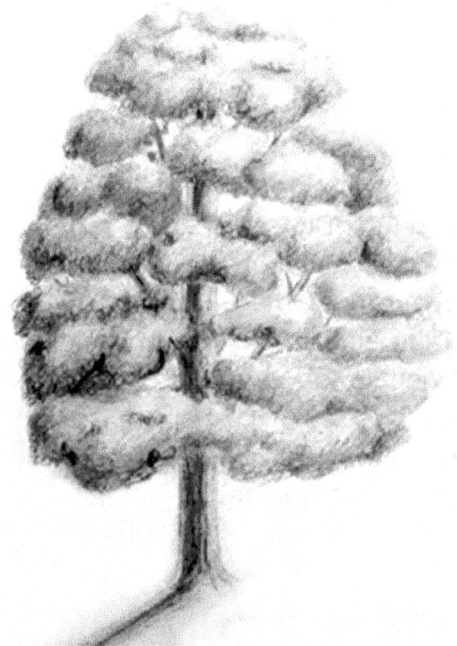

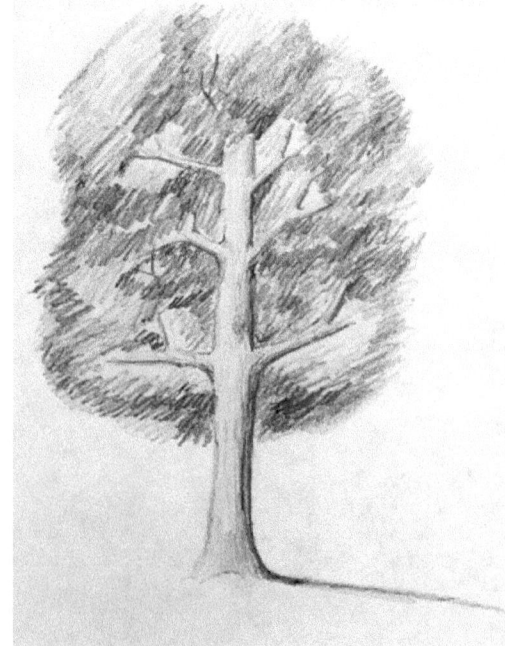

Frage: Aus irgendeinem Grund fiel es mir immer schwer, Bäume zu zeichnen. Es war viel einfacher, einfach eine Art "Kritzelei" anzufertigen, aber ich bin mir immer noch nicht sicher, wie das Ergebnis aussehen soll. Irgendwelche Vorschläge?

Antwort: Diese Schattierung sieht toll aus! Was die Zeichnung betrifft, so sehen die Blätterbüschel sehr symmetrisch aus. Versuchen Sie, mehr Asymmetrie hinzuzufügen.

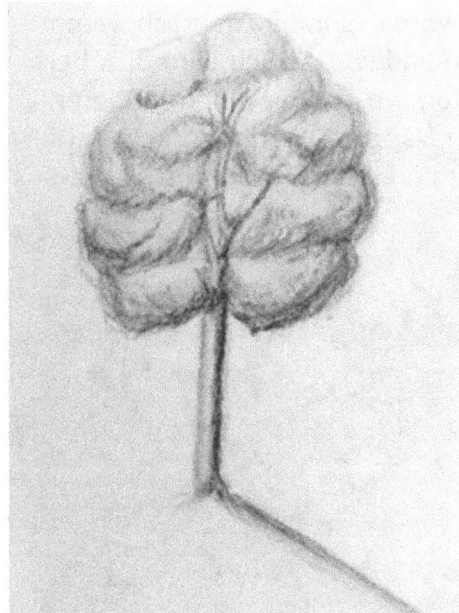

Frage: Irgendwelche Vorschläge?

Antwort: Es steht Ihnen frei, die Linien des ursprünglichen Baumumrisses zu überschreiten. Je unregelmäßiger und asymmetrischer der Baum gezeichnet wird, desto realistischer wirkt er. Die grundlegenden dunklen und hellen Bereiche sind sehr gut getroffen. In den hellen Bereichen würde ich noch etwas mehr Mittelton hinzufügen, um einen allmählichen Übergang zu schaffen. Versuchen Sie es mit kleinen kreisenden Bewegungen, um das Aussehen der Blätter aus der Ferne zu simulieren..

Anmerkung: Nochmals vielen Dank für Ihre Hilfe! Ich finde Ihre Lektionen so informativ und Ihre persönliche Hilfe bei den Antworten so spannend. Ich freue mich schon darauf, meine Zeichnungen zu überarbeiten.

Frage: Welche Form machst du mit deinem Bleistift? Ich habe gerade Kreise gezeichnet, aber ich frage mich, ob ich es falsch gemacht habe? Wenn ich nur so gut zeichnen könnte wie Sie, würde ich das wirklich gerne tun.

Antwort: Ich habe eine kleine Hin- und Herbewegung und kleine Kreise gemacht. Das ist nicht falsch! Jede Bewegung, die Ihnen gefällt, ist richtig. Wenn Sie der Meinung sind, dass die Markierungen, die Sie gemacht haben, nicht richtig aussehen, dann können Sie sie jederzeit wieder rückgängig machen. Vielen Dank für das Kompliment zu meinen Zeichenfähigkeiten. Mit ein bisschen Übung werden Sie mehr als zufrieden sein mit dem, was Sie selbst gezeichnet haben. Denken Sie daran: Zeichnen kann jeder, aber niemand kann so zeichnen wie Sie.

Frage: Welche Papiergröße empfehlen Sie?

Antwort: Jede Größe. Manche Menschen bevorzugen große Formate für ihre Zeichnungen, andere wiederum kleinere Formate. Es empfiehlt sich, mit einer großen Zeichnung anzufangen.

Frage: Ich zeichne einen Baum nach dem Leben, und es sieht so aus, als ob der Schatten in viele verschiedene Richtungen geworfen wird. Wo soll ich ihn platzieren?

Antwort: Die hellen und dunklen Schattierungen variieren und sind weniger vorhersehbar, wenn mehrere Lichtquellen vorhanden sind oder wenn es keine offensichtliche Lichtquelle gibt. Dies wird besonders deutlich, wenn es nicht nur eine direkte Lichtquelle gibt. Besonders deutlich wird dies bei Schlagschatten. Der Schatten ist dort dunkler, wo er von einem anderen Schatten getroffen wird, normalerweise in der Nähe des Stammes. Achte auf die Position der Sonne am Himmel, beobachte und zeichne, was du siehst.

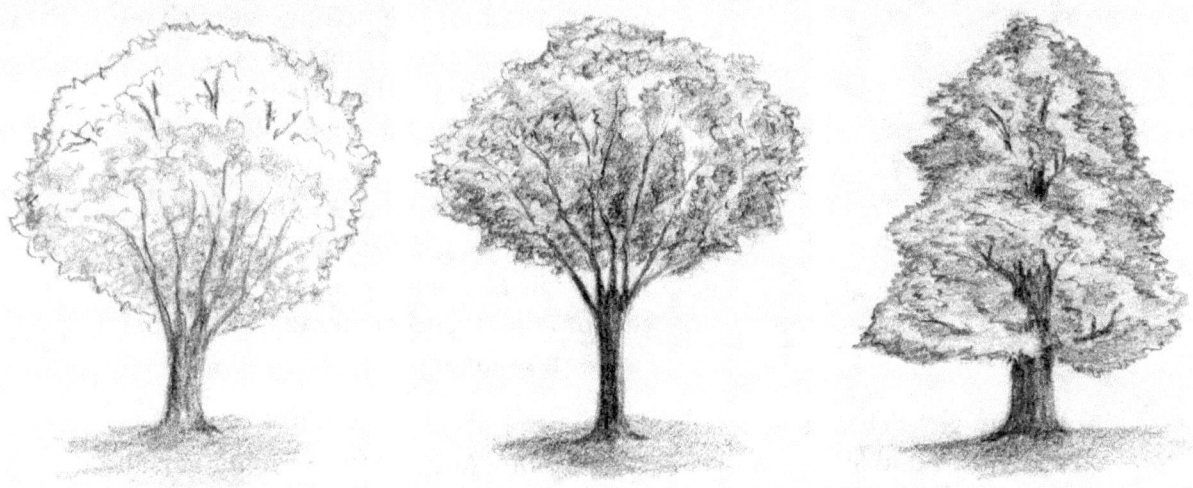

Kunstwerke von Ivan Huska

Kommentare:

"Beim Zeichnen meines Baumes hat mir die Klecks-Lektion sehr geholfen. Ich habe schattierte Kleckse für meine Blätter gemalt und sie sind sehr gut geworden! Vielen Dank!"

"Normalerweise arbeite ich nicht mit Bleistift, aber dieser Kurs hat mir wirklich beim Erkennen von Formen geholfen. Ich fange an, das Zeichnen und Schattieren mit Bleistift zu genießen".

"Früher habe ich versucht, einzelne Blätter hinzuzufügen, wenn ich Bäume zeichnete, aber das war zu mühsam und sah nicht richtig aus. Dass die Vereinfachung eines Baumes einer Zeichnung zu einem realistischeren Aussehen verhelfen kann, war mir vorher nicht bewusst".

"Am Anfang war ich etwas überrascht über die Schlichtheit Ihrer Vorschläge, aber dann erkannte ich, dass die Vereinfachung genau das ist, was ich brauche, um meine Werke glaubhafter zu machen."

ACHTES KAPITEL
ABSTUFUNGEN, HIGHLIGHTS, REFLEXIONEN UND ÜBERBLENDUNGEN

Wissen:
• Bei der Gradation handelt es sich um eine visuelle Technik des allmählichen Übergangs von einem Ton zum anderen.
• Das Hinzufügen von Schattierungen zu einer Zeichnung führt die dritte Dimension von Volumen und Tiefe ein.
• Spitzlichter, Mitteltöne, Kernschatten, reflektiertes Licht, Schlagschatten

Verstehen:
• Um realistische Farbtöne zu erzielen, ist es wichtig zu wissen, wann man mit dem Mischen aufhören sollte.
• Die Beobachtung und Nachbildung einer bestimmten hellen und dunklen Seite eines runden Objekts hilft, die Form dieses Objekts genauer zu definieren.
• Für eine realistische Schattierung eines Auges ist eine Kombination aus Reflexionen, Abstufungen, Glanzlichtern und Übergängen entscheidend.
• Mehrere Tonschichten können zu einer glatten, realistischen Oberfläche eines Kunstwerkes führen.

Aktion:
• Üben Sie sich darin, Abstufungen zu erzeugen, indem Sie den Druck des Bleistifts variieren oder die Bleistifte in verschiedenen Qualitäten wechseln, um eine nahtlose Veränderung des Farbtons zu erreichen.
• Beobachten und bestimmen Sie visuell die Platzierung von Glanzlichtern, Mitteltönen, Kernschatten, reflektiertem Licht und Schlagschatten auf einem runden Objekt.

• Zeichnen und schattieren Sie ein realistisches menschliches Auge, indem Sie die angegebenen Techniken zur Darstellung von Schatten, Schatten, Reflexionen und Glanzlichtern anwenden.

Die Art und Weise, wie ein Künstler seine Zeichnungen überblendet und schattiert, entscheidet darüber, wie realistisch sie aussehen werden. In dieser Lektion besprechen wir Abstufungen und Glanzlichter, das Hinzufügen von Reflexionen und wie man beim Überblenden vorgeht, ohne zu "überblenden" und Töne zu verflachen.

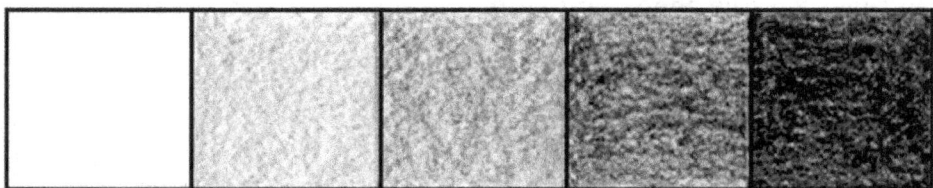

Als wir unsere Werteskala erstellten, war es wichtig, ein klares Ende und einen klaren Anfang für jeden Farbton zu haben, damit wir ein Raster erstellen konnten, das bestimmte Farbtöne innerhalb des Rasters anzeigt. In der ersten Lektion, in der wir unsere Werteskala auf ein Bild mit fünf Farbtönen angewandt haben, waren keine Farbverläufe erforderlich, sondern nur feste Farbtöne. Bei einer realistischen Schattierung nimmt ein Künstler diese verschiedenen Farbtöne und mischt sie so, dass sie scheinbar nahtlos ineinander übergehen. Dies wird als Gradation bezeichnet. Anstatt Töne zu blockieren, geht ein Farbverlauf allmählich von einem Ton in einen anderen über, indem man mit einem Bleistift etwas fest aufdrückt und den Druck allmählich verringert (oder die Bleistiftsorte wechselt), so dass der Ton immer heller und heller wird.

Hier ist ein Beispiel für Töne, die in einer Abstufung von dunkel nach hell angeordnet sind. Dies wurde mit einem 8B-Stift mit unterschiedlichem Druck erstellt, eine Möglichkeit, ein nahtloses Aussehen zu schaffen. Beachten Sie, dass es kein klares Ende oder einen klaren Anfang für jeden Ton gibt. Ein Künstler kann die Abstufung glatter erscheinen lassen und die Abstufungstöne überblenden. Für diesen Vorgang kann ein Taschentuch, ein Finger oder ein Stumpf zum Verblenden, auch Tortillon genannt, verwendet werden. Der Künstler reibt sanft über die Töne in einer Hin- und Her- oder Kreisbewegung, um sie miteinander zu verschmelzen und alle Flecken oder Lücken zu glätten, die zu sehr hervorstechen könnten. Wenn dies gelungen ist, zeigt das Erscheinungsbild der Töne immer noch einen allmählichen Wechsel von dunkel zu hell, während alle Linien, die sich abheben, miteinander kombiniert werden. Die Töne werden immer noch etwas scharf sein, während die dunklen Töne mühelos und nahtlos heller werden.

Zur Erzielung realistischer Farbtöne ist es wichtig zu wissen, wann man mit dem Mischen aufhören sollte. Es ist leicht, zu viel zu mischen, und das ist etwas, was ein Künstler vermeiden sollte. Wenn zu viel gemischt wird, verlieren die dunklen Töne an Intensität und die hellen Töne an Brillanz. Hier besteht die Gefahr, dass der Künstler Matsch produziert. Je mehr überblendet wird, desto verworrener kann die Schattierung erscheinen.

Im obigen Beispiel sind Tiefe und Dimension der Gradation durch die Überblendung verschwunden. Die kräftigen Töne, die die dunklen und hellen Flächen charakterisieren, sind einander sehr ähnlich geworden und bilden einen flächigen, nicht differenzierbaren Grauton. Eine gute Regel, an die ich mich halte, ist, mit dem Werkzeug nur zwei oder drei Mal hin und her zu mischen. Je weniger Durchgänge man durch die Farbtöne macht, desto geringer ist die Wahrscheinlichkeit, dass man Matsch erzeugt. Dies kann etwas Übung erfordern. Wenn die Schattierung richtig ausgeführt wird, wird das Objekt durch die Darstellung von Licht, Reflexion und Schatten besser interpretiert. Linien in einem Kunstwerk können nur so viel andeuten. Eine einfache Strichzeichnung kann leicht das Aussehen eines zweidimensionalen Objekts mit Breite und Höhe darstellen. Die dritte Dimension von Volumen und Tiefe wird eingeführt, indem man einem Objekt Schatten hinzufügt. Außerdem haben Objekte in der Realität keine Umrisse, sondern nur eine Veränderung der Werte. Dasselbe gilt für die realistische Zeichnung: Ein Künstler sollte die Konturen um das, was er zeichnet, nicht verdunkeln. Stattdessen kann er die Schatten verdunkeln und Lichter hinzufügen, um ein dynamisches Kunstwerk zu schaffen.

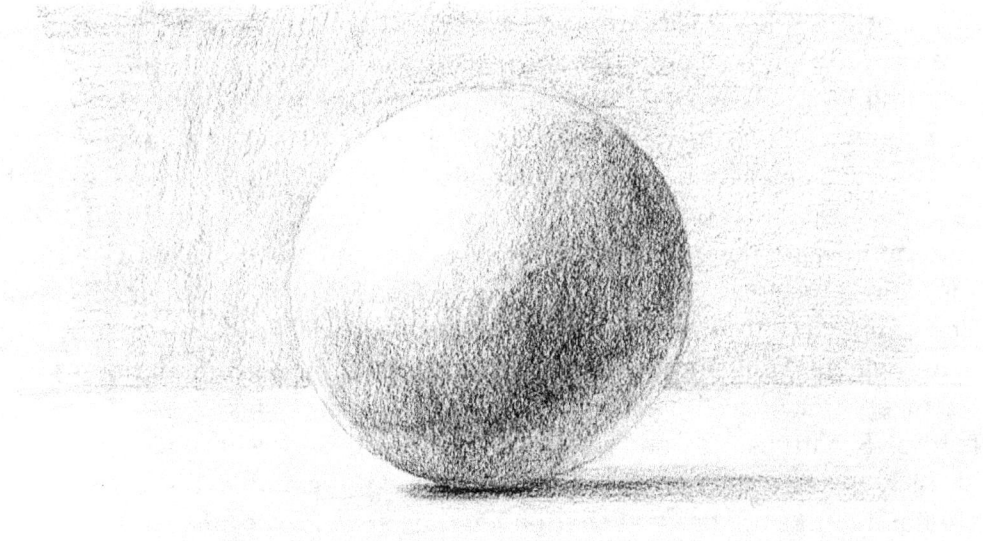

Sehen wir uns das Bild einer Kugel an. Es ist eine Zeichnung einer weißen Kugel vor weißem Hintergrund. Eine Kugel in einer Zeichnung ist ein zweidimensionaler Kreis mit einer Breite und einer Höhe, der schattiert wird, um durch Hinzufügen von Tiefe die Illusion einer Form zu erzeugen. Alle Lichter und Schatten sind in der Zeichnung dargestellt, ebenso wie eine offensichtliche Lichtquelle. Obwohl dieses Bild das Ergebnis eines Stilllebens mit einer weißen Kugel und einem weißen Hintergrund ist, wird es nicht als

Weiß interpretiert, sondern als eine Reihe von Tönen und Schattierungen. Ein gleichmäßiger Verlauf der Farbtöne von hell nach dunkel ist auf einer kugelförmigen Oberfläche zu erkennen. Ein Schlagschatten entsteht, wenn die Lichtquelle von der Kugel verdeckt wird.

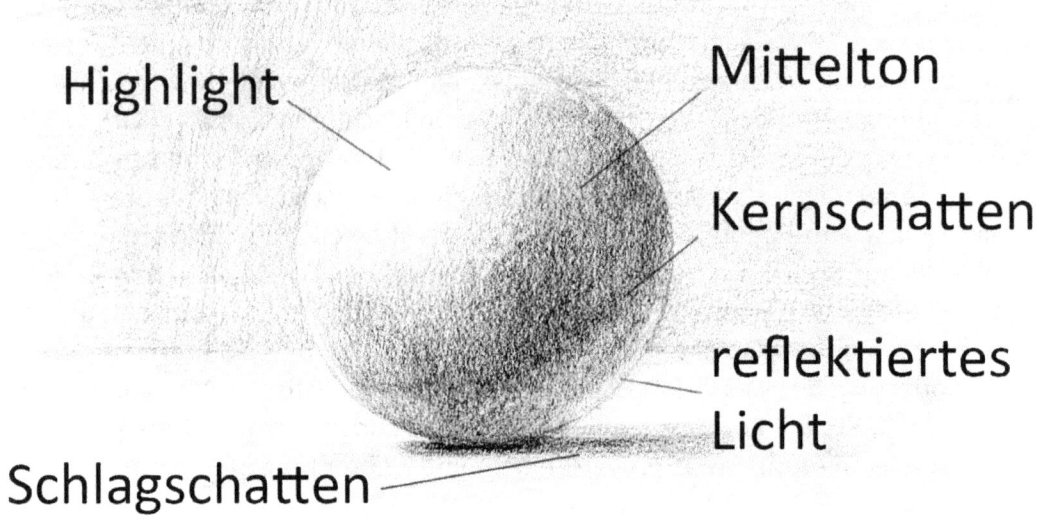

Highlight — Mittelton — Kernschatten — reflektiertes Licht — Schlagschatten

Hell- und Dunkeltöne variieren und sind weniger vorhersehbar, wenn mehrere Lichtquellen vorhanden sind. Zur Vereinfachung der Untersuchung von Licht und Schatten in diesem ersten Abschnitt habe ich nur eine Lichtquelle verwendet. Die hellste Stelle oder die Stelle, wo die Lichtquelle direkt auftrifft, wird Glanz genannt. Wenn eine sichtbare Lichtquelle vorhanden ist, hat ein Objekt einen Glanzpunkt. Der zweite zu betrachtende Bereich ist der Mittelton. Dabei handelt es sich um den Bereich zwischen dem Glanzlicht und dem dunkelsten Teil des schattierten Objekts, auf den das Licht nicht direkt auftrifft. Er ist noch nahe der Lichtquelle, aber nicht direkt genug, um so hell wie der Spitzenton zu sein. Ein Künstler würde hier ein mittleres Grau auftragen. Der nächste Bereich ist der Kernschatten. Dies ist der dunkelste Teil des Schattens, der am wenigsten Licht von der Lichtquelle erhält. Er ist der dunkelste Teil der Kugel und liegt direkt gegenüber der Lichtquelle. Am Rand der Kugel, der im Schatten liegt, ist auch ein Streifen reflektierten Lichts zu sehen. Reflexionslicht ist ein schwacher Lichtstreifen, der von den Oberflächen in der Umgebung eines Objekts reflektiert wird. Das reflektierte Licht kann zur Aufhellung schattiger Bereiche des Objekts und unter Umständen auch zur Unterscheidung des Objekts von seinem Hintergrund oder seiner Unterlage beitragen. Ohne diesen Teil des reflektierten Lichts wäre die Kugel nicht so definiert und könnte flach erscheinen. Schließlich kommt noch der Schattenwurf hinzu. Er verstärkt die Richtung der Lichtquelle und gibt dem Kreis noch mehr Tiefe. Ein Schatten entsteht, wenn ein Objekt eine Lichtquelle blockiert. Der Schatten wird umso heller, weicher und unschärfer, je weiter er vom Objekt entfernt ist, das ihn wirft. Ohne die Schattierung ist diese Kugel einfach nur ein Kreis. Die Abstufung von Ton, Glanzlicht, Schatten und Kontrast macht aus dem zweidimensionalen Kreis eine dreidimensional wirkende Kugel. Alle diese schattierten Teile sind beim Schattieren notwendig.

Das menschliche Auge ähnelt dem der Kugel insofern, als es eine gekrümmte und keine ebene Fläche ist. In der nächsten Übung werden wir eine Zeichnung eines menschlichen Auges anfertigen und es realistisch schattieren. Jedes Auge ist anders. Manche sind runder als andere, manche mandelförmiger, manche haben dickere Augenlider und Wimpern, usw. Diese Übung konzentriert sich auf eine allgemeine, universelle Augenform, die leicht an jedes menschliche Auge angepasst werden kann. Wie immer sollten Sie leicht zeichnen, damit Sie Fehler bei Bedarf leicht ausradieren können.

Das menschliche Auge hat einen einfachen Grundriss. Fangen wir mit einem Kreis an, der die Iris des Auges darstellt. Die Iris ist die flache, farbige, ringförmige Membran hinter der Hornhaut des Auges. Die Augenfarbe eines Menschen lässt sich anhand der Iris bestimmen. Der Künstler kann den Kreis mit Hilfe eines kreisförmigen Gegenstandes oder frei Hand zeichnen.

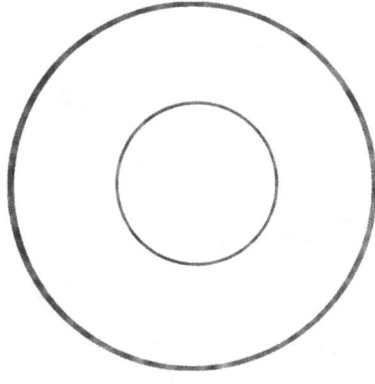

Zeichne in die Mitte der Iris einen kleineren Kreis, der die Pupille darstellt. Die Pupille ist eine Öffnung in der Iris, die in der Zeichnung als schwarzer Kreis erscheint. Die Größe der Pupille kann variieren und sich im Laufe des Schattierungsprozesses ändern, so dass Sie sich keine Sorgen machen müssen, wenn die Pupille zu groß oder zu klein erscheint. Hinweis: Die Pupille befindet sich immer in der Mitte der Iris, aber die Iris befindet sich nicht immer in der Mitte zwischen dem oberen und dem unteren Augenlid. Beim Blick nach links oder rechts ist die Pupille immer in der Mitte der Iris.

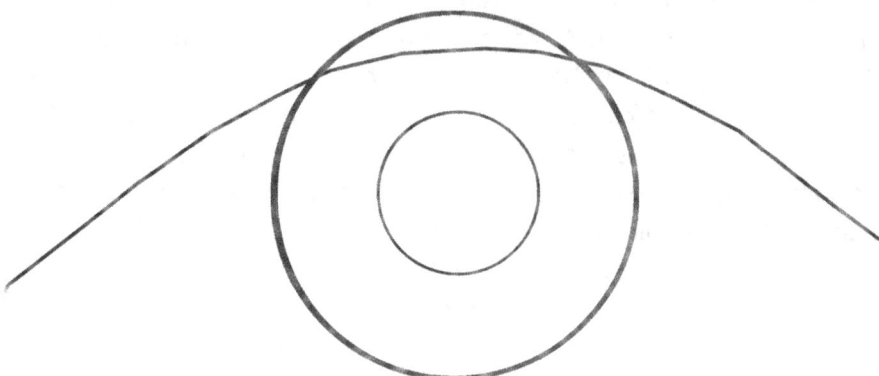

Zeichnen Sie nun einen Bogen, der teilweise durch die Spitze des größeren Kreises nach oben und dann wieder nach unten verläuft. Beim Zeichnen sollte man sich den Bogen wie einen breiten Regenbogen vorstellen. Diese Linie verdeckt einen Teil der Iris, so dass sie auf der fertigen Zeichnung nicht zu sehen ist. Wenn Sie sich ein menschliches Auge in Natura ansehen, werden Sie feststellen, dass bei den meisten Menschen nicht die gesamte Iris sichtbar ist, sondern ein kleiner Teil der oberen und/oder unteren Iris durch das Augenlid teilweise verdeckt wird. Es gibt einige Ausnahmen, aber die meisten Iris sind teilweise verdeckt, es sei denn, das Auge zeigt einen schockierten Ausdruck.

Hinweis: Als gute Richtlinie für die spätere Gestaltung des oberen Teils des Lids kann der obere Teil des Kreises dienen, der vom Bogen abgeschnitten wurde.

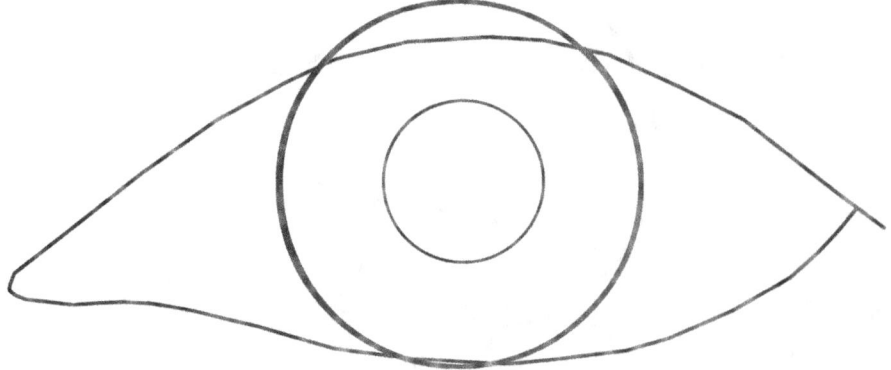

Zeichne dann eine Linie, die das untere Augenlid darstellt. Diese Linie ist leicht nach unten gebogen, berührt dann leicht den unteren Kreis der Iris und steigt wieder an, um den Rand des oberen Bogens zu berühren.

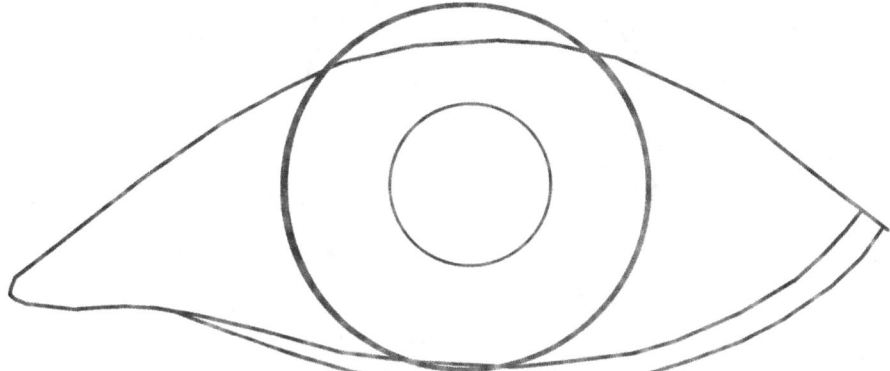

Zeichnen Sie eine weitere geschwungene Linie direkt unter dem Unterlid, um die Dicke der Haut an dieser Stelle darzustellen. Wenn Sie sich Ihr Auge im Spiegel genau ansehen und den unteren Teil der Haut nach unten ziehen, werden Sie feststellen, dass es einen kleinen Vorsprung gibt, von dem aus die unteren Wimpern nach oben wachsen. Diese Linie stellt diesen Vorsprung dar. Zeichnen Sie ihn nur ganz leicht ein, da er im fertigen Werk kaum sichtbar sein wird (aber für eine realistische Darstellung notwendig ist).

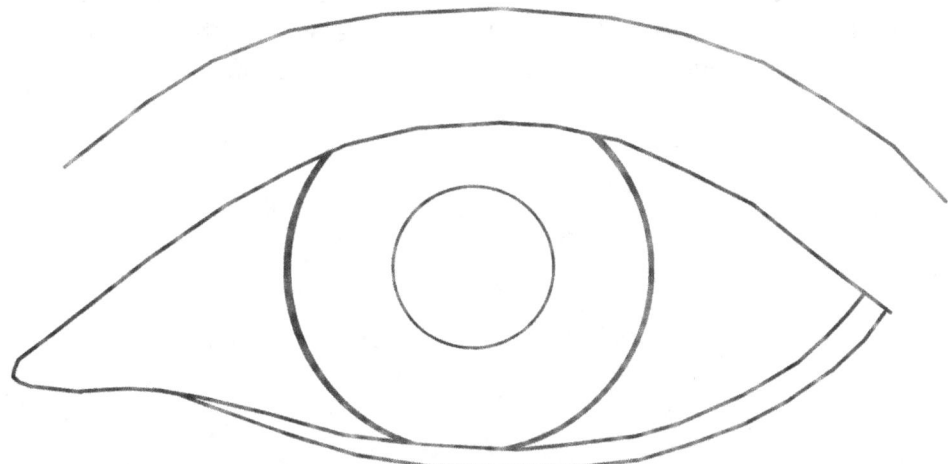

Zeichne schließlich die Dicke des Oberlids. Diese Linie stellt die Hautfalte dar, die bei geöffnetem Auge über dem Auge sichtbar ist. Diese Linie sollte oberhalb des Iriskreises verlaufen. Der Teil der Iris, der durch das Oberlid (oder Unterlid) verdeckt ist, kann an dieser Stelle weggelassen werden. Wenn Sie das Auge nicht zeichnen, sondern sich auf die Schattierung konzentrieren möchten, verwenden Sie eine Kopie der obigen Skizze.

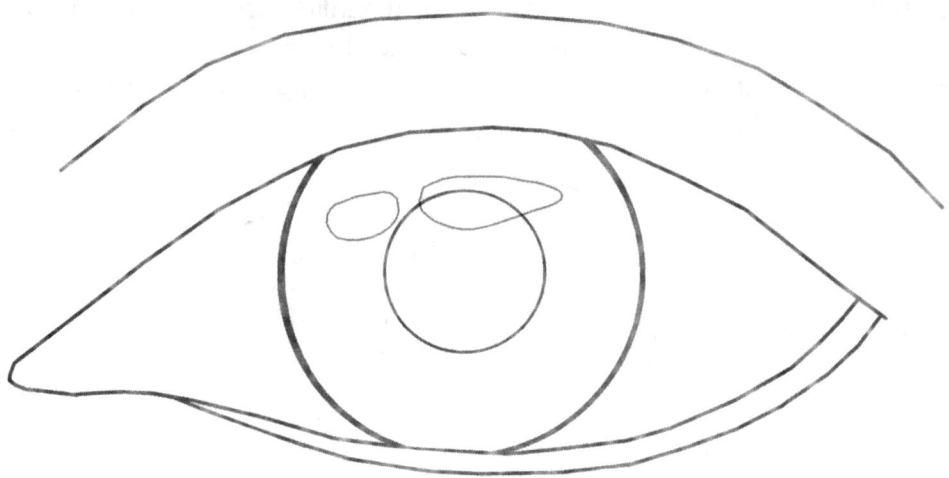

Auf der Iris und/oder im Bereich der Pupille wird eine kleine organische Form hinzugefügt. Sie stellt die Reflexion der Lichtquelle dar. Größe und Form der Reflexion können variieren. Jegliche Überlappung der Konturen wird später gelöscht oder überblendet. Es handelt sich normalerweise um eine organische Form, die an jeder Stelle der Pupille, der Iris oder beiden auftreten kann. Dieser Bereich ist nicht schattiert. Es genügt, ihn zu umreißen und zu vermeiden, ihn mit Schatten auszufüllen. Das Weiß des Papiers ist der hellste Farbton, mit dem gearbeitet werden muss, daher sollten weiße Flächen nicht mit Werten belegt werden. Lichter sind eines der wichtigsten Elemente, um ein realistisches Auge zu zeichnen. Sie schaffen die Illusion von Licht und Leben

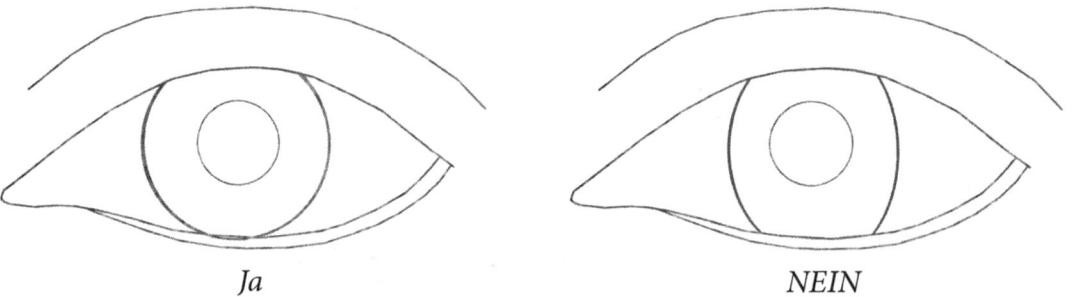

Ja   *NEIN*

Tipp: Wenn Sie ein menschliches Auge zeichnen, ist es hilfreich, zuerst die runde Iris und dann die Haut um das Auge herum zu zeichnen, wie in diesem Tutorial zu sehen. Wenn ein Auge geradeaus betrachtet wird, sollte es eine runde Form haben. Wenn zuerst die Augenhaut und dann die Iris gezeichnet wird (was viele Künstler tun), ist die Versuchung groß, den Irisbereich als Klammerform mit gebogenen Linien zu zeichnen und nicht als echten Kreis. Das Beispiel auf der linken Seite verwendet einen Kreis als Iris, der ein realistisches menschliches Auge besser wiedergibt als das Beispiel auf der rechten Seite, das gebogene Linien oder eine "Klammer" zur Darstellung der Iris verwendet.

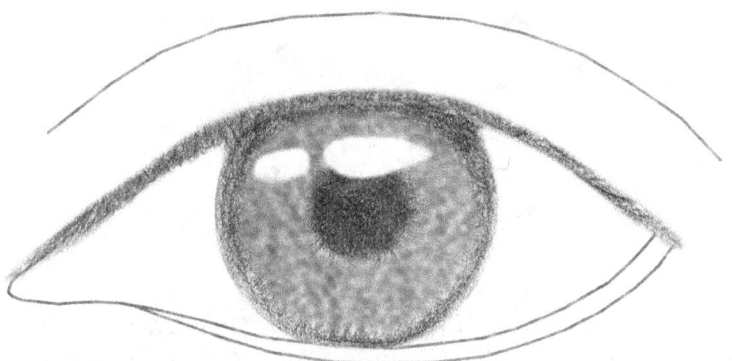

Beginnen Sie mit der Schattierung, indem Sie zuerst die dunklen Bereiche des Gesichts schattieren. Dazu gehören die Iris, die Pupille und der obere Wimpernkranz. Mit einer schnellen Hin- und Herbewegung oder einem leichten Kratzen werden diese Bereiche ausgefüllt. Normalerweise gehe ich direkt zur Pupille und fülle den Kreis mit einem 6B oder 8B Stift, wobei ich darauf achte, nicht zu fest aufzudrücken. Die dunkleren Bereiche werden später mit weiteren Tonschichten ausgefüllt, aber es ist eine gute Übung, zunächst auf der helleren Seite zu beginnen. Sobald die Pupille - der dunkelste Teil des Auges - ausgefüllt ist, sollte als nächstes der obere Wimpernkranz dunkler und dicker getont werden, gefolgt von der Iris. Der Farbton der Iris sollte heller sein als der der Pupille und mit dem Bleistift in einen mittleren Grauton gebracht werden. Auch dies wird später noch genauer ausgeführt. Es ist ratsam, alle dunklen und mittleren Bereiche zu füllen, um das helle Weiß des Papiers abzuschwächen. Ein rasches Auftragen der Töne kann dem Zeichner helfen, sich schnell einen Überblick zu verschaffen und einen Kontrast zu den Bereichen zu schaffen, die weiß bleiben sollen. Vermeiden Sie es auch, den Bereich zu schattieren, der später der Glanzpunkt sein wird. Dieser Glanzpunkt/Reflexion gibt dem Auge einen realistischeren Eindruck. Wenn das Auge reflektiert oder beleuchtet wird, erscheint es als weißer Fleck, der den Glanzpunkt darstellt. Dies kann sehr vereinfachend wirken, wenn man sich ein Foto ansieht, das mit Blitzlicht aufgenommen wurde. Natürliches Licht gibt dem Auge mehr Tiefe und Information. Achten Sie bewusst auf die Form des Glanzlichts. Die Form kann von Auge zu Auge unterschiedlich sein und Iris oder Pupille teilweise verdecken.

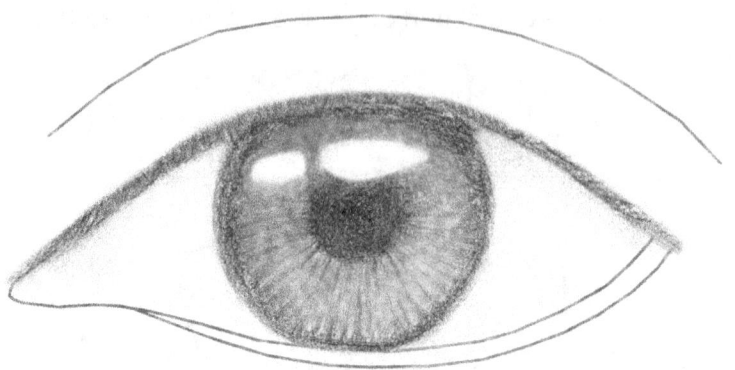

Der Ring um die Iris wurde leicht abgedunkelt, ein leichter Schatten des ober-en Augenlids wurde hinzugefügt, und einige Speichen, die um die Pupille herum strahlen, wurden gezeichnet..

Dies ist die erste Schicht des Schattens, der dem Auge hinzugefügt wird. Nun können nach und nach weitere Details hinzugefügt werden. Die Pupille und die runden Ränder der Iris können abgedunkelt werden, indem tiefe Töne hinzugefügt werden, die zur Pupille hin immer heller werden. Ein dunkler Ring um die Iris verleiht der Kugelform mehr Tiefe und trägt dazu bei, das Auge hervorzuheben. Der obere Teil der Iris direkt unter dem Augenlid sollte etwas dunkler sein, um zu verdeutlichen, dass das Augenlid eine gewisse Dicke über dem Auge hat, so dass ein Teil des Lids im Schatten liegt. Der Bere-ich des Augenweißes (die Sklera) direkt unter dem Augenlid kann ebenfalls zu einem hellen bis mittleren Grauton verdunkelt werden, um den Schat-ten des Augenlids zu verdeutlichen. Zurück zur Iris: Wenn Sie schon einmal Ihr eigenes Auge im Spiegel betrachtet haben, werden Sie feststellen, dass es nicht eine einzige, flache Farbe hat. Es gibt viele verschiedene schöne Farben, die in Licht- und Schattenspeichen um die Pupille herum strahlen. Diese Farben sind wie Strahlen, die von jeder Kurve der Pupille in Richtung des äußeren Randes der Iris ausbrechen. Ein Künstler sollte diese Farben in verschiedene Grautöne übersetzen und dieses Detail in seiner Zeichnung darstellen. Zeichnen Sie mit Linien einige Speichen, die von der Mitte der Pupille ausgehen und sich über die Iris erstrecken, ähnlich wie die Speichen eines Fahrrads oder die Strahlen der Sonne. Zeichnen Sie eine weitere Ebene von Speichen, die sich um die Pupille wölben, einige kurz und einige lang. Durch diese Linien sollte der Kreis der Pupille weniger perfekt werden, da die dunklen Töne an einigen Stellen in die Iris hineingezogen werden. Ver-suchen Sie, Teile des Auges nicht zu umreißen, sondern mit dem Schatten zu definieren. Bevor die nächste Schattierung aufgetragen wird, können die aktuellen Töne etwas verblendet werden. Glätten Sie mit dem Verblendwerkzeug Ihrer Wahl die gröberen Linien um den Wimpernkranz herum zum äußeren Lid hin und kombinieren Sie die Farbtöne in der Iris. Dieses erste Verblenden dient dazu, einige Linien zu glätten, damit die Markierungen nicht zu hart wirken. Ich verwende zum Verblenden dieser Bereiche lieber den Finger als den Tortillon oder Stumpf.

Diese Papiermischwerkzeuge können das Kunstwerk manchmal zu sehr verschmieren, vor allem, wenn es bereits viel Pigment aufgenommen hat und schmutzig geworden ist. Meiner Meinung nach bietet ein gut benutztes Tortillon weniger Kontrolle als ein sauberer Finger. Manche Künstler behaupten das Gegenteil und meinen, dass ein Künstler niemals einen Finger zum Vermalen verwenden sollte, da sie glauben, dass die Öle der Finger weniger Kontrolle bieten. Welches Werkzeug Sie auch immer zum Verblenden verwenden, verblenden Sie nicht zu viel. Ein zu starkes Verblenden beeinträchtigt den Glanz und die Schärfe der gezeichneten Linien und macht die Tonabstufungen flacher. Beschränken Sie das Verblenden auf ein Minimum.

Sobald die Markierungen nach Ihrem Geschmack geglättet sind, gehen Sie zurück und fügen Sie eine weitere Schicht Ton mit dem Bleistift hinzu. Mit jeder Schicht werden die dunkleren Bereiche dunkler. Diese dunklen Töne lassen im Vergleich dazu die hellen Bereiche stärker hervortreten. Ein schöner Kontrast und Interesse entsteht, wenn tiefe dunkle und helle Lichter in einem Werk verwendet werden.

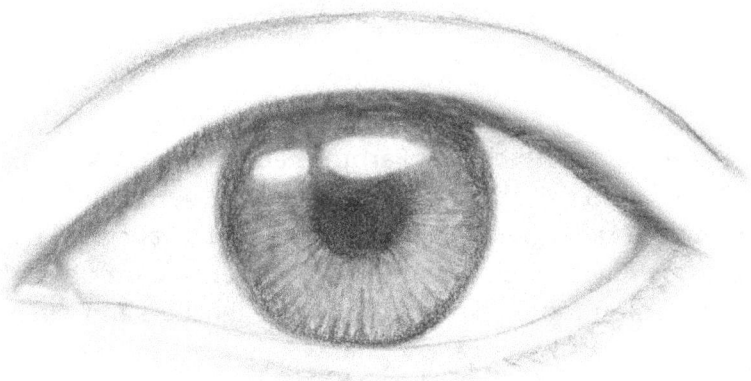

Als nächstes konzentrieren wir uns darauf, dem oberen und unteren Lid und der Sklera, dem weißen Teil des Auges, etwas Farbe zu geben. Um die Bleistiftlinien etwas aufzuhellen, tupfen Sie das untere Lid mit dem Knetgummi ab. Damit das Pigment in die Schattierung übergeht, ohne dass eine harte Kontur entsteht, wollen wir einen Teil des Pigments entfernen. Mit einem 2B- oder 4B-Bleistift wird ein hellgrauer Schatten gezeichnet, der sich wie gezeigt um den Rand der Basis wölbt. Der Schatten wird immer heller, bis er in der Nähe des Tränenkanals verschwindet. Im Gegensatz dazu sollte die obere Lidfalte etwas dunkler sein. Diese Falte liegt nicht im direkten Lichteinfall und erscheint daher dunkler als das Unterlid. In der oberen Lidfalte sollte ein dünner Streifen eines hellen Grautons aufgetragen und dann leicht verwischt werden, um die Härte der Linie zu verringern.

Wenn wir den Teil des Auges nachbilden, den wir für weiß halten, fügen wir in Wirklichkeit Schattierungen von hellem und mittlerem Grau hinzu. Die äußeren Ecken links und rechts der Regenbogenhaut sollten einen Farbton haben, der zur Regenbogenhaut hin allmählich heller wird. Dadurch erscheint das Auge rund und kugelförmig und nicht flach. Zuletzt kann der Bereich des abgerundeten dreieckigen Tränenkanals mit einem hellen Grauton ausgeblendet werden, so dass am unteren Rand ein leichter Glanz entsteht.

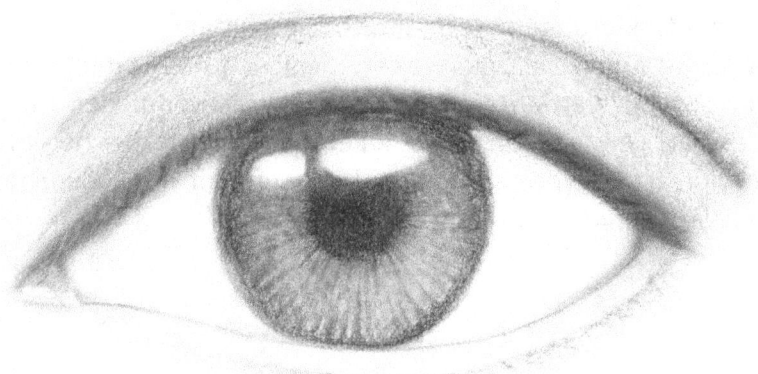

Als nächstes wird eine Schicht des Farbtons auf das obere Augenlid aufgetragen. Der Bereich von der oberen Lidfalte bis zum oberen Ende des Augenbogens sollte mit diesem hellen bis mittleren Grauton ausgefüllt werden. Die Mitte dieses Bereichs (höchster Punkt des Bogens) kann etwas heller sein, um einen dezenten Akzent zu setzen. Im Gegenzug kann auch der obere Wimpernkranz etwas dicker geschminkt werden.

Das Kunstwerk wird immer detaillierter, Schicht für Schicht. Die Gestaltung dieses Auges oder eines anderen detaillierten Objekts bietet dem Künstler keine sofortige Vollendung oder Befriedigung. Realistisch zu zeichnen und zu schattieren ist ein zeitaufwendiger Prozess, der viele Schichten von Schattierungen und eine genaue Beobachtung erfordert. Die Schaffung eines Kunstwerks ist ein Prozess, der zu einem Bild führt, das sich im Laufe der Zeit entwickelt.

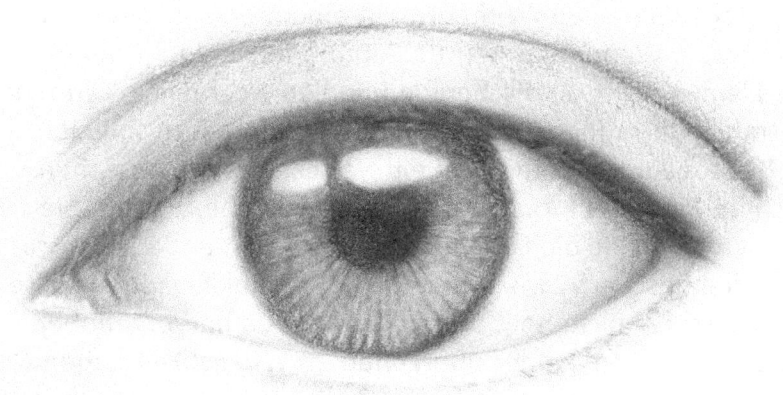

Der Bereich des Tränenkanals und der Sklera sollte detaillierter und kontrastreicher dargestellt werden. Die Lederhaut kann in den Ecken abgedunkelt werden, um die Rundung des Auges zu verstärken.

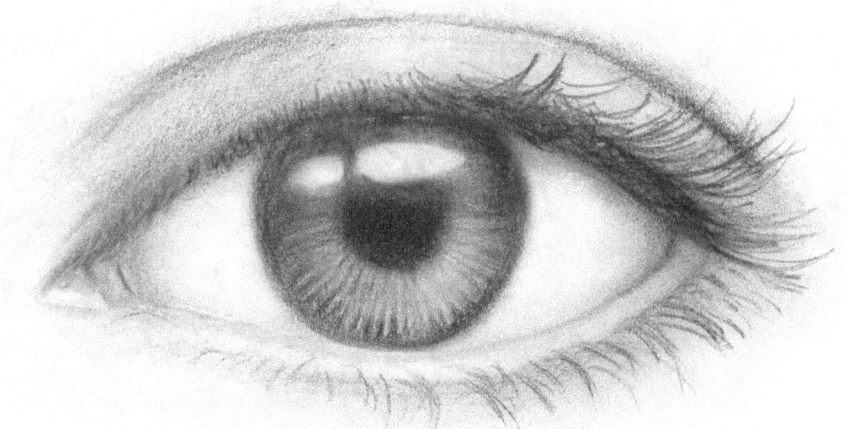

Nach dem größten Teil der Schattierung sollten die Wimpern gezeichnet werden. Die feinen Haarlinien verschwinden beim Überblenden der Farbtöne, wenn die Wimpern vor der Schattierung hinzugefügt werden. Die Wimpern vor der Schattierung auftragen, damit die feinen Haarlinien beim Überblenden der Farbtöne nicht verschwinden. Vorsicht beim Auftragen der Wimpern: Die Wimpern zuerst leicht auftragen, die Richtung der Wimpern in diesem Beispiel beachten oder die eigenen Wimpern im Spiegel betrachten. Die Wimpern über dem Auge wachsen um das Lid herum nach oben und sind in verschiedene Richtungen gebogen. Notieren Sie Länge und Richtung, um eine realistische Vorstellung zu erhalten. Normalerweise sind die Wimpern am Oberlid länger und am Unterlid kürzer. Der äußere Rand des Auges (der Teil, der weiter von der Nase entfernt ist) hat sowohl am Ober- als auch am Unterlid längere Härchen. Damit die einzelnen Härchen nicht so stark hervortreten, können die Wimpern mit einem oder zwei Fingerstrichen getuscht werden. Wenn man den Radiergummi zu einem dünnen Keil formt und die kleinen Splitter zwischen den Radien wegradiert, kann man der Iris mehr Strahlen hinzufügen, um Lichtflecken im Auge zu simulieren. Mischen Sie die Farbtöne noch einmal, um ein glattes, glasiges Aussehen zu erzielen, aber achten Sie darauf, nicht zu viel zu verwischen. Wenn Sie zu viel verwischen, verlieren Sie die Lebendigkeit der Arbeit und die kontrastierenden Töne werden unscharf. Zwischen hellen und dunklen Tönen sollte ein deutlicher Unterschied bestehen, besonders um den hervorgehobenen Bereich; sie sollten jedoch ineinander übergehen. In Wirklichkeit haben Objekte bei Tageslicht selten scharfe, dunkle Konturen, gefolgt von extremem, plötzlichem Weiß (außer bei starkem Kontrast).

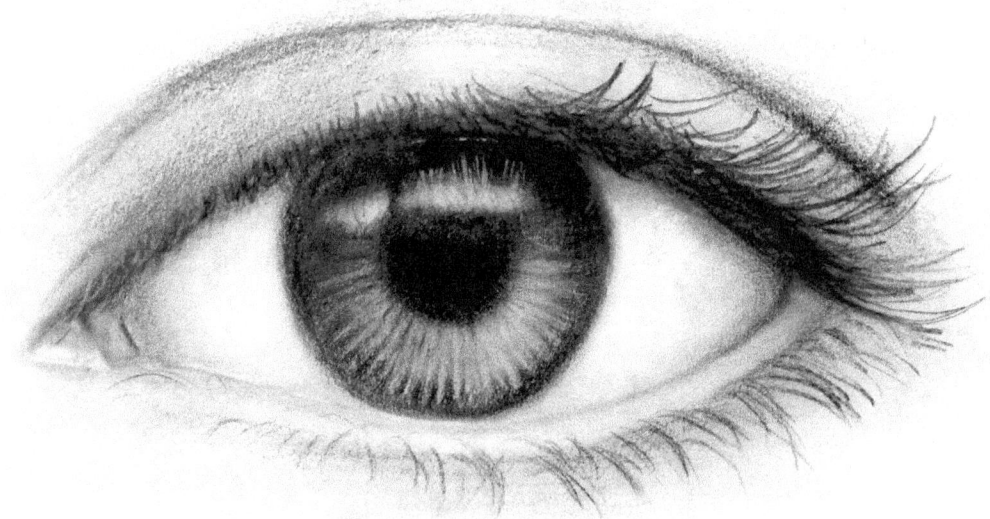

Das Glanzlicht ist durch die vielen Übergänge und Schattierungen, die wir vorgenommen haben, möglicherweise etwas abgedunkelt. Um den Glanzpunkt hervorzuheben, muss der Künstler möglicherweise etwas Pigment aus dem leeren Bereich löschen, den wir ursprünglich für diesen Bereich vorgesehen hatten. Wenn Sie mit dem Bleistift stark auf den vorgesehenen Bereich gedrückt haben, kann es schwierig sein, die Spuren mit dem Knetradierer zu löschen. Ein normaler Radiergummi kann verwendet werden, wenn der Knetgummi nicht so gut funktioniert. Wenn Sie aus dem Gedächtnis zeichnen, können Sie die Stelle, an der der Glanz entstehen soll, selbst bestimmen. Wenn du nach dem Leben zeichnest, beobachte, wo der Glanz ist, und ahme nach, was du siehst. Der Glanz kann an vielen verschiedenen

Stellen zu sehen sein, ist aber normalerweise in der Pupille oder der Iris am ausgeprägtesten. Manchmal gibt es auch einen Glanz auf der Sklera. Achten Sie darauf, Glanzlichter hinzuzufügen, da Zeichnungen von Augen mit intensivem Glanz meist auffälliger und interessanter sind. Ich habe den Bereich um die gelöschte Stelle verdunkelt, damit der Glanz noch heller erscheint. Um eine weitere Detailstufe hinzuzufügen, sind in den Glanzlichtern der Augen oft Reflexionen zu sehen. Die Augen können Bilder und Objekte, die eine Person sieht, reflektieren, und manche Künstler fügen diese Reflexionen ihren Kunstwerken hinzu, um eine wirklich außergewöhnliche Zeichnung zu schaffen. Auch feine Adern im Auge können hinzugefügt werden. Ich habe eine Reflexion der Wimpern in das Glanzlicht eingefügt. Dadurch ist das Glanzlicht ein wenig geschrumpft, aber es ist immer noch genug zu sehen, um es dynamisch und interessant zu halten. Das Auge ist fertig, wenn der Künstler mit dem Ergebnis zufrieden ist. Das kann bedeuten, dass mehrere Tonschichten hinzugefügt werden müssen oder dass ein Teil des Pigments entfernt werden muss. Eine Kombination aus Reflexionen, Abstufungen, Glanzlichtern und Übergängen ist für eine realistische Schattierung des Auges entscheidend. Es braucht Zeit, Geduld und viele Schattierungen, um ein realistisches menschliches Auge zu schaffen.

Was Sie bei der Schattierung Ihres Auges beachten sollten:

• Mit einer Kreisform beginnen und dann die Augenhaut darum herum zeichnen. Achten Sie darauf, das Auge nicht zu "klammern", da es sonst unrealistisch aussehen könnte.

• Alle Grundlinien der Augenform werden gezeichnet, bevor mit der Schattierung begonnen wird.

• Zur Darstellung der Lichtreflexion eine kleine organische Form auf die Iris und/oder den Pupillenbereich zeichnen. Diese Form kann sich von Auge zu Auge unterscheiden und stellt letztendlich die Form der Lichtquelle dar, die den Schatten verursacht.

• Bei der Schattierung wird mit den dunklen Bereichen begonnen. Dazu gehören die Iris, die Pupille und der obere Teil des Wimpernkranzes.

• Die Schattierung in mehreren Schichten auftragen. Zur Verfeinerung nicht den gesamten Farbton auf einen Bereich auftragen und diesen nicht erneut bearbeiten. Realistisch zu zeichnen und zu schattieren ist ein zeitaufwendiger Prozess, der mehrere Schattierungsschichten und genaue Beobachtung erfordert. Kunst zu schaffen ist ein Prozess, der zu einem Bild führt, das sich mit der Zeit verändert.

• Das Auge ist eine gekrümmte Fläche. Subtile Schatten und Lichter sollten hinzugefügt werden, um dies zu verdeutlichen.

• Indem der Radiergummi zu einem schmalen Keil geformt wird und kleine Splitter zwischen den Strahlen wegradiert werden, kann der Künstler der Iris weitere Strahlen hinzufügen, um Lichtflecken im Auge darzustellen.

• Nach dem größten Teil der Schattierung sollten die Wimpern gezeichnet werden. Achten Sie auf die Richtung, in der die Wimpern in diesem Beispiel gezeichnet wurden. Sie können auch Ihre eigenen Wimpern im Spiegel betrachten. Die Wimpern, die sich über dem Auge befinden, wachsen um das Augenlid herum nach oben und sind in verschiedene Richtungen gebogen. Schreiben Sie Länge und Richtung der Wimpern auf, um eine realistische Darstellung zu erhalten.

• Reflexionen der Lichter im Inneren des Auges können hinzugefügt werden, um noch mehr Details zu erhalten.

• Zur Erhöhung der Helligkeit des hervorgehobenen Bereichs kann der Zeichner den Rest der Zeichnung leicht schattieren, um das Weiß des Inhalts abzudunkeln. So wird sichergestellt, dass das Hauptlicht des Auges der hellste Bildbereich ist.

Wenn Sie das Bild in diesem Buch als Inspiration verwenden: Denken Sie daran, dass jede Augenform anders ist. Das Beispiel in dieser Übung ist eine allgemeine, universell einsetzbare Augenform, die leicht angepasst werden kann, um das Aussehen eines jeden menschlichen Auges nachzubilden.

Wenn Sie aus dem Leben zeichnen: Versuchen Sie, eine Nahaufnahme eines Auges mit verschiedenen natürlichen Lichtquellen (kein Blitzlicht) zu machen. So erhalten Sie interessante Lichter und Kontraste. Sie können sogar versuchen, einen Gegenstand vor die Lichtquelle zu stellen, um ein Bild zu erzeugen, das sich in den Lichtern des gezeichneten Auges spiegelt.

Versuchen Sie, beim Zeichnen der Augen so viele Schattierungen wie möglich zu verwenden. Scheuen Sie sich nicht, dunkle Markierungen und Schattierungen vorzunehmen, denn der Kontrast kann ausschlaggebend dafür sein, ob ein Kunstwerk realistisch aussieht oder nicht. Früher hatte ich Angst davor, zu dunkle Bereiche zu zeichnen, weil sie sich nicht so leicht ausradieren lassen würden. Deshalb sahen meine Schattierungen unvollständig aus, und ich war mit dem Ergebnis nicht zufrieden. Scheuen Sie sich nicht, die weichen (B-)Stifte zu benutzen und die dunklen Bereiche ein wenig abzudunkeln. Sie werden Ihr Kunstwerk nicht ruinieren, sondern einen Schritt in Richtung eines stärkeren Künstlers machen, wenn Sie lernen, wie Sie Schattierungen manipulieren können, um realistischere Kunstwerke zu schaffen.

Beispiele, Fragen und Kommentare

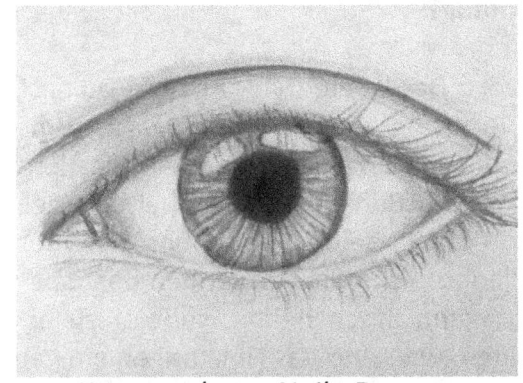

Kunstwerk von Naila Dautova

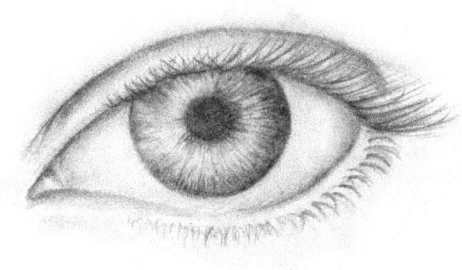

Kunstwerk von Jay Costello

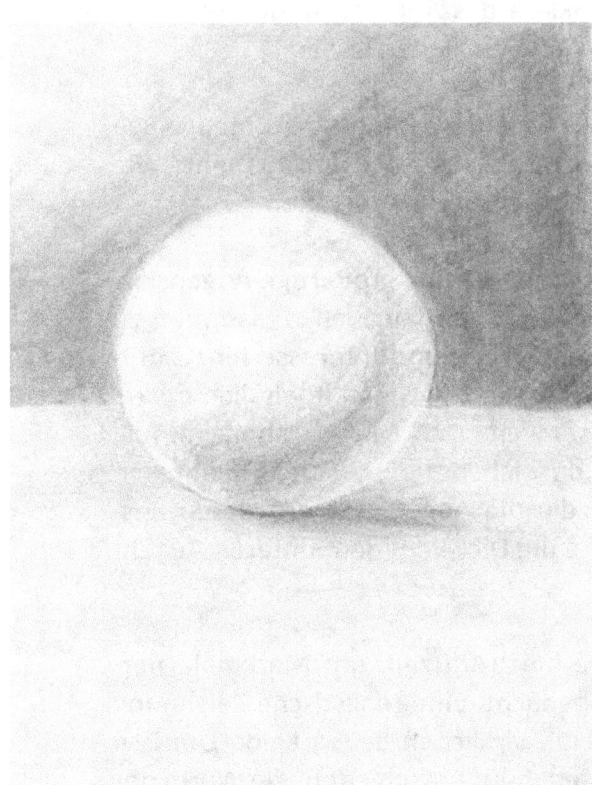

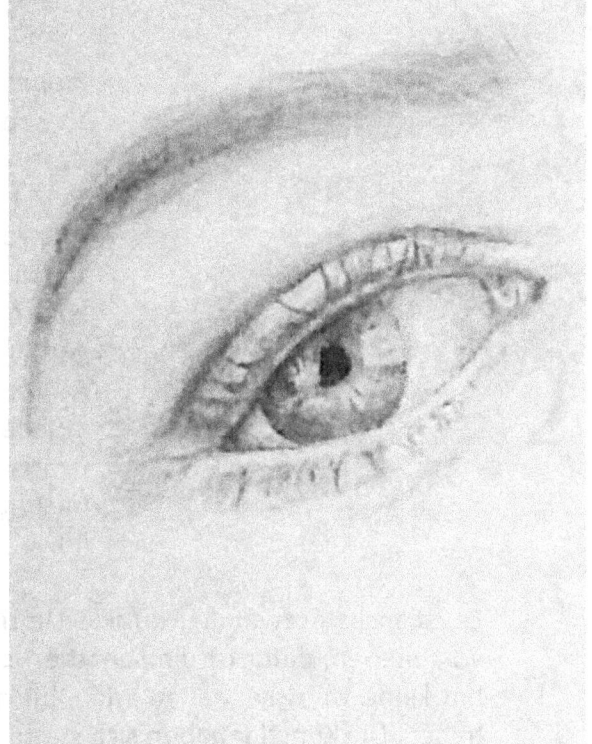

Kunstwerke von Pamela Dowie

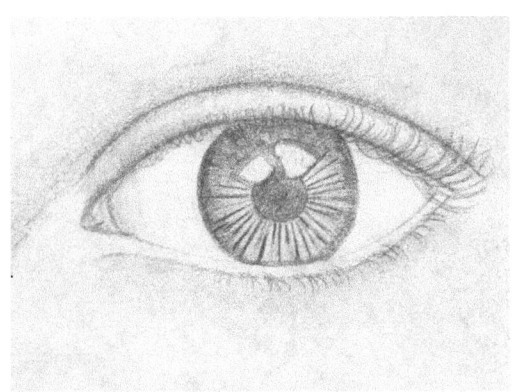
Kunstwerke von Tamara Eden

Frage: Diese Lektion hat mir sehr viel Spaß gemacht. Haben Sie eine Kritik zu meiner Zeichnung?

Antwort: Das ist ein toller Anfang! Du hast die Richtung des Wimpernwachstums sehr gut mit Linien beschrieben. Ich denke, dass der Bereich des Wimpernkranzes etwas dunkler sein sollte, ebenso wie der Pupillenbereich. Das Verblenden der "Speichen" kann ihnen helfen, subtiler zu erscheinen, während das Hinzufügen einiger heller Töne und das Verblenden der Ecken der Sklera das Auge abrunden und kugelförmiger erscheinen lassen.

Kunstwerke von Joe Autuno

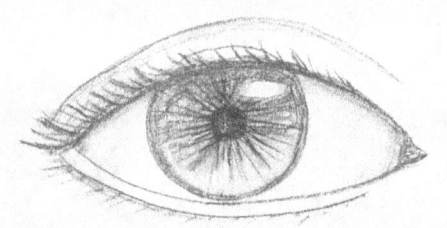

Frage: Ich habe das Gefühl, dass mein Auge zu sehr nach Zeichentrickfilm aussieht. Wie kann ich es realistischer gestalten?

Antwort: TDies ist eine großartige Augenskizze. Die Schattierung fängt an, zusammen zu kommen, um Tiefe und Interesse hinzuzufügen, und das Highlight fesselt wirklich meine Aufmerksamkeit. Der cartoon-ähnliche Teil, auf den du dich beziehst, sind die dunklen Umrisse, die die Augenform definieren, insbesondere die Dicke auf dem unteren Augenlid.

Es ist nicht notwendig, dunkle Umrisse hinzuzufügen, um Merkmale hervorzuheben; dafür ist die Schattierung gedacht. Eine realistische Zeichnung hat keine Umrisse, genau wie Objekte im wirklichen Leben keine Umrisse haben. Die Künstler haben sich stattdessen dafür entschieden, die Werte der Objektkanten zu verändern. Anstatt dunkle Umrisse zu verwenden, füllen Sie Ihr Auge mit schattierten Details aus. Manche Teile der Zeichnung können sogar ganz verschwinden und haben keinen Rand, der sie definiert. Das ist in Ordnung, denn wenn Sie einen Schritt zurücktreten und die Zeichnung betrachten, wird Ihr Gehirn oft "die Leere ausfüllen" und verstehen, was das Objekt ist, ohne es ganz zu sehen. In diesem Fall trifft das alte Sprichwort "weniger ist mehr" zu.

Frage: Ich war zu schlampig, nicht wahr?

Antwort: Ein Teil des Mitteltonbereichs kann etwas überblendet sein; der Formschatten (die weniger definierte dunkle Seite der Kugel, die nicht der Lichtquelle zugewandt ist) sollte jedoch einen weicheren, weniger definierten Rand haben. Die Veränderungen in den Formschatten erfordern eine sorgfältige Beobachtung, um zu bestimmen, welchen Wert sie im Vergleich zu den umgebenden Werten haben sollten. Das Glanzlicht ist genau richtig!

Kunstwerk von Tyna Williams

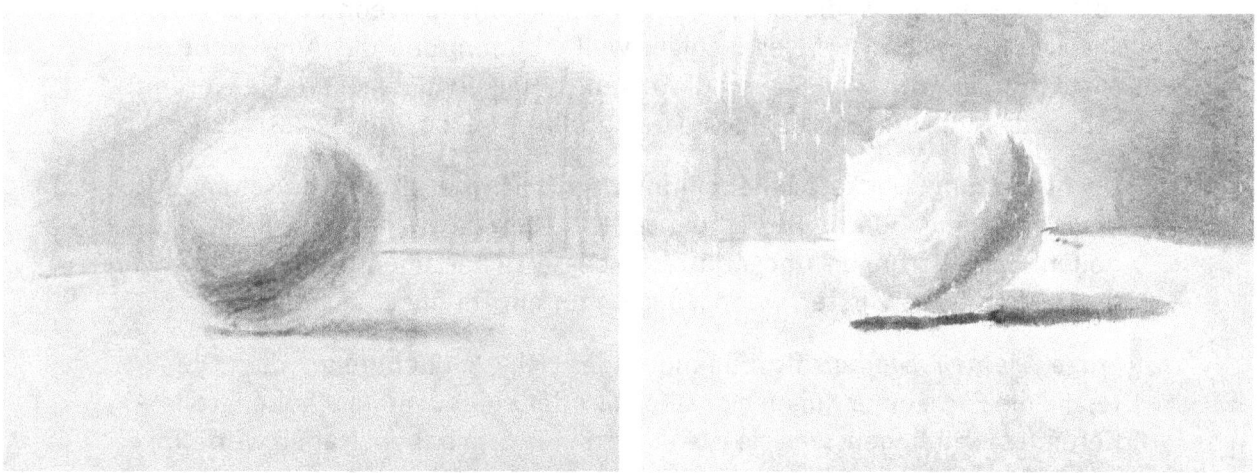

Kunstwerk von Whitney Krug

Frage: Hier ist meine Kugel. Meinst du, sie ist ein bisschen zerquetscht? Ich habe auch schnell eine mit Wasserfarbe gemalt, und sie ist besser geworden, als ich erwartet hatte.

Antwort: Machen Sie sich nicht zu viele Gedanken über die Form. Die Bandbreite der Töne in der Schattierung ist ein guter Anfang. Die Krümmung der Bleistiftlinien und die deutlichen Lichter, Mitteltöne und Kernschatten sind glaubwürdig. Ich freue mich, dass du neue Medien ausprobierst und Vertrauen in deine Arbeit gewinnst! Spaß zu haben und den Prozess zu genießen, ist ein wichtiger Teil des Kunstschaffens.

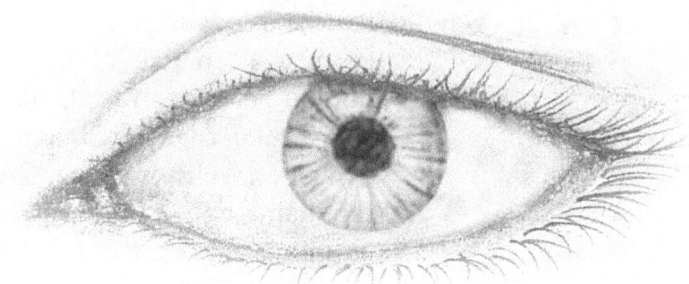

Kunstwerk von Pierre S.

Frage: Dieser Kurs macht mir Spaß. Er hilft mir, die subtileren Schattierungen in allem, was ich betrachte, zu erkennen. Dies ist mein erster Versuch, ein Auge zu malen. Worauf muss ich mich konzentrieren, um es zu verbessern?

Antwort: Das sieht großartig aus. Die subtile Schattierung, die Sie auf der Sklera (weißer Teil) platziert haben, verstärkt das sphärische Aussehen. Eine Sache, die auffällt, ist die Größe der Regenbogenhaut. Wenn du sie ein bisschen größer machst, gibt es weniger weißen Raum und das Auge sieht realistischer aus. Schauen Sie sich Ihr eigenes Auge im Spiegel an. Sie werden sehen, dass die Iris und die Pupille den größten Teil des Auges ausmachen.

Nachbereitung: Danke, ich habe immer noch Schwierigkeiten zu sehen, wie die Dinge zueinander in Beziehung stehen. Dieser Kurs hat mir wirklich geholfen, Schattierungen und Kontraste besser wahrzunehmen; ich bin mir dessen immer bewusster, wenn ich mich für ein Thema entscheide.

Frage: Meine Frage betrifft reflektierendes Licht. Ich nehme an, dass Objekte, die die Form einer Kugel, eines Kegels oder eines Zylinders haben, reflektierendes Licht haben, weil sie alle eine runde Form haben. Haben würfelförmige Objekte reflektierendes Licht?

Antwort: Ja. Reflektierendes Licht ist Licht, das von Oberflächen von Objekten oder Teilen einer Zeichnung auf andere Oberflächen in der Umgebung des Objekts reflektiert wird. Dies kann unabhängig davon geschehen, ob ein Objekt rund oder flach ist. Reflektiertes Licht hat keine Auswirkungen auf eine Oberfläche, die von direktem Sonnenlicht beleuchtet wird, sondern nur im Schatten.

Frage: Soll ich nach und nach mischen, oder soll ich viel zeichnen und dann alles auf einmal mischen?

Antwort: Das ist eine Frage der persönlichen Vorliebe; ich glaube jedoch, dass Sie die besten Ergebnisse erzielen, wenn Sie den Ton hinzufügen, verblenden und wiederholen. Ich mische gerne ein wenig, wenn ich sehe, dass sich die Töne zu sehr voneinander abheben oder einzelne Zeichen zu sehr hervorstechen, wenn ich ein glatteres Aussehen haben möchte. Das Überblenden hilft dem Künstler auch, sich das Endprodukt schneller vorzustellen. Die Schichtung der Farbtöne und ihre Perfektionierung ist ein Prozess, der schrittweise erfolgen sollte.

Frage: Ich habe kein Tortillon. Meinen Sie, ein zusammengerolltes Papiertuch würde funktionieren?

Antwort: Das ist eine persönliche Vorliebe. Ich verwende manchmal meine Finger zum Mischen. Viele Künstler halten das nicht für richtig, weil die Öle auf den Fingern die Eigenschaften des Tons verändern können. Ich denke, dass man das verwenden sollte, was man zur Verfügung hat und womit man sich wohlfühlt!

Frage: Ich habe Schwierigkeiten, die Mitteltöne auf meiner Übungskugel zu sehen. Was sollte ich tun?

Antwort: Die dunklen und hellen Bereiche sind leicht zu erkennen; es sind die Mitteltöne auf beiden Seiten, die das Auge des Künstlers beim Entschlüsseln der Wertverhältnisse verwirren. Um die Mitteltöne zu finden, hilft es, die Werte auf der hellen Seite sehr hell und die Werte auf der dunklen Seite viel dunkler zu halten. Der Rand Ihrer Kugel, der von der Lichtquelle abgeschirmt ist, wird der dunkelste Wert oder der Kern sein. Der Kernwert geht in die mittleren Töne vom Schattenrand zu den helleren Tönen über. Dies ist der Bereich, der Ihren Mittelton darstellt.

Frage: Ich habe Probleme mit den Wimpern. Irgendwelche Tipps?

Antwort: Wimpern können sehr schwierig zu zeichnen sein, weil es so viele davon gibt. Wenn Sie jeweils nur einen Abschnitt betrachten, wird es einfacher, sie nachzubilden. Die oberen Wimpern wachsen oft ein kurzes Stück nach unten, bevor sie sich nach unten und dann nach oben wölben. Der Blickwinkel auf das Auge hängt davon ab, wie die Wimpern gesehen werden. Bei einer geraden Ansicht, wie in diesem Tutorial, werden die Wimpern verkürzt. Dies ist eine Technik, die dazu dient, ein Objekt näher erscheinen zu lassen, als es tatsächlich ist, oder als hätte es weniger Tiefe oder Abstand. Versuchen Sie, die Wimper als Form oder gebogene Linie zu betrachten, nicht als Wimper. Übernehmen Sie die Richtung und Platzierung der Linie. Versuchen Sie,

sie nicht als Wimper, sondern nur als gebogene Linie zu betrachten. So lässt sie sich leichter nachbilden. Beginnen Sie am oberen Rand des Augenlids, ziehen Sie den Stift ein wenig nach unten und dann wieder nach oben. Der Strich sollte in der Nähe der Wimpernspitze dünner und heller sein, daher sollten Sie in diesem Bereich weniger Druck ausüben. Beachten Sie auch, dass die Länge jeder Wimper variiert, je nachdem, wo sie wächst. Wimpern an den äußeren Rändern eines Auges sind in der Regel länger als diejenigen, die sich näher an der Gesichtsmitte befinden. Betrachten Sie Bilder von Augen oder sogar Ihr eigenes Auge in einem Spiegel. Auf diese Weise lernen Sie mehr über die Erstellung eines Abbilds.

Frage: Ist die Linie um meine Iris zu dunkel?

Antwort: Es ist nicht zu dick, aber es ist ein Umriss. Denken Sie daran, dass Sie nicht wirklich Linien haben wollen, um den Rand von etwas zu definieren, wenn Sie schattieren. Verwenden Sie Ihre aktuellen Linien, um die verschiedenen Farbtöne der Iris ineinander übergehen zu lassen, so dass es eine allmähliche Veränderung gibt. Der Rand der Iris kann in manchen Fällen etwas dunkler sein als der Rest der Iris. Trotzdem sollte der Rand einen sanften Übergang in die übrige Iris haben. Versuchen Sie es mit einer kleinen Überblendung. Sie können immer noch mehr Ton hinzufügen, um den Rand zu definieren, wenn Sie zu viel überblenden.

Frage: Wie zeichnet man ein Bild, bei dem ein Teil des Bildes unscharf ist?

Antwort: Das Verwischen, von dem Sie sprechen, klingt nach Blending, einer Technik zur Abstufung von Wert und Ton. Einige Künstler lehnen das Verwischen mit den Fingern strikt ab und ziehen es vor, das Verwischen durch das Auftragen einer Reihe von Tönen mit unterschiedlichem Druck und Bleistiftgrad zu erreichen. Mit Tortillons kann man viel präziser verwischen als mit den Fingern. Um einen sehr unscharfen Effekt zu erzielen, können Sie üben, das zu verwischende Objekt über die Ränder des eigentlichen Objekts in den Hintergrund zu mischen, wobei Sie die Ränder des Objekts bis auf einen Hauch auslöschen. Auf diese Weise können Sie einen extrem unscharfen Effekt erzielen.

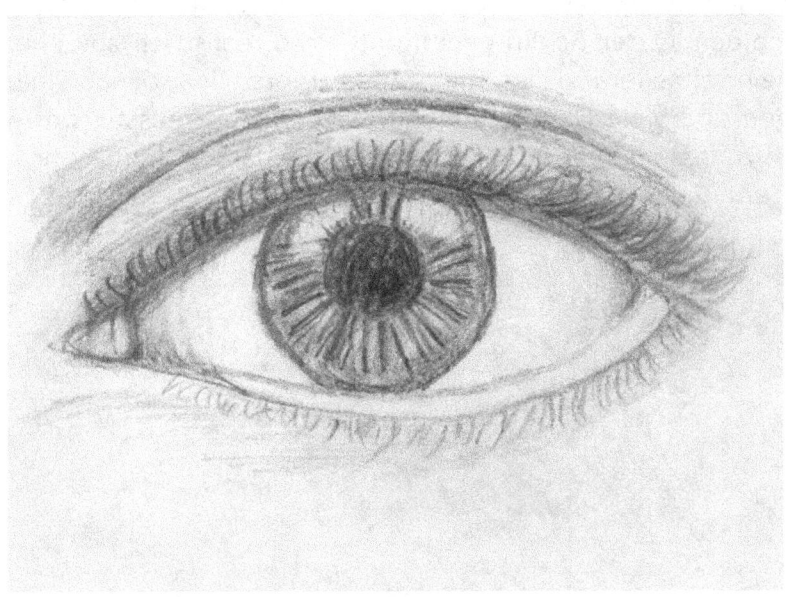

Kunstwerk von Whitney Krug (Alter 12)

Frage: Das ist mein Auge. Ich denke, die Pupille ist etwas zu groß, aber es funktioniert trotzdem. Meine Wimpern brauchen wahrscheinlich noch etwas Arbeit, aber insgesamt bin ich damit zufrieden. Was meint ihr dazu?

Antwort: Das hast du toll gemacht! Du hast an den richtigen Stellen ein paar Töne hinzugefügt, um es realistischer erscheinen zu lassen. Die Größe der Pupille ist nicht zu groß, weil menschliche Pupillen sich im wirklichen Leben je nach Bedarf verkleinern und vergrößern. Die Wimpern sind normalerweise spärlicher, wenn sie sich dem inneren Augenwinkel nähern, aber insgesamt bin ich auch damit zufrieden!

Kommentare:

"Ich habe das Auge noch nicht ausprobiert, aber ich weiß, dass die Wimpern für mich schwierig sein werden. Vor allem die Richtung und wie ich sie hinbekomme, ohne dass sie sich zu sehr überlappen und die dunklen Bereiche zu schwarz werden. Ich habe auch Schwierigkeiten mit Kugeln. Das wird eine harte Lektion werden! Ich arbeite daran, eine Kugel zu schattieren, und ich denke, das wird mir helfen, die Rundheit des Auges zu zeigen. Ich sehe Schattenbereiche, die ich normalerweise nicht bemerken würde."

"Ich denke, das Augenprojekt war ein Durchbruch für mich! Meine Schattierungen sehen realistischer aus, und ich habe viel über die Bestandteile eines Schattens gelernt. Ich liebe die Art und Weise, wie eine Bleistiftzeichnung zu einem fertigen Kunstwerk werden kann."

"Ich war wirklich überrascht zu sehen, wie Reflexionen und Highlights meinem Auge den letzten Schliff geben und es so realistisch aussehen lassen. Es war kein schneller Prozess, mein Auge zu erstellen, da ich viele Ebenen hinzufügen und viele Überblendungen vornehmen musste, um es richtig aussehen zu lassen, aber am Ende hat alles gepasst. Ich bin sehr zufrieden mit meinem Auge!"

KAPITEL NEUN
SCHATTIERUNG MIT DEM STIFT

Wissen:
• Mit Hilfe von Stifttechniken kann eine Reihe von Farbtönen für die Schattierung eines Kunstwerks verwendet werden.

Verstehen:
• Bei den meisten Stifttypen bestimmt die Platzierung der Zeichen, ob sie übereinander, nahe beieinander oder weit voneinander entfernt liegen, den Wert, nicht der Druck.
• Schraffur-, Kreuzschraffur-, Krümel- und Stippeltechniken bieten eine andere Möglichkeit, die Illusion von Tiefe und Form zu erzeugen.

Aktion:
• Üben Sie das Schattieren mit dem Stift, indem Sie eine Werteskala erstellen und dabei die erlernten Techniken anwenden, um eine allmähliche Veränderung des Tons von hell nach dunkel anzuzeigen.
• Zeichnen und schattieren Sie ein einfaches Bild mit Hilfe von Schraffur-, Kreuzschraffur-, Krümel- und Tupftechniken, um Schatten und Lichter darzustellen.

Farbtöne sind nicht nur etwas für Bleistifte! Eine Reihe von Schattierungen können auch mit einem Bleistift erzeugt werden. Eine weitere Möglichkeit, die Illusion von Tiefe und Form zu erzeugen, bieten Schraffuren, Kreuzschraffuren und Tupftechniken. Die grundlegenden Zeichentechniken, um Werte beim Zeichnen mit dem Stift zu erzeugen, beinhalten die gleichen Kriterien, um eine dynamische und realistische Zeichnung zu erzeugen, wie beim Zeichnen mit dem Bleistift. Die Erzeugung von dichten dunklen und hellen

Lichtern steht im Vordergrund, der Unterschied liegt jedoch in der Art und Weise, wie diese Ergebnisse erzielt werden. Beim Bleistift kann der Künstler durch Erhöhung oder Verringerung des Drucks auf die Bleistiftstriche oder durch Überblenden der Striche eine Vielzahl von Farbtönen erzeugen. Bei den meisten Arten von Bleistiften ist es nicht möglich, die Drucktechnik zu nutzen, um Werte zu erzeugen. Stattdessen bestimmt die Platzierung der Zeichen, ob sie übereinander, nahe beieinander oder weit auseinander liegen, den Wert. Es gibt viele wunderbare Möglichkeiten, mit dem Stift Schattierungen zu erzeugen. Im Folgenden werden einige der beliebtesten Techniken vorgestellt, die als Standard für das Zeichnen mit Feder und Tusche gelten.

Arten von Stiften: *Es gibt verschiedene Arten von Stiften, die zum Zeichnen verwendet werden können. Welche Art von Stift ein Künstler bevorzugt, hängt von der Art der Linie oder des Zeichens ab, die er oder sie schaffen möchte. Die Dicke, Dünnheit oder Regelmäßigkeit eines Stifts, den ein Künstler verwendet, sollte entsprechend der Art der Kunst, die er oder sie schaffen möchte, in Bezug auf Stil, Thema und Stimmung gewählt werden. Jede Art von Stift ergibt eine andere Qualität der Linie. Traditionelle Tuschefüller haben austauschbare Spitzen (Federn), die Tinte aufnehmen. Die Feder wird in einen Behälter mit Tinte getaucht und dann zum Zeichnen verwendet. Grafische oder technische Stifte haben einen mit Tinte gefüllten Schaft und verschiedene Spitzen, die eine Vielzahl von Linien erzeugen. Diese Stifte können nachfüllbar oder Einwegstifte sein. Einige Stifte sind mit einer Pinselspitze ausgestattet, mit der sich die Art der mit einem Strich gezogenen Linie am besten variieren lässt. Künstler verwenden sogar Kugelschreiber zum Zeichnen. Jeder dieser Stifte kann für die Gestaltung von Kunstwerken verwendet werden!*

Die Schärfe des Stifts kann jeder Zeichnung feine Details und scharfe Kontraste hinzufügen und bietet ein sauberes, fertiges Aussehen. Außerdem wird die Fähigkeit, mit diesem Medium zu schattieren, Ihr Wissen als geschickter Künstler weiter verbessern. Die meisten Federzeichnungen werden mit schwarzer Tinte auf weißem Untergrund ausgeführt, was zu starken Kontrasten führt.

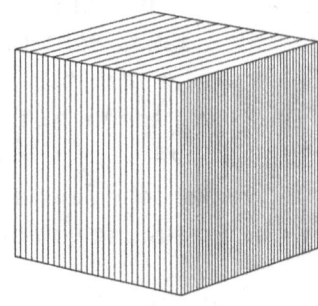

Schraffieren ist eine der grundlegendsten Techniken, die verwendet werden können, um mit dem Bleistift zu schattieren. Die Schraffur besteht aus sich nicht kreuzenden Linien, die dicht beieinander liegen. Sie dient dazu, den Wert eines Objekts anzuzeigen und den Eindruck von Tiefe und Volumen zu erzeugen. Der Abstand zwischen den Linien und die Linienstärke haben unterschiedliche Auswirkungen. Linien, die nahe beieinander liegen, erscheinen als dunkle Bereiche, während Linien, die weiter voneinander entfernt sind, als helle Bereiche erscheinen. Der obige Würfel ist ein Beispiel für eine Parallelschraffur: Reihen von parallelen Linien, die nahe beieinander liegen. Die Linien in diesem Beispiel sind vertikal, aber Parallelschraffuren können auch horizontal, diagonal usw. verlaufen. Zu beachten ist, dass die Schraffurmarkierungen auf der dunkleren Seite näher beieinander liegen, während die Markierungen auf der helleren Seite weiter voneinander entfernt sind.

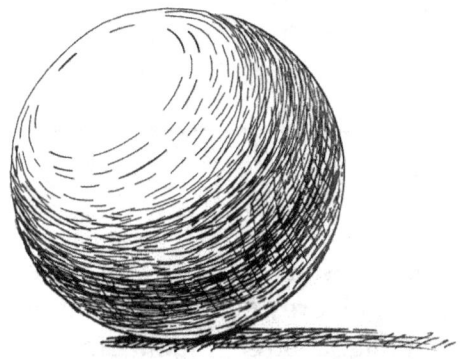

Um Objekte zu schraffieren, die keine ebenen Flächen haben, kann eine Konturschraffur verwendet werden. Eine Konturschraffur ist eine Schraffur, die dem Objektumriss folgt. Bei einer Konturschraffur folgen die Schraffurlinien den Konturen des Objekts, im obigen Beispiel folgen die Schraffurlinien den Kurven der Kugel. Diese Schraffurmethode verstärkt den Eindruck von Tiefe in einer Zeichnung und zeigt den Wert an. Oberflächen, die nicht flach sind, sollten mit einer Konturschraffur schraffiert werden, um ein realistischeres Aussehen zu erzielen.

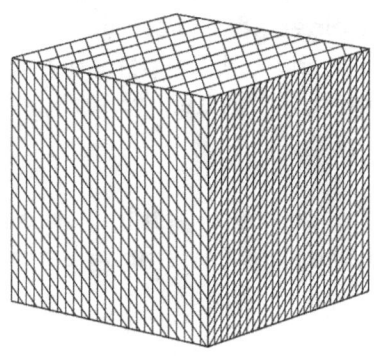

Eine Kreuzschraffur ist das gleiche wie eine Schraffur, bei der eine weitere Ebene von Linien über die erste Ebene gelegt wird, in der Regel senkrecht zu der ersten Ebene, so dass Markierungen entstehen, die eine Reihe von parallelen Linien aufweisen, die sich kreuzen. Nahe beieinander liegende Schraffurlinien werden dunkel, weiter auseinander liegende Linien hell dargestellt. Dies ist eine der schnellsten und effektivsten Methoden, mit der der Bleistift eingesetzt werden kann. Die Schraffur kann als gerade Linie aufgetragen werden oder den Konturen des Motivs folgen.

1	2	3	4	5

Zur Übung wollen wir, diesmal mit dem Stift, eine weitere Werteskala erstellen. Verwenden Sie ein leeres Raster mit fünf Feldern und füllen Sie jedes Feld nach und nach mit Schatten, indem Sie eine Reihe von Linien von hell nach dunkel ziehen. Wenn man die Dichte der Schraffur erhöht, erscheint der Bereich dunkler, was nützlich sein kann, um Variationen von Werten zu erzeugen. Es können Tausende von Schattierungen erzeugt werden; wir werden uns auf fünf beschränken. Das bevorzugte Werkzeug für diese Methode ist der Bleistift. Wenn Sie einen Bleistift verwenden, stellen Sie sicher, dass er sehr scharf ist. Wenn er nicht scharf ist, können die Linien einen weichen Rand haben und zu eng erscheinen, und der weiße Raum zwischen den Linien wird nicht so gut sichtbar sein.

Beginnen Sie mit der Schraffurtechnik und füllen Sie das erste Kästchen (mit der Bezeichnung 1) mit einer Reihe von gleichmäßig verteilten Linien. Sie sollen sich nicht überkreuzen, sondern parallel und mit einem gewissen Abstand zueinander verlaufen, damit der Ton aus der Ferne betrachtet hell erscheint.

Das zweite Kästchen kann mit Linien gefüllt werden, die etwas näher beieinander liegen, so dass sie aus der Entfernung betrachtet dunkler erscheinen als Kästchen 1 im Ton. Beachten Sie, dass diese Linien in jede Richtung gezeichnet werden können: horizontal, vertikal, diagonal oder anders; die Richtung spielt keine Rolle, solange sie konsistent ist. Ich setze meine Linien gerne diagonal, aber sie können natürlich in jede Richtung gezeichnet werden. Die Richtung, die dem Künstler am besten gefällt, ist die richtige Wahl.

Das dritte Kästchen sollte Linien enthalten, die viel enger beieinander liegen als die Linien in Kästchen 2. Diese Linien können sogar so dicht beieinander sein, dass sie sich fast (aber nicht ganz) berühren. Die Töne in diesem Kästchen sollten viel dunkler erscheinen als die in Kästchen 2 gezeichneten.

Um einen dunkleren Wert als in Feld 3 anzuzeigen, werden in Feld 4 dichte parallele Schraffurlinien mit zusätzlichen Kreuzschraffuren gezeichnet. Da die Linien in Feld 3 so dicht beieinander liegen, kann der Farbton nur dunkler erscheinen, wenn sich die Linien kreuzen. Zeichnen Sie auf der ersten Ebene eine Reihe von Linien in einer Richtung und auf der zweiten Ebene eine Reihe von Linien in der entgegengesetzten Richtung. Der Stift, der in diesem Tutorial verwendet wird, ist ein sehr dünner Stift. Jede Zeichnung oder Werteskala, die mit diesem Stift erstellt wird, benötigt viele Linien, um realistisch zu wirken. Um die gewünschten Ergebnisse zu erzielen, verwenden Sie die Stiftstärke, mit der Sie am besten zurechtkommen.

Das letzte Kästchen auf der Skala sollte das dunkelste von allen sein. Es sollte jedoch nicht eingefärbt werden. Zeichnen Sie zum Erreichen dieser dichten Dunkelheit mehrere Schichten von Linien bis zum gewünschten Farbton. Die ersten Schichten werden mit parallelen Linien gezeichnet und dann mit einer Kreuzschraffur überzogen. Fügen Sie eine weitere Schicht mit Kreuzschraffur hinzu, wenn sie nicht dunkler erscheint als der in Feld 4 erzeugte Farbton. Der Unterschied zwischen den hellen und dunklen Tönen, die sich über die gesamte Skala ergeben, sollte von links nach rechts deutlich sichtbar sein.

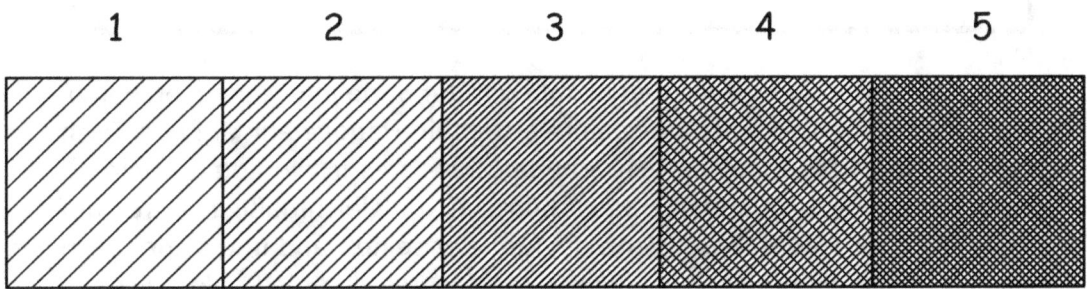

Wie diese Töne aus der Ferne erscheinen, wird durch den Weißraum bestimmt. Wendet man diese Technik auf eine Zeichnung an, kann der Künstler wählen, ob er mit dem Bleistift Konturlinien, parallele Linien oder beides verwendet, um Töne hinzuzufügen.

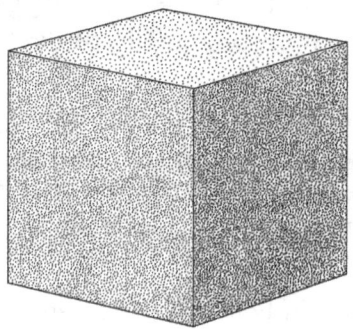

Eine weitere Technik, die verwendet wird, um mit dem Bleistift zu schattieren, ist das "Punktieren". Beim Punktieren wird eine Reihe von Punkten dicht nebeneinander gesetzt. Dadurch entsteht die Illusion von Tiefe und Form. Der Bereich erscheint umso dunkler, je näher die Punkte beieinander liegen. Je weiter die Punkte voneinander entfernt sind, desto weniger intensiv oder heller sollte der Farbton sein. Sie können durch Variieren der Dichte und Verteilung der Punkte die Tiefe des Tons und die Rauheit der Textur einstellen. Dies ist wahrscheinlich die zeitaufwendigste aller Schattierungstechniken. Nicht identisch mit dem Punktieren ist die als Pointillismus bekannte Technik. Um zu punktieren, heben Sie den Bleistift (oder einen anderen Stift) vorsichtig an und drücken ihn auf das Blatt, um einen kleinen Punkt zu erzeugen.

> *Beim Pointillismus werden Farbpunkte verwendet, die sehr nahe beieinander liegen, um eine Illusion zu erzeugen, die als optisches Mischen bezeichnet wird und bei der zwei kleine Mengen verschiedener Farben, die nebeneinander gelegt werden, eine andere Farbe zu ergeben scheinen. Die Technik beruht auf der Fähigkeit des Auges und des Verstandes des Betrachters, die Farbpunkte zu einer umfassenderen Palette von Farbtönen zu mischen.*

Lassen Sie uns eine weitere Werteskala mit der Stippling-Technik erstellen. Bevor ich beginne, lege ich normalerweise mein Handgelenk auf den Tisch oder die Oberfläche, auf der ich arbeite (anstatt es in die Luft zu halten). Die Verankerung des Handgelenks ist hilfreich, um gleichmäßige Spuren auf dem Papier zu hinterlassen. Wenn ein Künstler seine Hand und seinen Arm nach oben hält, während er versucht zu tupfen, werden die Punkte nicht so ordentlich und gezielt platziert, und es werden eher Striche als Punkte gemacht. Gönnen Sie sich eine Pause und helfen Sie Ihrem Kunstwerk, indem Sie Ihr Handgelenk ausruhen.

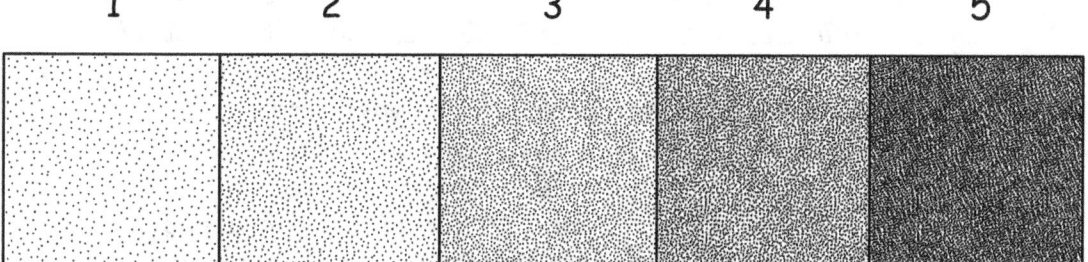

Das erste Kästchen der Tupfenwertskala sollte das Erscheinungsbild eines hellen Tons darstellen, daher sollten die Tupfen weit voneinander entfernt platziert werden. Wenn dies richtig gemacht wird, wird ein sehr heller Ton wahrgenommen, wenn er aus der Entfernung betrachtet wird. Bei der zweiten Box liegen die Tupfen etwas näher beieinander. Der Vorgang des Tupfens erfordert Sorgfalt und Anstrengung; hat ein Künstler jedoch erst einmal etwas Übung im Tupfen, kann er oder sie sich wie eine Maschine verhalten und die Bewegung problemlos immer wieder wiederholen. Versuchen Sie nicht, den Prozess zu beschleunigen, wenn Sie sich damit nicht wohl fühlen. Achten Sie darauf, dass die Tupfen in einigermaßen gleichmäßigen Abständen gesetzt werden und dass tatsächlich Punkte und keine Striche gemacht werden. Der Prozess kann mühsam werden, also machen Sie eine Pause, wenn Sie das Gefühl haben, dass Sie nachlässig werden. Häufige Pausen helfen dem Handgelenk, sich zu erholen, und geben dem Künstler die Möglichkeit, von seinem Werk zurückzutreten und es aus der Ferne zu betrachten. Fahren Sie in Feld 3 mit dem Ausfüllen der Werteskala fort, indem Sie die Punkte nach und nach enger zusammensetzen. In Feld 4 sollten die Punkte dichter beieinander liegen als in Feld 3, während in Feld 5 die Punkte dichter beieinander liegen als in Feld 4. Da die Punkte sehr dicht beieinander liegen, um sehr dunkle Töne zu erzeugen, ist es wahrscheinlich, dass sie sich überlappen oder berühren, was akzeptabel und unvermeidlich ist.

Wenn die Werteskala fertig ist, treten Sie zurück und bemerken Sie, wie sich die einzelnen Kästchen sichtbar voneinander unterscheiden; die weiter voneinander entfernten Tupfen scheinen einen helleren Ton zu haben, während die näher beieinander liegenden Tupfen ein dichtes, dunkleres Aussehen haben. Die gleichen Werte, die wir mit dieser Werteskala erzeugen, können wir auch bei der Erstellung einer Zeichnung mit der Stippeltechnik verwenden. Beachten Sie, dass alle erzeugten Punkte die gleiche Größe und Form haben; sie scheinen nur unterschiedliche Farbtöne zu erzeugen, wenn sie näher oder weiter voneinander entfernt sind.

Schraffuren, Kreuzschraffuren und Tüpfelungstechniken können eine Reihe von Werten bieten. Wenden wir diese Techniken auf eine Zeichnung an, damit wir sie in Aktion sehen können. Beginnen wir mit der Tüpfelung einer Birne.

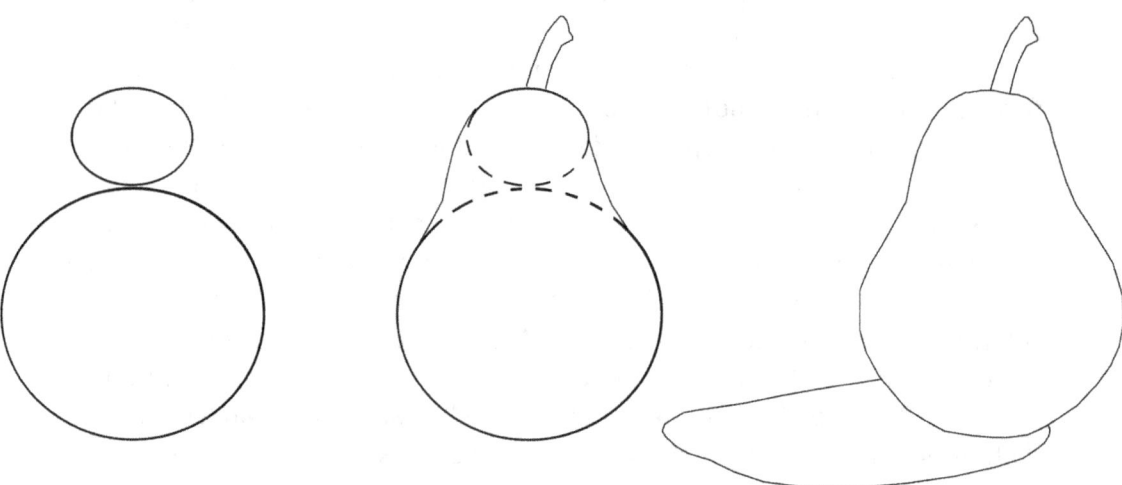

Beginnen Sie damit, einen einfachen Umriss einer Birne mit einem Schattenwurf zu zeichnen oder zu finden. Eine Birne kann mit einfachen Formen gezeichnet werden, die so kombiniert werden, dass eine organische Form entsteht (siehe oben). Dies ist die Grundform, die für das Hinzufügen einer Vielzahl von Farbtönen verwendet wird, so dass die Birne wie eine Form mit Tiefe aussieht. Die Vorzeichnung sollte mit einer leichten Bleistiftlinie erfolgen, die dann mit einem Stift ausgefüllt wird. Wenn die Tinte getrocknet ist, kann das Graphit des Bleistifts ausradiert werden, so dass ein klares, schattiertes Bild entsteht.

In dieser Lektion verwende ich einen Fine-Point-Marker-Stift. Die Spitze ist sehr fein, und ich muss viele Punkte setzen, um einen glaubwürdigen Farbton zu erzeugen. Je dichter die Punkte sind, desto mehr Zeit braucht man, um ein realistisch schattiertes Bild zu erstellen. Wenn Sie nicht viel Zeit in das Tupfen eines Bildes investieren wollen, können Sie mit einem Stift oder Marker mit dickerer Spitze eine breitere Schattierung erzeugen. Dickere Stiftspitzen (Federn) können verwendet werden und benötigen weniger Zeit für das Stippling; das fertige Kunstwerk wirkt jedoch nicht so detailliert. Für eine feinere Zeichnung sollten Sie einen feinen Stift mit einer dünneren Spitze verwenden.

Beginnen Sie damit, die dunkelsten Werte der Birne zuerst zu addieren. Das sind die Bereiche, die am weitesten von der Lichtquelle entfernt sind. Beginnen Sie in dem dunklen Bereich und fügen Sie dicht beieinander liegende Punkte hinzu. Machen Sie den Wert noch nicht so dunkel, wie er sein kann. Legen Sie Ihr Handgelenk auf das Papier, um Ermüdungserscheinungen zu vermeiden und eine saubere Tupfung zu gewährleisten. Legen Sie Ihr Handgelenk NICHT auf einen Bereich der Zeichnung, der noch mit Tinte benetzt ist. Lassen Sie alle Markierungen trocknen, bevor Sie sie berühren, um ein Verschmieren zu vermeiden. Beim Schattieren mit Bleistift ist es ratsam, die dunklen Bereiche zunächst leicht zu schattieren und sie später dunkler zu machen. Das gleiche Prinzip ist besonders wichtig beim Schattieren mit dem Stift. Bei der Verwendung von Permanentstiften lassen sich Fehler nicht ausradieren, und flüssiges Papier oder Wite-Out ist keine Option, da sich dadurch ein Bereich der Zeichnung abhebt und ein Fehler hervorgehoben wird. Seien Sie vorsichtig, wenn Sie Ihre ersten Töne setzen, und machen Sie sie heller, als Sie glauben, dass sie zu Beginn sein müssen. Manchmal kann ein Stippling-Projekt Stunden, Tage oder sogar Wochen dauern, je nachdem, was Sie zeichnen möchten. Sorgen Sie dafür, dass Sie sich wohlfühlen, und wenn Sie eine Pause brauchen, sollten Sie sie unbedingt einlegen. Wenn Sie das Gefühl haben, dass Sie nachlässig werden oder Ihre Arbeit überstürzen, machen Sie eine Pause.

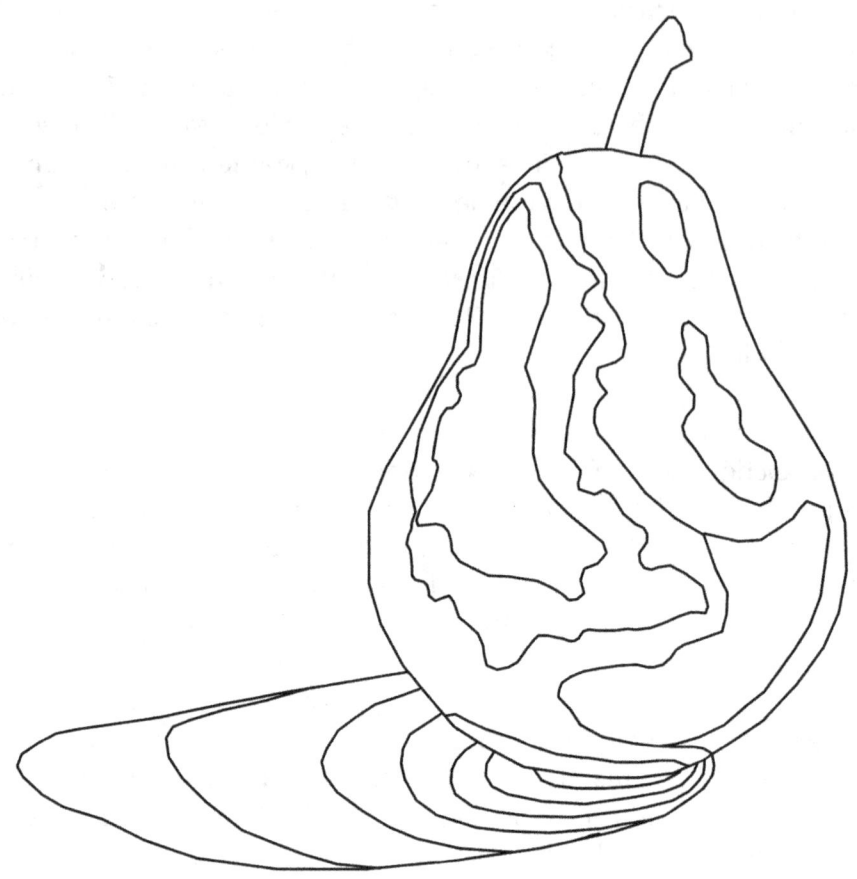

Wählen Sie einen Ausgangspunkt, um mit dem Stippling zu beginnen. Es ist hilfreich, das Objekt oder den Gegenstand, den Sie tupfen wollen, zu beobachten, entweder in natura oder auf einem Foto. Zwar kann ein Künstler eine getupfte Zeichnung auch aus der Fantasie heraus anfertigen, doch sind die Ergebnisse beim Tupfen in der Regel erfolgreicher, wenn er eine Vorlage hat, die er beim Zeichnen betrachtet. Betrachten Sie die dunkelsten und die hellsten Bereiche. Markieren Sie jede größere Veränderung des Farbtons auf Ihrer Zeichnung mit einer Umrisslinie. Machen Sie dies mit Bleistift, um Umrisse in der endgültigen Zeichnung zu vermeiden. Leichte Bleistiftlinien können nach dem Trocknen des Stifts wieder gelöscht werden. Diese Linien dienen als Leitlinien für die verschiedenen Farbtöne, die wir auf der Birne anbringen werden. Im obigen Bild sind viele Bereiche umrissen, die als Platzhalter für die dunklen und hellen Farbtöne dienen. Dies ist nur eine der vielen Möglichkeiten, wie ein Künstler tupfen kann. Manche Künstler ziehen es vor, ihre Zeichnung zunächst mit einem hellen Ton von Punkten zu versehen und dann später zurückzugehen, um Bereiche nach Bedarf dunkler zu machen. Manche Künstler bevorzugen es, die Punkte in einem Bereich zu setzen und von dort aus nach außen zu arbeiten. Andere Künstler beginnen mit dem dunkelsten Punkt und arbeiten dann um das Bild herum, um alle dunklen Bereiche auszufüllen. Zur Veranschaulichung wähle ich den dunkelsten Punkt auf meiner Zeichnung, um damit zu beginnen. Es gibt keine bestimmte Regel für die Gestaltung mit Pointillismus; es ist die persönliche Vorliebe des Künstlers.

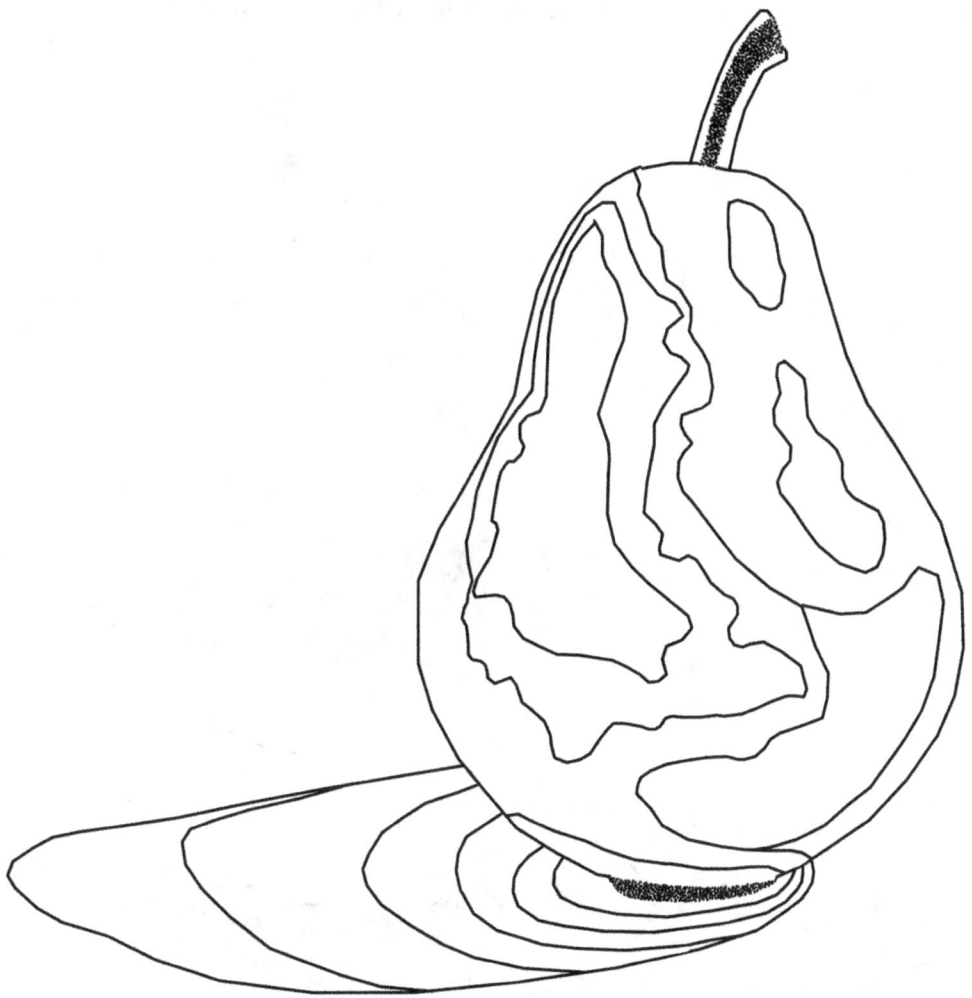

Beginnen Sie mit dem Tupfen. Heben Sie den Stift vorsichtig an und drücken Sie ihn auf die Stelle des Papiers, an der der Ton am dunkelsten sein wird. In dieser Abbildung befindet sich der dunkelste Bereich in der Nähe des Birnenbodens und des Stiels. Diese winzigen Punkte sind gleichmäßig verteilt und liegen dicht beieinander, so dass sie aus der Entfernung betrachtet wie ein einheitlicher Farbton wirken. Ein Kunstwerk, das mit Tupfen gemalt wurde, ist für die Betrachtung aus der Ferne gemacht, so dass alle feinen Punkte ineinander überzugehen scheinen und eine Abstufung der Töne ergeben. Ich habe mir die Zeit genommen und die Punkte gleichmäßig in den dunklen Bereich gesetzt. Es gibt keinen richtigen oder falschen Weg, dies zu tun, solange die Punkte gleichmäßig verteilt erscheinen. Sobald Sie mit den dunkelsten Bereichen des Schattens fertig sind, tupfen Sie die Bereiche, die nur etwas heller sind als der dunkelste Bereich, den Sie gerade erstellt haben. Diese Schicht sollte etwas weiter auseinander liegen als die der ersten Schicht, um einen subtilen helleren Ton zu erhalten. Schauen Sie immer wieder auf das Referenzbild, um die Platzierung der einzelnen Töne zu erkennen.

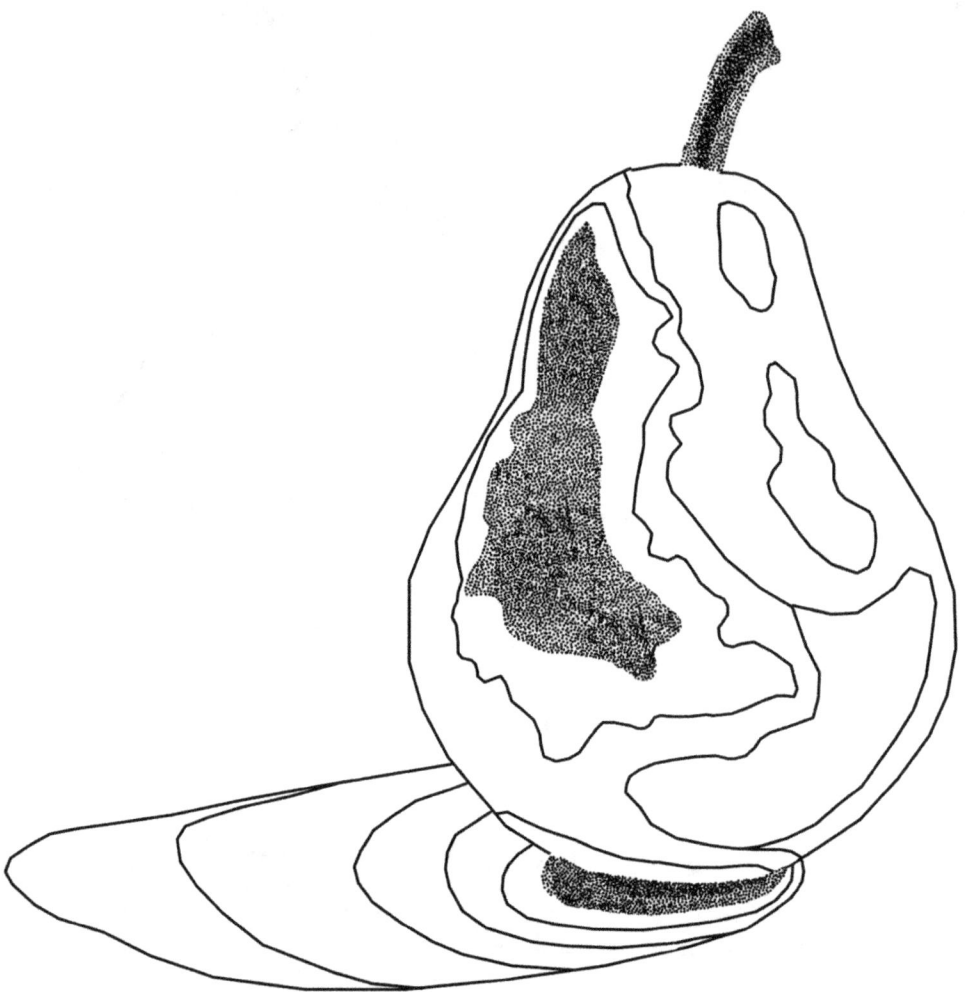

In diesem Schritt wird die nächste Tonschicht auf der Birne, dem Stiel und in den Schattenbereichen aufgetragen. Der Farbton erscheint etwas heller als der vorherige Farbtonbereich.

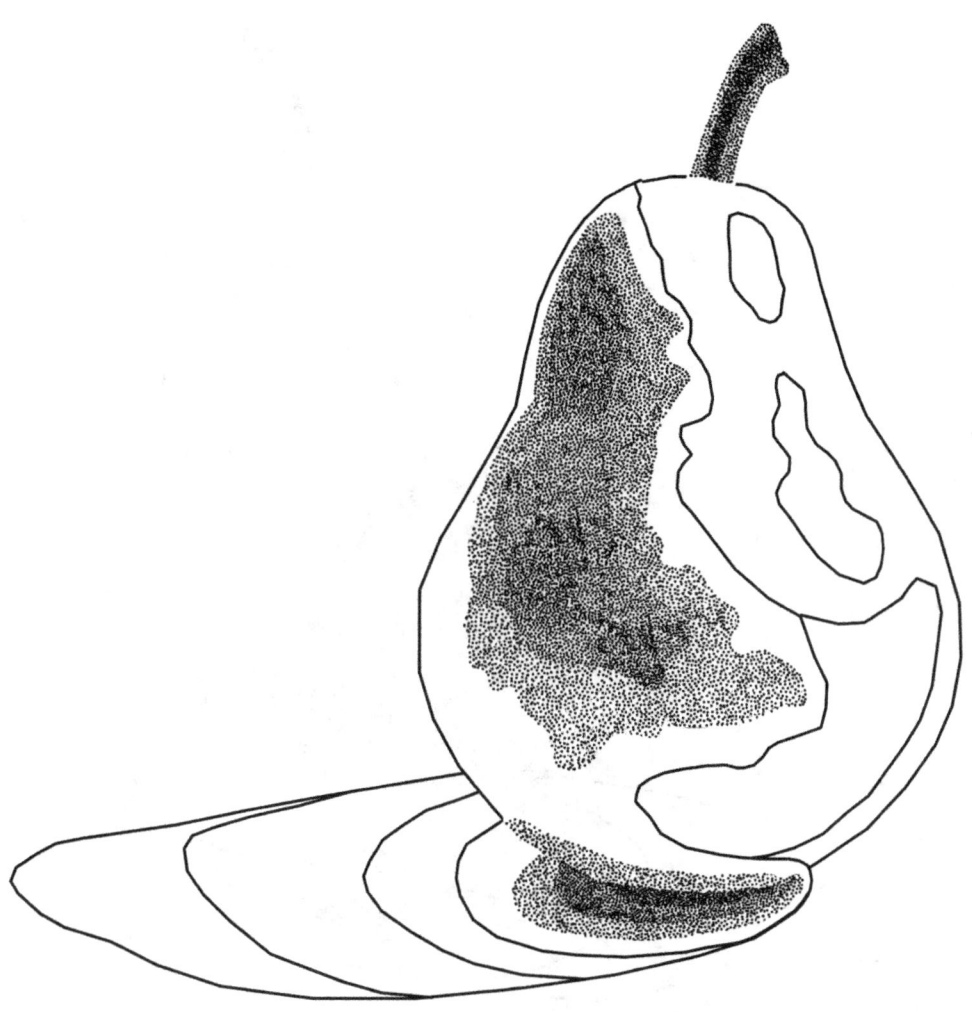

Die nächste Tupfschicht wurde aufgetragen. Im weiteren Verlauf der Zeichnung sollte die Birne heller werden, da die schattierten Bereiche näher an die Lichtquelle rücken.

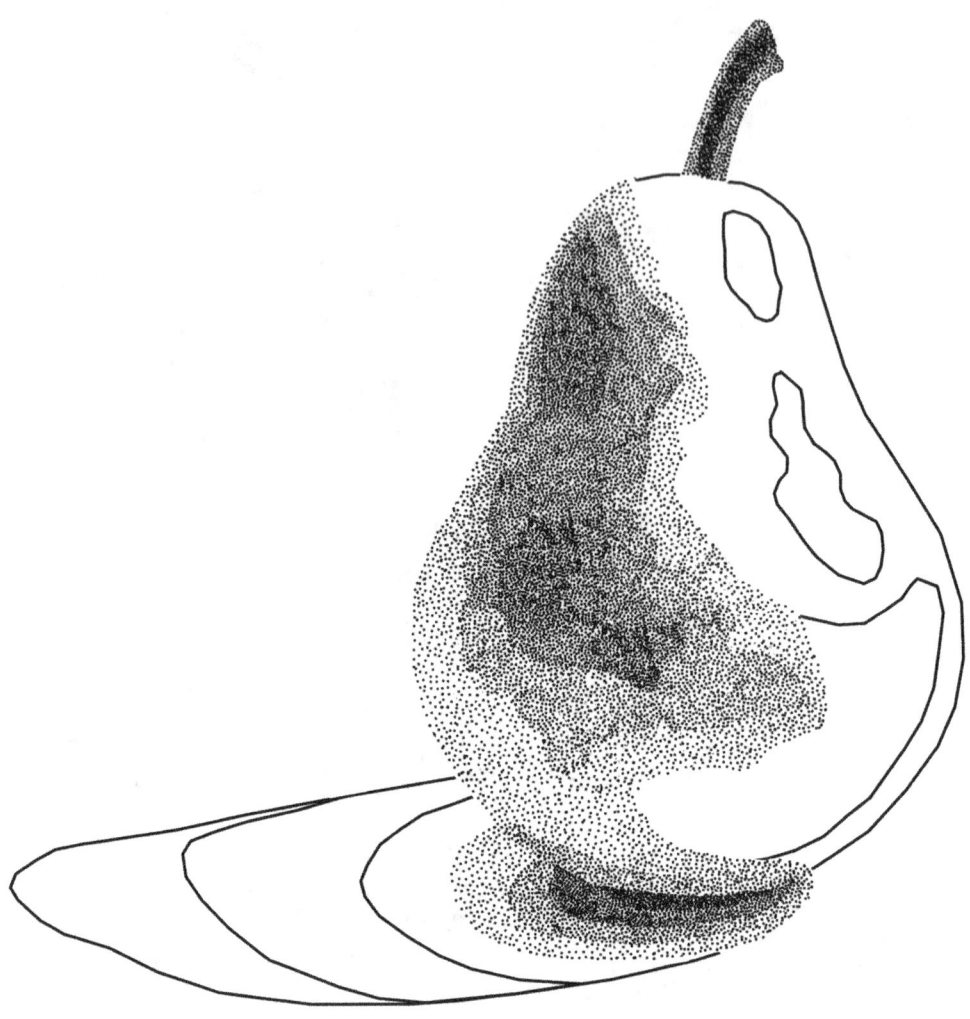

Die nächste, weniger dichte Schicht von Tupfen wurde aufgetragen. Denken Sie daran, dass Sie nicht jeden Tonabschnitt mit Tupfen umreißen, sondern eher die Werte subtil verändern, um eine Überblendung zu erzeugen. Die in diesem Lehrgang gezeigten Umrisse sind lediglich Richtlinien für das Setzen von Bereichen mit unterschiedlichen Tupfen. Wenn Sie auf Ihrer Vorlage Leitlinien zur Abgrenzung von Bereichen mit unterschiedlichen Farbtönen zeichnen, sollten diese leicht gezeichnet und ausradierbar sein.

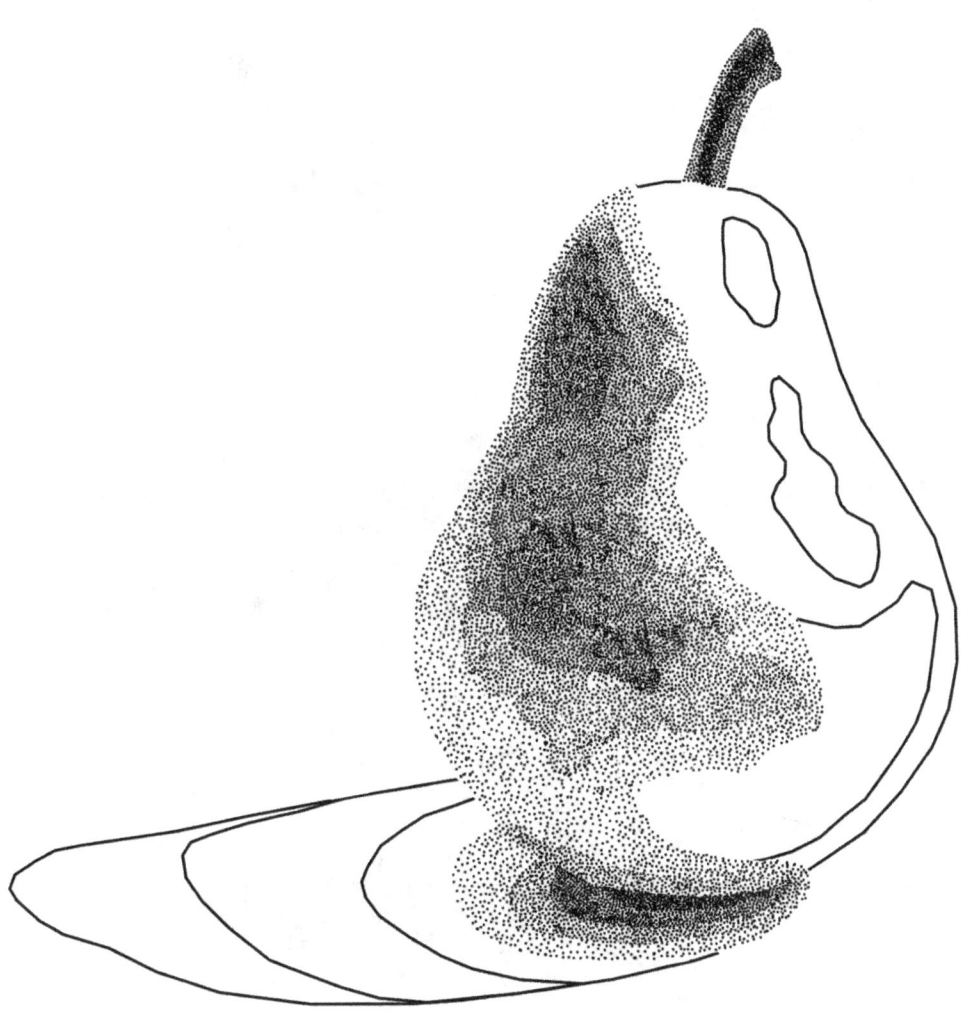

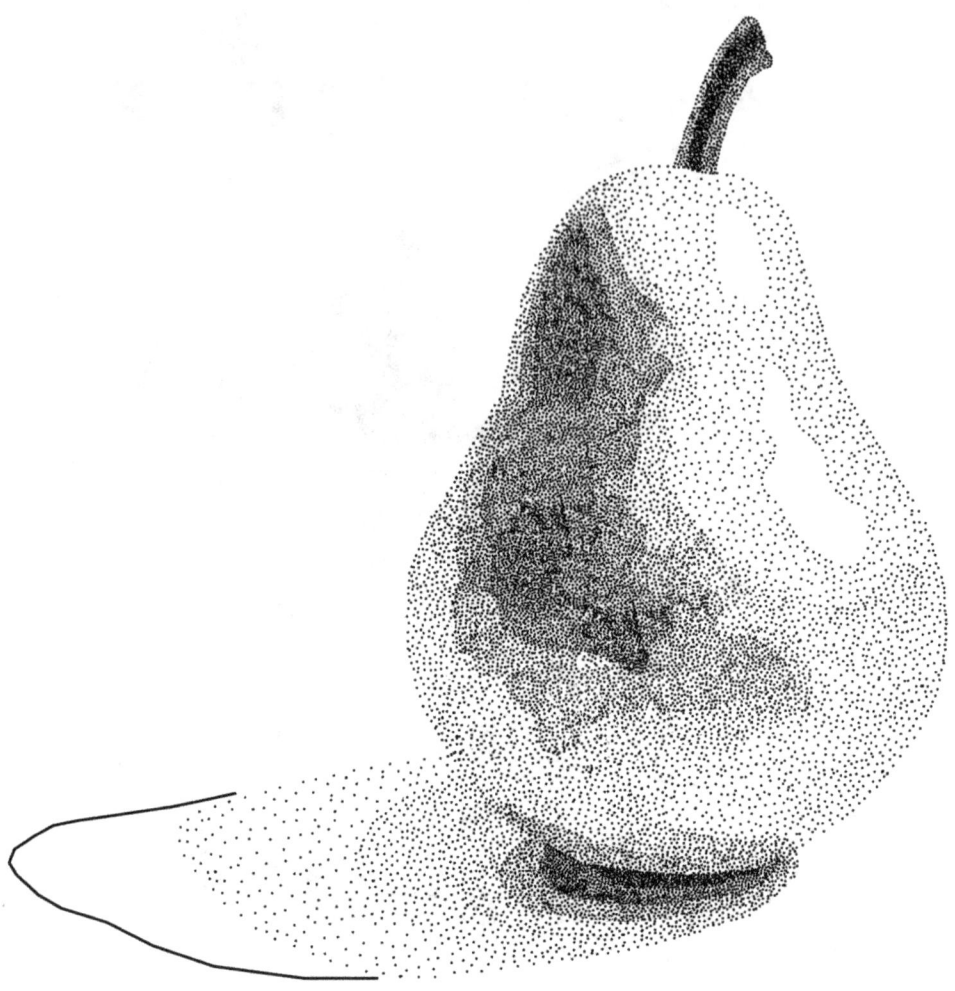

Nach dem Auftragen der ersten Tupfschichten treten Sie zurück und beobachten das Kunstwerk, um festzustellen, ob einige Bereiche dunkler sein müssen. Bereiche können dunkler, aber nicht heller gemacht werden; daher ist es wichtig, zunächst nur sparsam zu tupfen. Nach der Betrachtung dieses Kunstwerks fiel mir auf, dass die oben erstellten Töne sehr abgehackt wirken und sanfter ineinander übergehen müssen. Um dies zu beheben, ging ich noch einmal über die getupften Bereiche und fügte weitere Punkte zwischen den einzelnen Tönen hinzu, um eine Abstufung zu bilden und das raue Aussehen zu beseitigen.

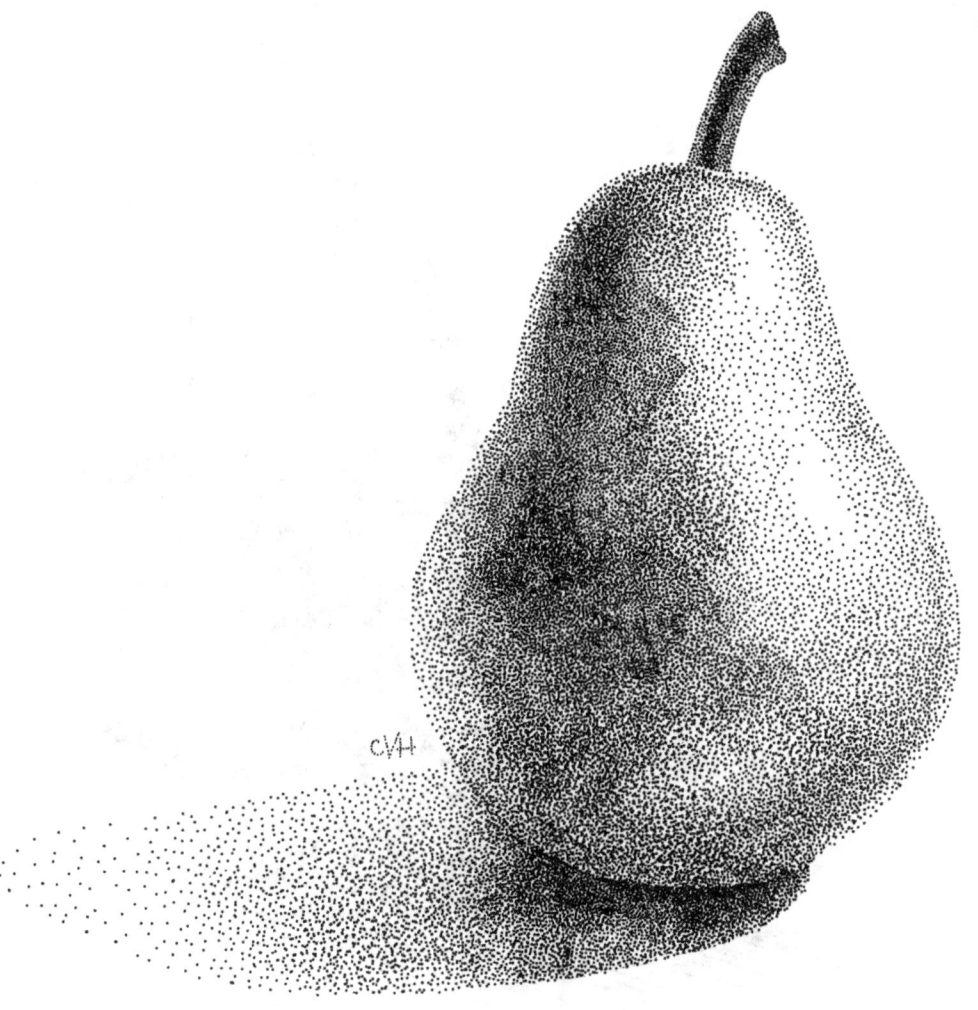

Hier ist das endgültige Kunstwerk, nachdem die abgehackten Bereiche überarbeitet und der Ton geglättet wurde. Die meisten Bereiche scheinen fließend ineinander überzugehen, so dass sie aus der Ferne betrachtet realistisch wirken. Das Stippling kann je nach Größe und Detailreichtum des Projekts sehr zeitaufwändig sein. Wenn Sie ein in Arbeit befindliches Kunstwerk häufig aus der Ferne betrachten, kann dies dem Künstler helfen, sich das Kunstwerk als Ganzes vorzustellen und nicht nur einen winzigen Bereich, auf den er sich konzentriert. Treten Sie einen Schritt zurück und betrachten Sie Ihr Werk aus der Ferne. Das Ziel des Tupfens ist es, Formen und Figuren aus der Ferne zu schaffen, nicht nur aus der Nähe. Wenn die Tüpfelung dicht ist, sollten die Punkte aus der Ferne wie gezeichnete Formen aussehen. Das Zurücktreten und Blinzeln bei der Betrachtung Ihres Kunstwerks ist eine erfolgreiche Technik, um die Töne zu definieren, indem man sie verwischt und vereinfacht. Ich mache das oft, um herauszufinden, welche Änderungen an meiner eigenen Kunst vorgenommen werden müssen.

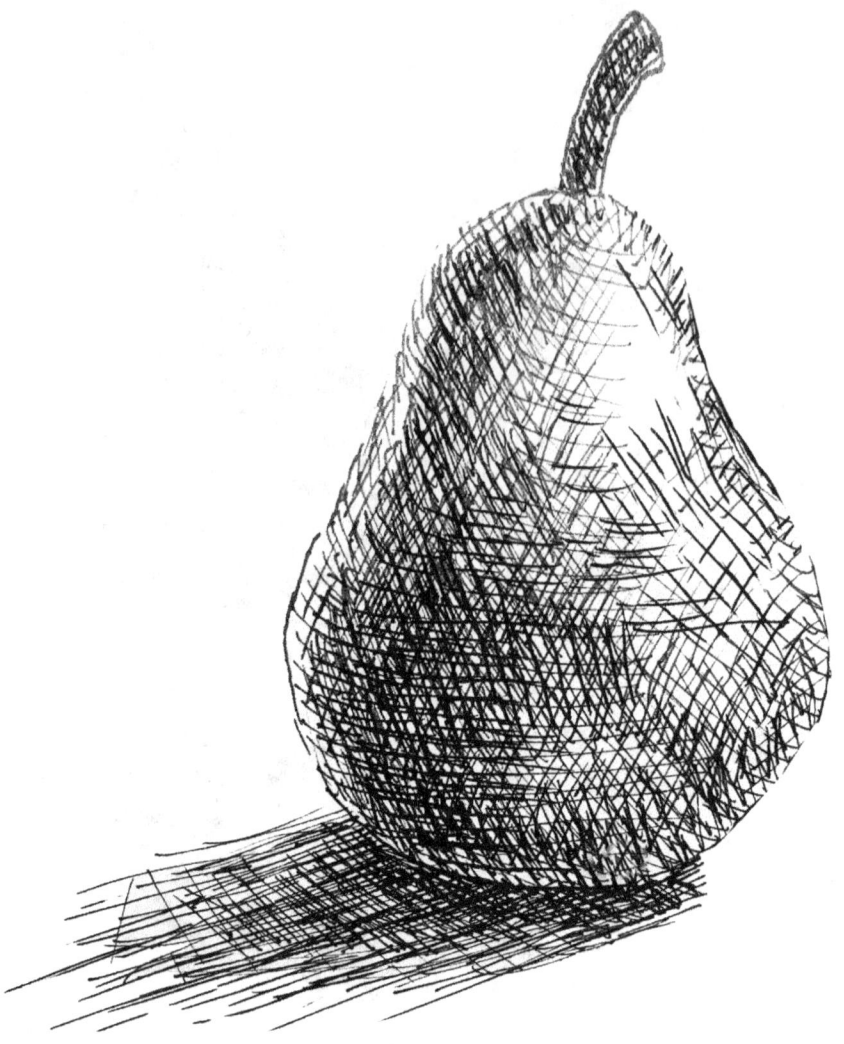

Der gleiche Birnenumriss kann zur Veranschaulichung der Verwendung von Schraffuren und Kreuzschraffuren verwendet werden. Diese Methode ist eine der schnellsten und effektivsten Methoden, um mit dem Stift Werte zu schaffen. Legen Sie zunächst einige Schraffuren und Kreuzschraffuren an, um diese zu schattieren. Wie zuvor werden die dunklen Bereiche zuerst angegangen, gefolgt von weniger dichten Linien, um die helleren Bereiche zu füllen. Indem ich die Linien um die inneren Konturen der Birne biege, kann ich die Schattierung realistischer erscheinen lassen, ähnlich wie bei der Erstellung von Kreuzkonturlinien, die aber enger beieinander liegen, um sowohl den Schatten als auch die Form anzuzeigen. Wenn man der Form der Birne folgt, wirkt sie dreidimensional. Zu Beginn werden nur Schraffuren verwendet; später werden jedoch Kreuzschraffuren hinzugefügt, damit einige Bereiche noch dunkler erscheinen. Im Moment hilft das Anlegen einiger Linien dabei, einen Teil des Weißen auszublenden. Ich werde dies auf der gesamten Birne fortsetzen, bis der größte Teil der Bereiche mit Linien bedeckt ist. Sobald die ersten Töne aufgetragen sind, können einige Bereiche nach Bedarf abgedunkelt werden, indem man einige Linien enger zusammenzieht und sie übereinander legt. Auch wenn wir unsere Birne nicht vollständig umreißen wollen (da Objekte im wirklichen Leben keine dunklen Umrisse haben), können wir den dunkelsten Bereich bis zu einem gewissen Grad umreißen, da diese Linien schließlich mit der Schattierung, die wir erstellen, verschmelzen werden. Da der Stiel sehr dunkel ist, muss dieser Bereich stärker schraffiert werden, ebenso wie der Bereich, in dem die Birne die Oberfläche berührt, auf der sie sitzt. Alle diese Schattierungen werden mit Linien erzeugt, die den Querkonturen der Form folgen, damit wir die gesamte Definition der Birne sehen können. Die Schraffur bleibt einigermaßen parallel, während sie sich immer noch um die Konturen der Frucht wölbt. Lassen Sie immer etwas weißen Raum für die Glanzlichter frei und vermeiden Sie es, die hellsten Bereiche mit Linien zu versehen. Wenn Sie mit Bleistift Hervorhebungen machen, können Sie sie leicht übermalen und später ausradieren. Mit einem Marker oder Stift können wir nicht löschen, also lassen Sie die hervorgehobenen Bereiche auf jeden Fall frei, bis Sie sicher sind, dass sie einen Ton haben sollen. Je mehr Linien Sie auftragen, desto deutlicher wird die Birne. Das gilt auch für den Schatten, der ziemlich dunkel ist, besonders dort, wo die Birne den Tisch berührt. Ich habe einige enge Linien in dem Bereich gezogen, in dem die Birne die Oberfläche berührt, auf der sie sitzt. Diese Linien werden spärlicher, wenn der Schatten heller wird. Eine Kreuzschraffur in den dunkelsten Bereichen des Schattens sorgt dafür, dass sie tatsächlich dunkel sind. An der Stelle, an der die Birne auf den Tisch trifft, kann noch mehr Dunkelheit hinzugefügt werden, um zu zeigen, dass sich die Birne nach innen, weg von der Lichtquelle, bewegt. Arbeiten Sie einfach weiter, bis Sie, der Künstler, damit zufrieden sind.

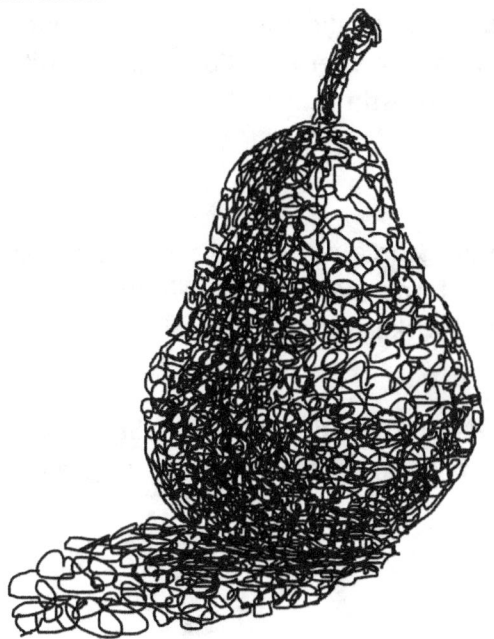

Eine weitere Möglichkeit, mit dem Stift zu schattieren, ist das "Scumbling": eine lustige, skizzenhafte Art, einen Tonbereich schnell auszufüllen. In der Zeichnung wird der Begriff "scumbling" verwendet, um eine zufällige, gekritzelte Textur zu beschreiben, die mit Achter- oder runden Formen erzeugt wird. Beim Scumbling werden Schichten dieser dicht gezeichneten Kritzeleien verwendet, um Wert und Textur aufzubauen. Diese Methode ist eine der schnellsten und einfachsten Methoden, um einen Bereich schnell auszufüllen und eine interessante Textur in Ihrer Zeichnung zu erzeugen. Sie wird nicht häufig für realistische Schattierungen verwendet.

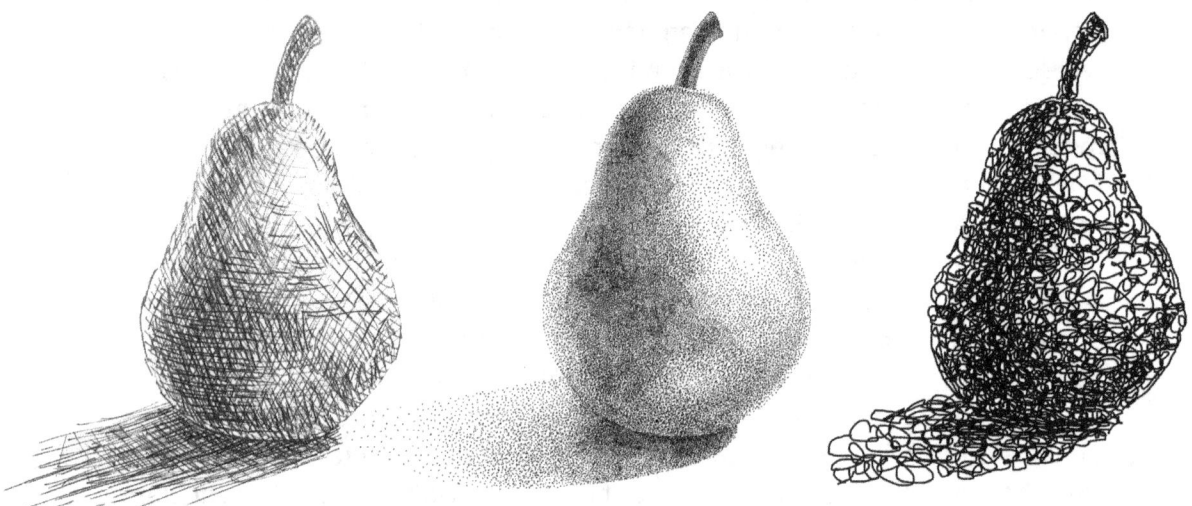

Mit diesen verschiedenen Techniken können Sie unterschiedliche Ergebnisse erzielen. Probieren Sie sie alle aus, um zu sehen, welche Sie bevorzugen. Die Technik, die ein Künstler oder eine Künstlerin wählt, kann seinen oder ihren persönlichen Stil mitbestimmen.

Tipps:

• Wenn Sie mit einem Stift, einer Tinte oder einem Marker schattieren, können die Markierungen normalerweise nicht gelöscht werden. Dieser Gedanke kann etwas abschreckend wirken, also treffen Sie Vorsichtsmaßnahmen, um Fehler zu vermeiden.

• Eine einfache Bleistiftskizze, die mit einem Stift überzeichnet und später wieder gelöscht werden kann, kann als Orientierungshilfe dienen.

• Beginnen Sie zuerst mit dem Schraffieren, Tupfen oder Krümeln der dunkelsten Bereiche eines Bildes, aber machen Sie sie nicht so dunkel, wie sie sein sollten. Füllen Sie zuerst den Rest des Schattens auf und gehen Sie dann zurück und verdunkeln Sie die Bereiche, die es brauchen. Sie können einen Bereich dunkler machen, aber nicht heller. Verzichten Sie darauf, die hellen Bereiche aufzufüllen, da dies zu einem geringeren Kontrast führt.

• Üben Sie Ihre Zeichentechnik vor (und vielleicht sogar während) der Erstellung Ihrer Kunstwerke auf Altpapier. Dies kann besonders hilfreich sein, wenn Sie einen Stift verwenden, der einen unregelmäßigen Strich hat oder dessen Spitze verstopft.

• Um ein möglichst realistisches Ergebnis zu erzielen, sollten Sie die Konturen des Motivs schattieren. Indem der Künstler den Konturen folgt, kann er der Schattierung mehr Tiefe verleihen.

• Striche und Markierungen können in Richtung und Dichte variieren. Wählen Sie, was für die Oberfläche, die Sie nachbilden möchten, am besten geeignet ist.

• Vergessen Sie nicht, Ihre Schattierung durch Schichten von Linien, Strichen oder anderen Zeichen zu erzeugen. Werte werden durch das Übereinanderschichten von Markierungen oder nahe beieinander liegenden Markierungen erzeugt.

• Wenn ein Fehler unterlaufen ist und keine Lösung in Sicht ist, können einige Ungenauigkeiten mit Flüssigpapier behoben werden. Dies ist jedoch nicht die beste Lösung, da die Oberfläche des Papiers verändert wird und das Kunstwerk an den Stellen, an denen dieses Flüssigpapier verwendet wird, fleckig aussehen kann. Die Stiftmarkierung kann auch einen glänzenden Schimmer annehmen, wenn sie auf dem Flüssigpapier markiert wird. Vermeiden Sie nach Möglichkeit die Verwendung dieses "Fixiermittels".

• Schränken Sie sich nicht ein. Versuchen Sie, Ihre neu erlernten Schattierungstechniken mit anderen Medien zu mischen. Eine beliebte Methode zur Verbesserung von Stiftzeichnungen ist das Umreißen eines Aquarells oder das Hinzufügen von Farbstiften zu einem Bereich, nachdem die Stiftzeichnung abgeschlossen ist, um einen Schwerpunkt zu setzen. Die Verwendung von Schraffuren, Kreuzschraffuren und Kratzern kann unzählige Medien ergänzen.

Beispiele, Fragen und Kommentare:

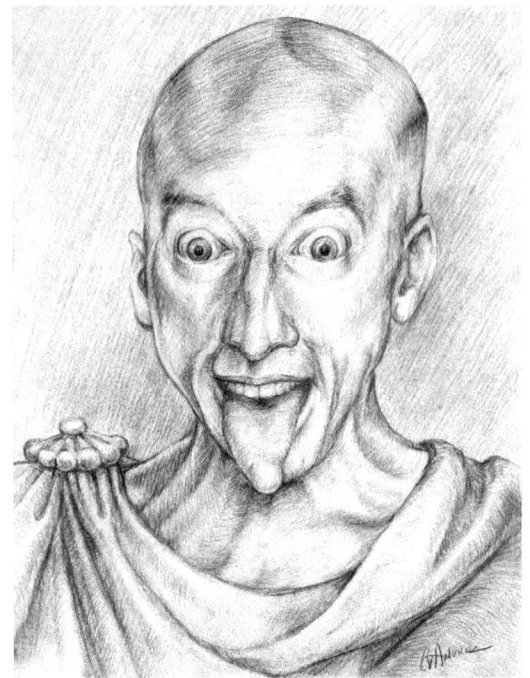 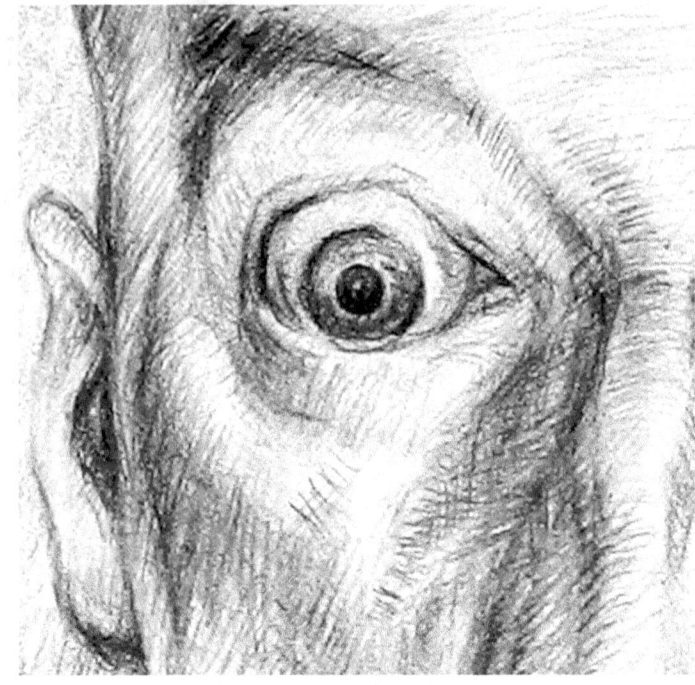

Kunstwerk von CVHolmes

Beispiel einer Kreuzschraffurtechnik mit Bleistift und Detail (rechts).

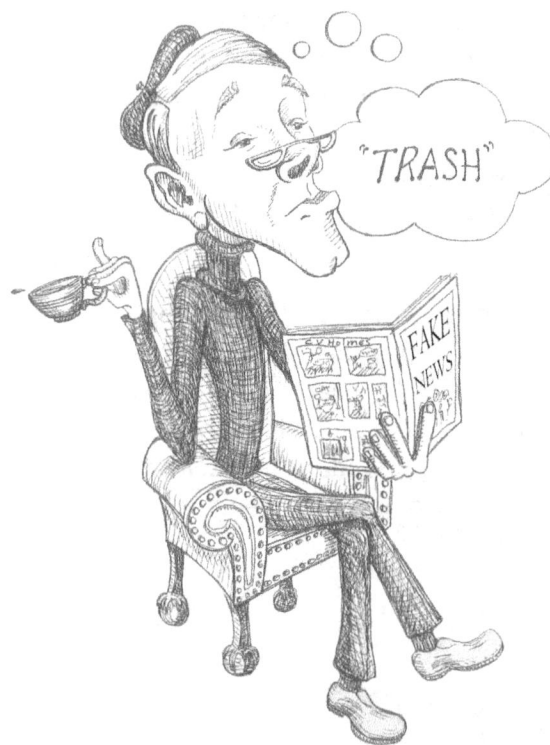

Kunstwerk von CVHolmes

Beispiel für eine Kreuzschraffurtechnik mit einem Stift.

Beispiele, Fragen und Kommentare

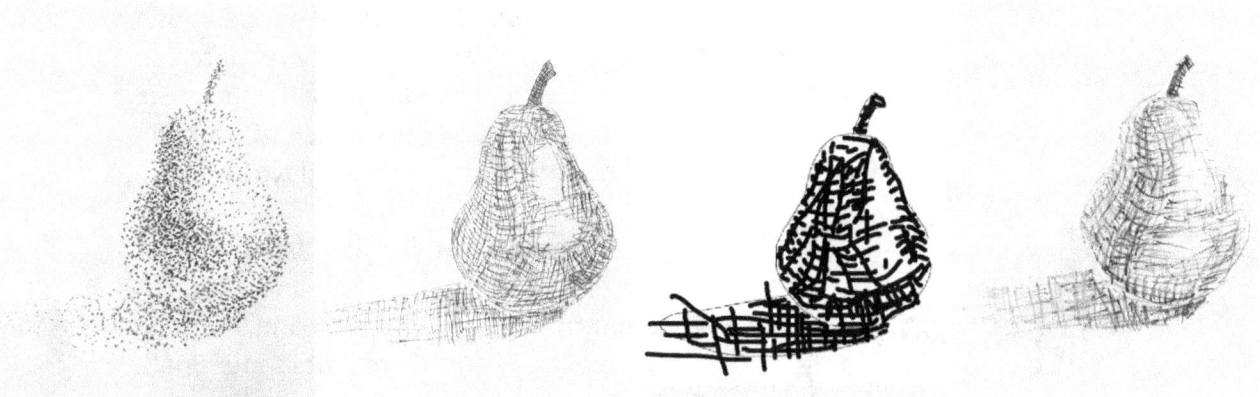

Kunstwerke von Whitney Krug (12 Jahre)

Frage: Ich habe versucht, meine Birnen mit verschiedenen Techniken und Marker-Typen zu schattieren. Das dritte Bild habe ich mit meinem Computer gemalt. Ich liebe die Technik der Kreuzschraffur. Ich habe versucht, darauf zu achten, wie weit die Linien auseinander liegen (und wie nah). Wie finden Sie das?

Antwort: Ich finde es toll, wie Sie jede Technik mit verschiedenen Medien erforscht haben. Wie man sehen kann, bietet jedes Werkzeug (und jede Technik) etwas anderes. Die Technik, die Ihnen am besten gefällt, ist diejenige, auf die Sie sich konzentrieren und mit der Sie Ihre Fähigkeiten verfeinern sollten.

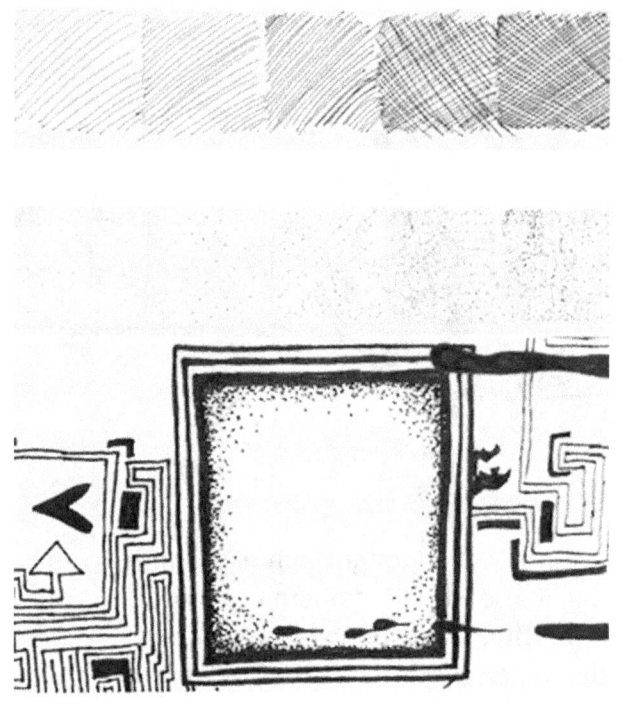

Frage: Ich habe beschlossen, die Regeln zu brechen und auf das Stillleben zu verzichten und etwas anderes zu tuschieren. Ich bin dankbar, dass Sie einen Teil über Tuscheschattierungen hatten. Was halten Sie davon?

Antwort: Gut für Sie! In der Kunst geht es darum, die Regeln zu kennen und auch zu wissen, wann man sie brechen kann. Es macht immer Spaß, zu experimentieren und mit neuen Materialien und Techniken zu spielen, vor allem, wenn du feststellst, dass eine Lektion dich in eine andere Richtung führt als ursprünglich beabsichtigt. Erforschen Sie dies auf jeden Fall. Gehen Sie jedoch irgendwann zurück und probieren Sie die Übungen der Lektion aus.

Einige Übungen mögen willkürlich erscheinen, aber sie bieten einige grundlegende Fähigkeiten, die Sie kennen müssen, um ein besserer Künstler zu werden. Lernen Sie die Grundlagen und befolgen Sie die Regeln, vor allem, wenn Sie gerade erst anfangen. Dies wird Ihnen helfen, herauszufinden, wie und warum bestimmte Techniken verwendet werden. Wenn Sie gegen die Regeln verstoßen, sind Originalität und Kreativität gefragt, aber Sie müssen wissen, warum die Regeln gelten. Auf diese Weise können Sie eine begründete Entscheidung treffen, von der Norm abzuweichen.

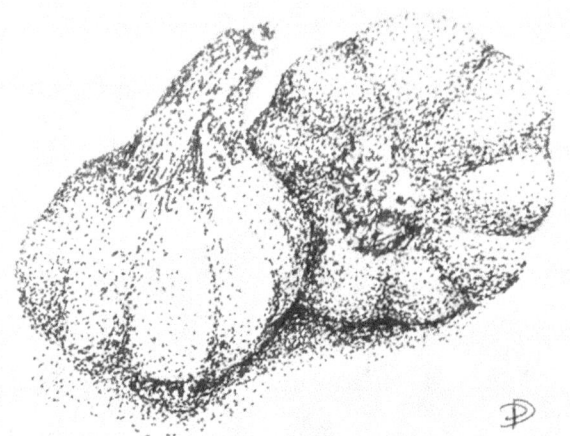

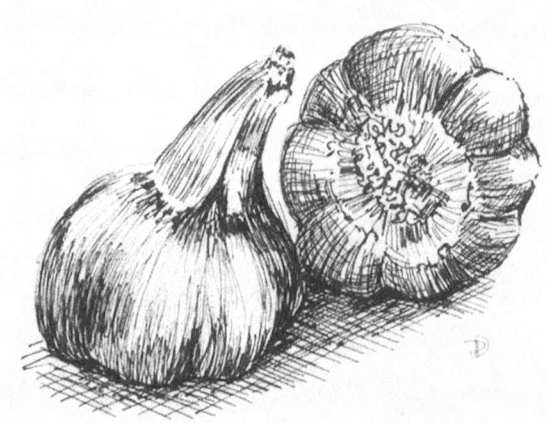

Kunstwerke von Pamela Dowie

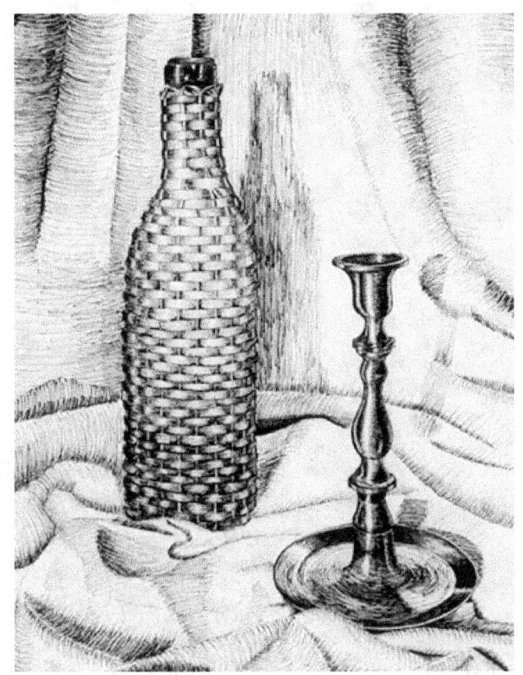

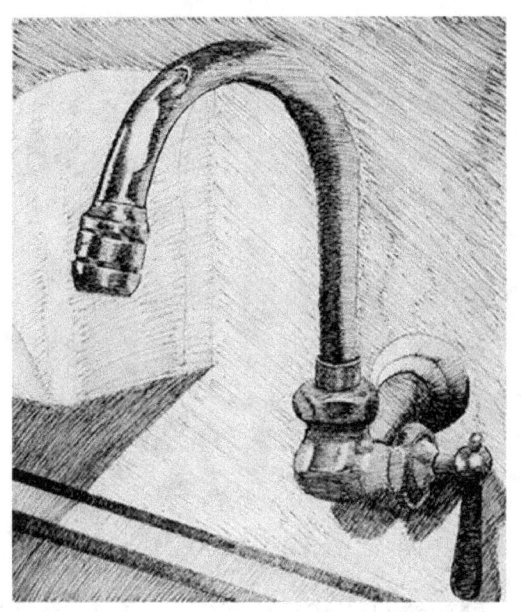

Kunstwerke von Celena Foglia

Kunstwerke von Emma Manlapaz

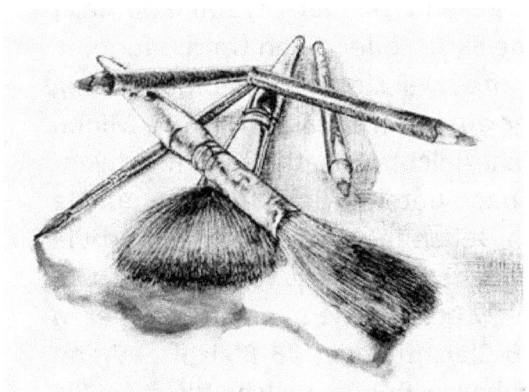

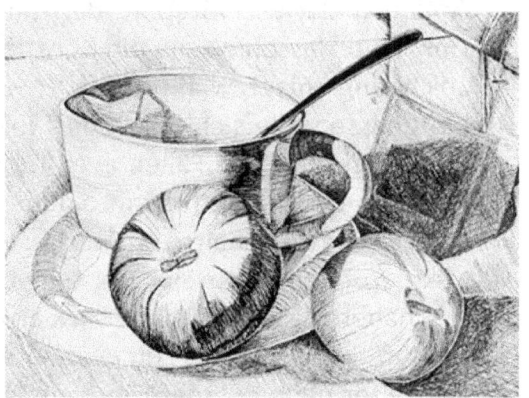

Kunstwerke von Jassimran Sra

Kunstwerke von Kristia Bondoc

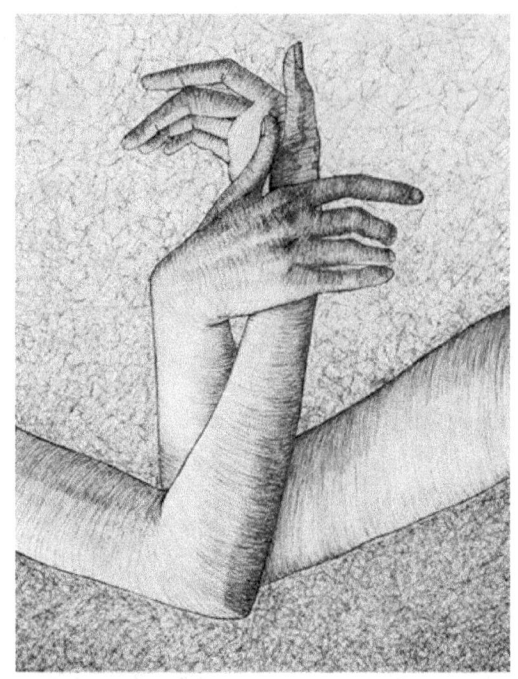

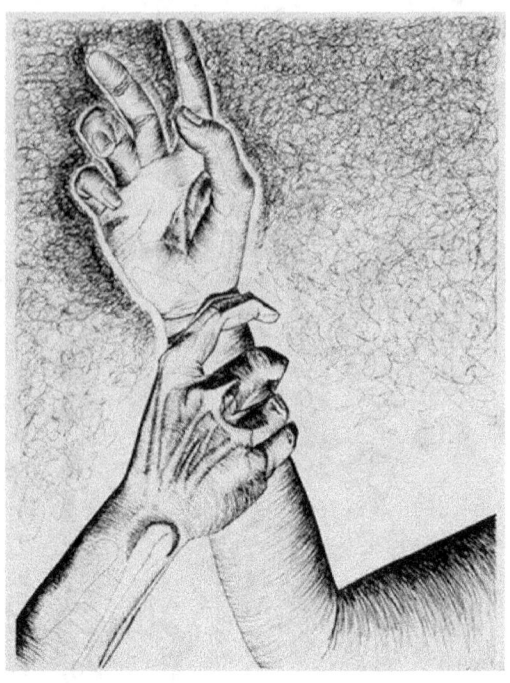

Kunstwerke von Yee Lam Maggie Lo   *Kunstwerke von Rubi Loya Mora*

Frage: Ich habe meine Skizze der Birnen mit einem 4H-Bleistift gemacht und konnte sie nicht ausradieren. Ich dachte, H-Bleistifte sollten leicht sein??

Antwort: Härterer Graphit, der mit "H" gekennzeichnet ist, soll eine helle Linie hinterlassen. Wenn ein Künstler eine Skizze oder einen Umriss für eine Zeichnung anlegt, wählt er oft "H"-Bleistifte, weil sie eine helle Markierung hinterlassen, die sich bei Bedarf leichter ausradieren lässt. Härtere Minen können in manchen Fällen auch für weiche/leichte Schattierungen verwendet werden. Wenn man mit einem "H" nach unten drückt, um eine dunkle Markierung zu erhalten, hinterlässt man Dellen in der Oberfläche, und die Markierungen lassen sich nur schwer wieder ausradieren. Wenn Sie das Gefühl haben, dass Sie zu viel Druck ausüben, wechseln Sie zu einem weicheren Bleistift. Ich verwende zum Skizzieren HB-Bleistifte oder 2B-Bleistifte. Wenn Sie weiter üben, werden Sie irgendwann herausfinden, welche Bleistifte Sie bevorzugen.

Frage: Funktioniert ein Sharpie beim Tupfen besser als ein feiner Stift?

Antwort: Ein Sharpie funktioniert beim Tupfen nicht besser oder schlechter als ein feiner Stift; er liefert nur unterschiedliche Ergebnisse. Ein normaler Sharpie hinterlässt eine breitere/dickere Punktmarkierung, während ein feiner Stift (z. B. ein Sharpie mit ultrafeiner Spitze) eine viel kleinere Markierung hinterlässt. Je feiner der Stift, desto mehr Tupfen müssen Sie setzen! Das bedeutet in der Regel, dass das Kunstwerk mehr Zeit in Anspruch nimmt.

Frage: Kann ich Schraffur, Schraffierung und Kreuzschraffur in derselben Zeichnung verwenden, oder müssen sie getrennt verwendet werden?

Antwort: Sie können sie durchaus alle im selben Kunstwerk verwenden. In den meisten Fällen ergänzen sie sich gegenseitig und stehen nicht im Widerspruch zueinander. Schraffuren und Kreuzschraffuren können in Kombination mit Tupfen verwendet werden, um eine Vielzahl von Oberflächeneigenschaften zu suggerieren. Es ist wahrscheinlich effektiver, zuerst die Kreuzschraffur anzuwenden, um die tonale Struktur der Zeichnung aufzubauen, gefolgt von der Tüpfelung, die dem Werk Subtilität und Textur verleihen kann.

Frage: Wie kriegen Sie Ihre Punkte so gleichmäßig hin? Ich bekomme immer Striche und Punkte in unterschiedlichen Größen.

Antwort: Dafür gibt es keinen Trick, nur Zeit und Geduld. Legen Sie Ihr Handgelenk auf den Tisch, so dass Sie eher eine gleichmäßige Markierung erhalten. Machen Sie bei Bedarf auch Pausen. Es ist sehr mühsam, all diese Punkte zu machen. Wenn ich anfange, schlampig zu werden und feststelle, dass meine Punkte nicht mehr wie Punkte aussehen, lege ich das Kunstwerk beiseite und mache später weiter. Stippling ist definitiv keine schnelle Lösung für Schattierungen.

Frage: "Was machen Sie mit Kunstwerken, die nicht ganz gelungen sind?"

Antwort: Behalten Sie es! Jeder Versuch, ein Kunstwerk zu schaffen, ist eine Anstrengung, die die Fähigkeiten eines Künstlers stärkt. Sie können später immer wieder darauf zurückgreifen, um Ihre Fehler zu sehen oder zu messen, wie weit Sie gekommen sind.

Kommentare:

"Ich mag Schraffuren und Kreuzschraffuren definitiv lieber als Tupfen. Beim Tupfen gibt es zu viele Regeln und es ist sehr zeitaufwendig. Mit der Kreuzschraffur kann ich lockerere Bewegungen machen und mich ausdrücken."

"Ich bevorzuge das Tupfen, weil meine Linien manchmal nicht sehr geschwungen sind, wenn ich versuche, runde Objekte zu schattieren. Außerdem finde ich Punkte einfacher, auch wenn sie viel Zeit in Anspruch nehmen können."

"Mir hat die Schraffurtechnik mehr Spaß gemacht, weil sich damit die Formen leichter zeichnen lassen. Die gepunktete Technik werde ich mir für besondere Zeichnungen aufheben."

Kommentar: Ich habe die Technik des Kreuzschraffierens nicht wirklich verstanden, aber ich wusste nicht, dass man mit Tupfen schattieren kann. Es hat Spaß gemacht, es auszuprobieren, und hat mir geholfen, lockerer zu werden. Ich konnte schnell eine große Fläche ausfüllen, ohne präzise zu sein."

Antwort: Übe, was du nicht verstehst. Wenn es Ihnen nicht gefällt, lassen Sie es bleiben! Es gibt viele Techniken zur Auswahl, und es ist für jeden etwas dabei.

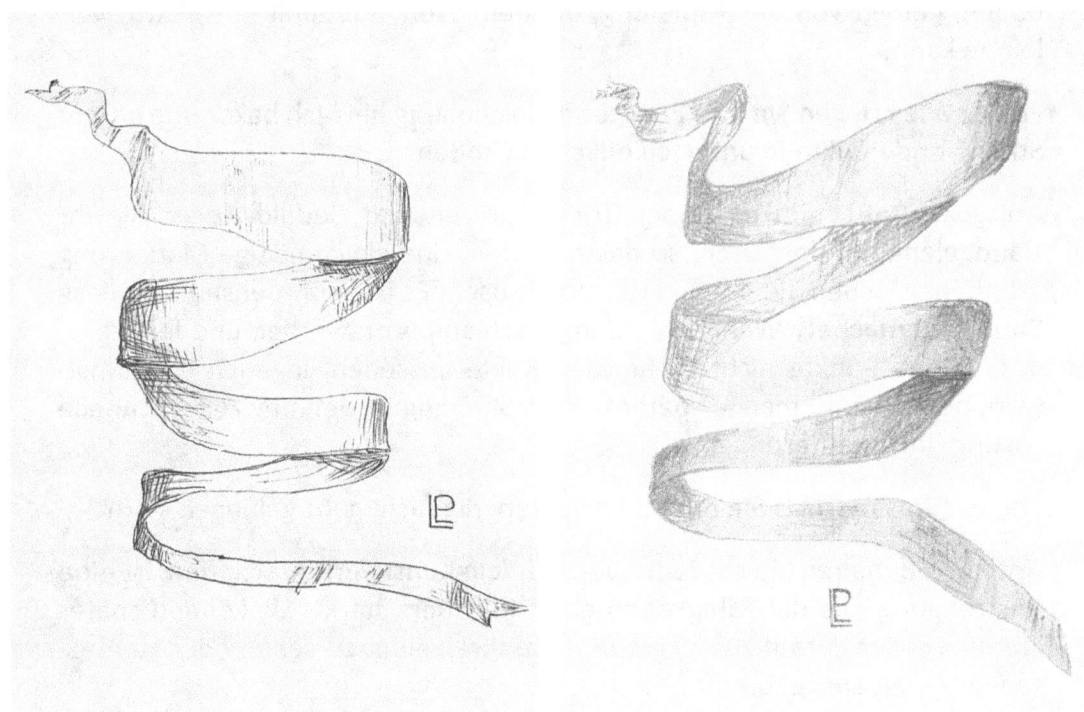

"Frau Holmes' Kreuzschraffur- und Tupfenübungen haben mir gezeigt, wie man Zeichen und Schichten verwendet, um Intensität, Schatten und Richtung anzugeben. Ich liebe es, Kurven zu zeichnen, seit ich mich in der zweiten Klasse in die Kunst verliebt habe. Diese Lektion hat meine Wertschätzung für die Kunst erneuert und mich daran erinnert, dass es viele Möglichkeiten gibt, die ein Künstler wählen kann, wenn er ein Projekt in Angriff nimmt. Hier habe ich mich an Stift und Bleistift versucht, um zu sehen, welche Technik mir am besten gefällt. Ich mag sie beide!"

KAPITEL ZEHN
KONTRAST UND BRENNPUNKT

Wissen:
• Unter Kontrast versteht man die Anordnung von gegensätzlichen Elementen in einem Kunstwerk.
• Elemente, die sich voneinander abheben, können verwendet werden, um in einer Zeichnung einen bestimmten Bereich von Interesse zu schaffen.
• Ein Brennpunkt ist das Element in einer Zeichnung, das im Mittelpunkt der Aufmerksamkeit steht oder das Hauptmotiv ist.

Verstehen:
• Jedes Bild kann durch den Einsatz von Kontrast verbessert werden.
• Ein Künstler kann Kontraste nutzen, um eine Stimmung darzustellen oder ein Kunstwerk visuell ansprechend zu gestalten.
• Es erfordert Übung, Kenntnisse über natürliche Schattierungstechniken und eine scharfe Beobachtung, um festzustellen, wo man Töne intensivieren und Highlights realistisch hinzufügen kann.
• Das Zeichnen aus der Fantasie erfordert Erfahrung und Wissen über das Zeichnen aus der Beobachtung, um glaubhaft zu sein.

Aktion:
• Erforschen Sie stilistische Effekte, indem Sie verschiedene Bereiche eines Bildes kontrastieren, um sie hervorzuheben.
• Erforschen Sie die Vielfalt der Bereiche in einer Zeichnung, die einen Schwerpunkt haben können.
• Üben Sie die Anwendung von Kontrast- und Fokuspunkttechniken, indem Sie tiefe Schatten neben helle Lichter oder extreme Details in einem bestimmten Bereich einer Zeichnung setzen.

In dieser Lektion geht es um die Schaffung von Kontrasten innerhalb eines Werks, die Festlegung eines Schwerpunkts mithilfe von Kontrasten und die Analyse von kontrastreichen und kontrastarmen Bildern.

Kontrast

Kontrast wird einfach als ein Unterschied zwischen zwei oder mehreren Dingen definiert. In der Kunst betont der Kontrast den Unterschied zwischen zwei verwandten Elementen wie Farbe, Form, Wert, Art, Textur, Ausrichtung, Richtung oder Bewegung und hilft diesen Elementen, sich voneinander abzuheben. In dieser Lektion geht es um die Unterschiede zwischen Hell und Dunkel. Eine der wirkungsvollsten Möglichkeiten, Kontraste darzustellen, besteht darin, einen Unterschied in den Farbtönen eines Kunstwerks zu erzeugen. Dunklere Werte können Schatten, einen tieferen Ton oder einen dunkleren Wert anzeigen. Wenn diese dunklen Töne neben hellen Bereichen oder helleren Tönen platziert werden, wird ein Kontrast erzeugt.

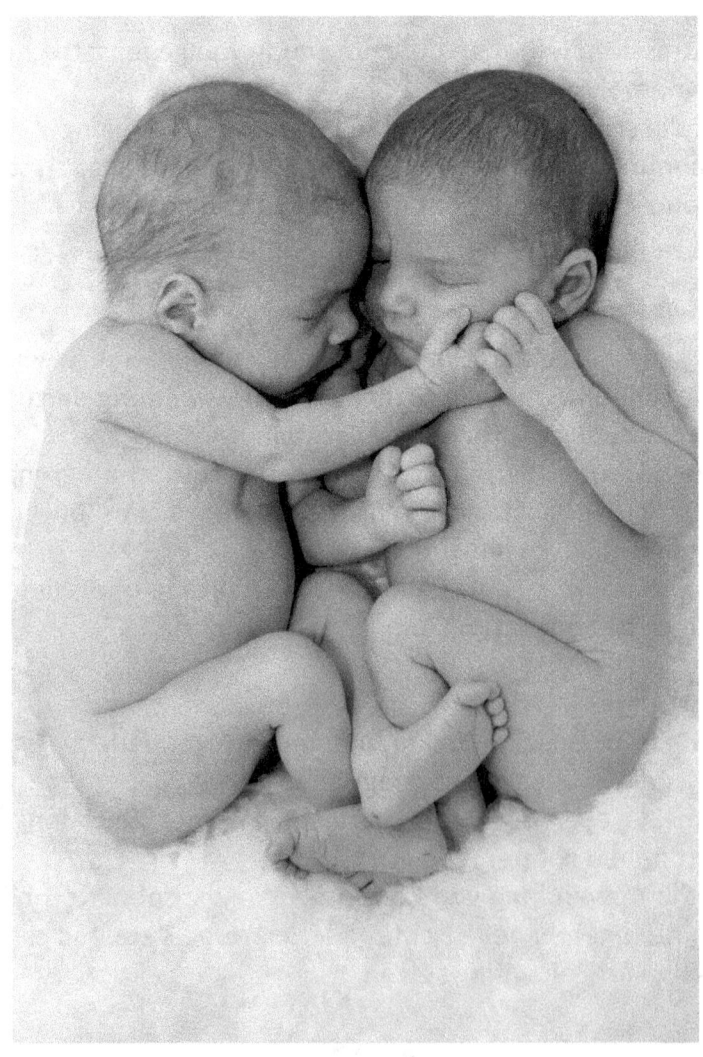

Fast alles kann durch den Einsatz von Kontrasten verbessert werden. Hier ist eines meiner Lieblingsfotos von meinen Zwillingstöchtern, nachdem sie gerade geboren waren. Die Farbversion zeigt einen strahlend weißen Hintergrund mit weichen, pfirsichfarbenen Hauttönen, so dass eine Farbe sanft in die andere übergeht. Als ich dieses Foto von Farbe auf Schwarzweiß übertrug, fehlte dem Bild jedoch jeglicher Kontrast und es war nicht so interessant. Der Hautton hebt sich nicht von der Helligkeit des Hintergrunds ab, da beide Töne in helle Grautöne übergehen. Um eine Bleistiftzeichnung dieses Bildes zu erstellen, die lebendiger ist, muss ich mir einige Freiheiten herausnehmen und den Kontrast in irgendeiner Form hinzufügen. Dies kann auf verschiedene Weise geschehen.

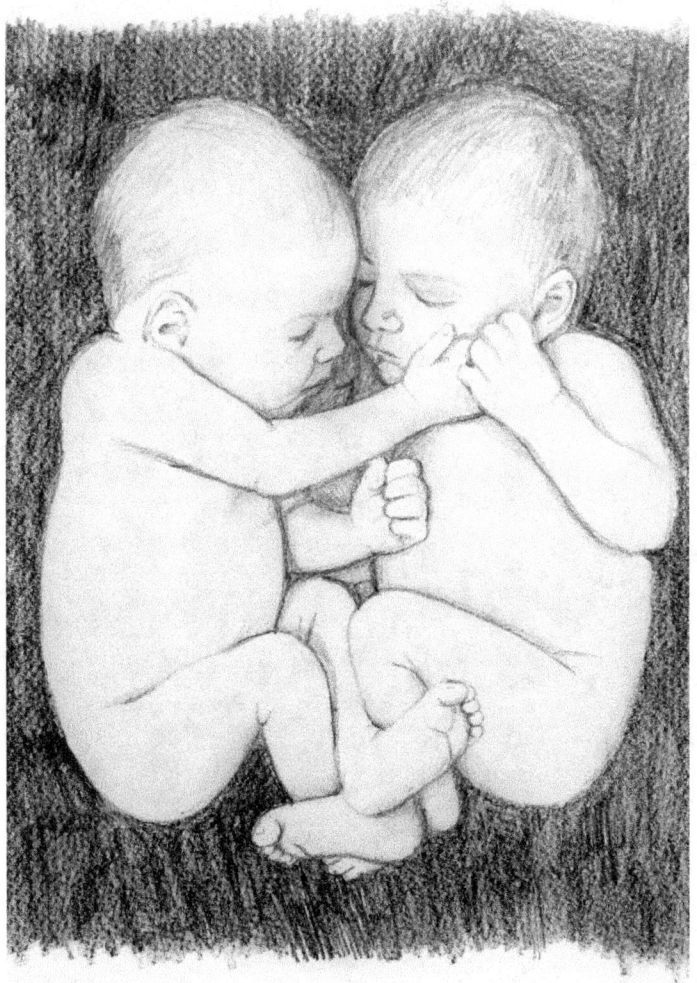

In diesem ersten Beispiel habe ich eine Zeichnung der Mädchen erstellt, die dem Foto ähnlich ist. Der Hauptunterschied zwischen dem Foto und dem Kunstwerk besteht darin, dass mehr Kontrast hinzugefügt wurde. Der Hintergrund wurde vollständig ausgefüllt, damit die Babys besser zur Geltung kommen. Wenn man eines der Elemente in einem Kunstwerk von hell auf dunkel umstellt, kann man interessante Ergebnisse erzielen. In diesem Fall hebt der dunkle Hintergrund die Babys hervor, da die Helligkeit der Haut im Gegensatz zur Dunkelheit der Oberfläche, auf der sie liegen, brillant erscheint. Die Babys sind der offensichtliche Brennpunkt. Dies ist eine Technik, mit der man in jedem Werk Kontraste erzeugen kann: man verdunkelt einen Bereich und lässt einen anderen hell. Manchmal sieht dann der hellere Teil des Bildes verwaschen aus. Um dieses Problem zu lösen, bringen Sie einige der tieferen Töne in den hellen Bereich, verdunkeln die Schatten und verstärken den Kontrast weiter, ohne zu viel Realismus zu opfern.

Nutzen Sie alle Ressourcen und Bilder, die Ihnen zur Verfügung stehen, um damit zu üben. Bei der Bildersuche können Sie einige großartige Referenzfotos finden, während Familie und Freunde nach Ihren Wünschen in Pose gesetzt werden können (und lizenzfrei sind)!

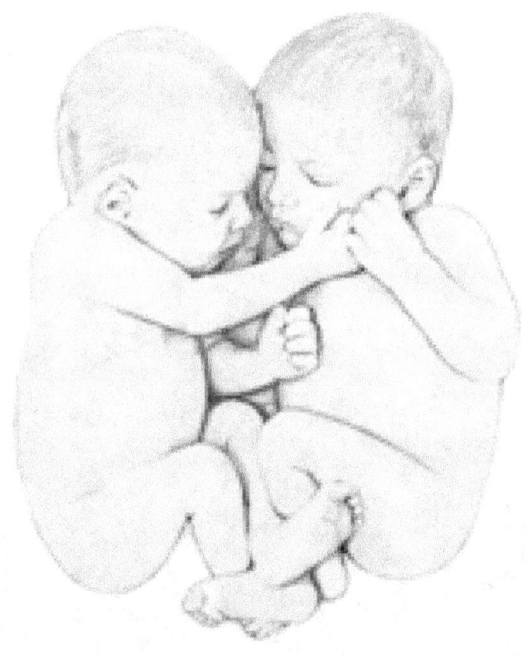

Der umgekehrte Ansatz ist, die Details des Hauptmotivs dunkler zu machen und den Hintergrund hell zu lassen. Ein anderes Foto meiner Mädchen oben zeigt tiefe Schatten und starke Lichter. Da der Hintergrund so hell ist, scheinen die Babys im Raum zu schweben, da es keinen Hinweis auf eine Oberfläche gibt, auf der sie liegen. Dies kann ein stilistischer Effekt sein, den ein Künstler erforschen möchte. Für einen realistischeren Ansatz kann ein subtiler Schatten unter den Babys hinzugefügt werden, um eine Oberfläche anzudeuten. Wann immer ein Teil eines Kunstwerks nachgebildet und gegenüber der Realität verändert wird, läuft der Künstler Gefahr, das Kunstwerk unrealistisch erscheinen zu lassen. Es erfordert Übung, Kenntnisse über natürliche Schattierungstechniken und eine scharfe Beobachtung, um festzustellen, wo man Töne intensivieren und Highlights realistisch hinzufügen kann. Welche Variante bevorzugen Sie? Jeder hat einen anderen Geschmack und eine andere Meinung darüber, was in der Kunst ansprechend ist und was nicht. Es gibt viele Möglichkeiten, sich einer Zeichnung zu nähern, und die obigen Bilder sind nur zwei davon. Das Schöne an der Kunst ist, dass man persönliche Vorlieben hat und selbst entscheiden kann, welche Bereiche man hervorheben und welches Medium man verwenden möchte.

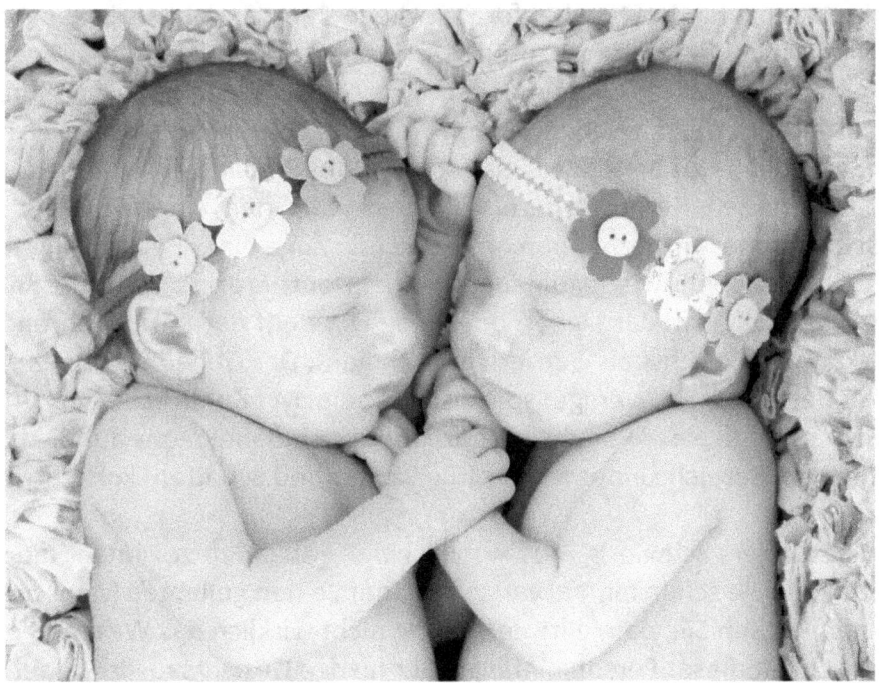

Hier ist ein weiteres Foto meiner Mädchen, aufgenommen von meiner Künstlerin und Freundin Rhiannon Peduzzi Prunes. In Farbe ist dieses Bild sehr lebendig und warm, aber in Schwarz-Weiß fehlt ihm etwas Energie: Die warmen, rosigen Hauttöne, die früher neben den bunten Stirnbändern leuchteten, sind in Grautönen nicht so überzeugend. Um das Kunstwerk visuell ansprechend und interessanter zu gestalten, wenn es auf Papier gezeichnet wird, kann der Kontrast erhöht werden.

Ein Hilfsmittel, mit dem sich große Flächen schnell mit Dunkelheit bedecken lassen, ist Holzkohle. Holzkohle ist ein verbranntes organisches Material, das es in vielen Formen gibt, in der Regel aus Holz (auch aus Weinreben), das auf Papier ein einzigartiges Aussehen und eine einzigartige Textur hat. Es gibt verschiedene Arten und Verwendungszwecke von Holzkohle als Kunstmedium, aber die gebräuchlichsten sind: gepresst, Rebe und Bleistift. Ich habe mich für Rebenholzkohle entschieden, die sich mit wenig Druck auf das Papier auftragen lässt und bei leichten Spuren leicht zu löschen ist. Rebenholzkohle ist heller als gepresste Kohle und lässt sich leicht verwischen. Das Zeichnen mit Holzkohle ist anders als das Zeichnen mit einem Bleistift und führt zu anderen Ergebnissen. Die Arbeit mit Rebenholzkohle und gepressten Stiften, die nicht in holzähnliche Stifte eingeschlossen sind, kann etwas gewöhnungsbedürftig sein. In der Regel sind die mit Holzkohle gezeichneten Zeichen dunkler als die mit Bleistift gezeichneten.

Da die Rebenkohle in Stäbchenform vorliegt, kann es schwierig sein, einer Zeichnung feine Details hinzuzufügen, so dass der Benutzer gezwungen ist, Elemente des Werks zu vereinfachen. Dieses Werkzeug kann für Künstler von Vorteil sein, die mit dem Zeichnen von Porträts beginnen oder sich darin üben, ein Bildnis zu erstellen. Das Erfassen des Abbilds einer Person kann eine der größten Herausforderungen beim Zeichnen eines Porträts sein. Selbst erfahrene Künstler haben oft Mühe, die Züge einer Person, die sie abzubilden versuchen, wiederzugeben. Sie konzentrieren sich auf bestimmte Details wie die Form der Lippen oder eine Falte auf der Stirn, während der Charakter des Gesichts als Ganzes verloren geht. Das Geheimnis eines guten Abbilds besteht darin, weniger spezifisch zu sein. Mit Kohle kann ein Künstler die Gesichtszüge einer Person andeuten und sich dabei mehr auf die hellen und dunklen Bereiche eines Motivs (die Lichter und Schatten) konzentrieren.

Es ist besonders schwierig, das Abbild einer Person zu zeichnen, die man kennt. Wenn Sie schon einmal versucht haben, einen geliebten Menschen zu zeichnen, wissen Sie, dass eine Zeichnung nicht wirklich das Wesen oder die Persönlichkeit dieser Person einfängt. Der lustige Gesichtsausdruck oder die ernste Haltung einer Person lassen sich nur schwer wiedergeben, wenn man den Stift zu Papier bringt. Ein Künstler kann versucht sein, das zu zeichnen, was er zu sehen glaubt, und nicht das, was wirklich da ist. Ich finde es sehr schwierig, Menschen zu zeichnen, die ich liebe, weil eine Zeichnung nicht all das einfangen kann, was sie mir bedeuten. Ein ausgezeichneter Weg, dieses Dilemma zu vermeiden, besteht darin, sich zunächst auf die Werte und nicht auf die Linien zu konzentrieren. Dunkelheit und Licht können so viel mehr offenbaren als einfache Umrisse. In diesem Fall löst das Interpretieren des Werks ohne extreme Details viele dieser Probleme.

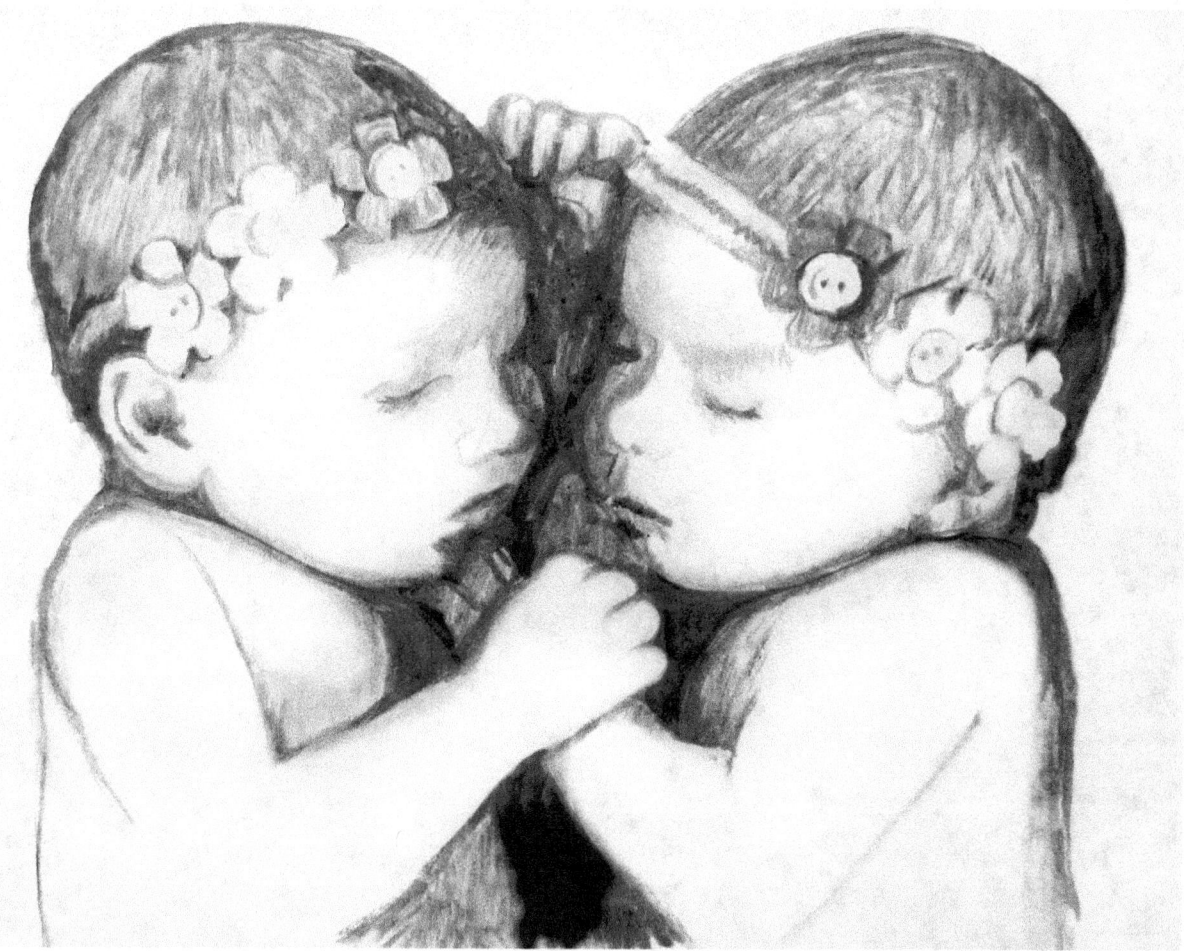

Oben sehen Sie eine schnelle Skizze, bei der ich mich eher auf die Werte als auf die Linien konzentriere. Bei diesem Kunstwerk habe ich zunächst die dunkelsten Bereiche schnell ausgefüllt, gefolgt von den wichtigsten Details der einzelnen Gesichter, und den Hintergrund weiß gelassen, um zu sehen, ob mir die Entwicklung des Kunstwerks gefällt. Ich blinzelte mit den Augen, um die Komplexität des Themas visuell zu vereinfachen. Das Schielen ermöglichte es mir, kleinere Details auszublenden und mich auf die einfachen Werte und Formen zu konzentrieren, wodurch ich mein Motiv genauer zeichnen konnte. Das Ergebnis ist eine anständige Darstellung des Bildes, das ich zu rekonstruieren versuchte. Ich fügte mehr Kontrast als im Originalbild hinzu, um bestimmte Bereiche hervorzuheben, indem ich einige Schatten abdunkelte und einige Lichtbereiche aufhellte. Die Gesichtszüge und die geblümten Stirnbänder kommen gut zur Geltung, aber das Kunstwerk als Ganzes ist nicht so lebendig wie es sein könnte. Wenn der Hintergrund in einen dunklen Ton geändert wird, erscheinen die Fleischtöne der Haut daneben heller und heben sich stärker ab, wodurch ein noch stärkerer Kontrast und ein größerer Blickpunkt entstehen.

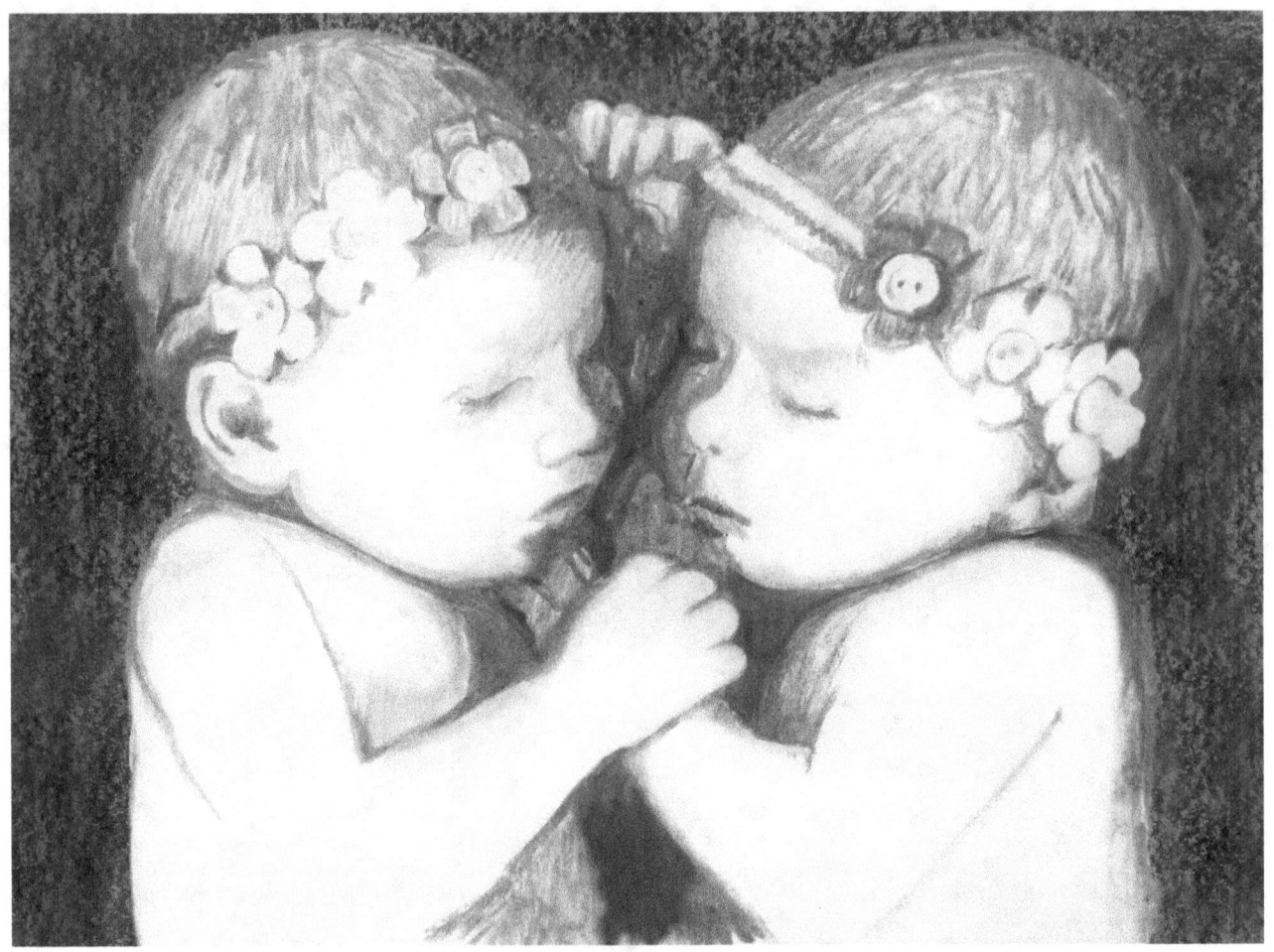

Das Ausfüllen des Hintergrunds mit der Holzkohle durch eine schnelle Hin- und Herbewegung erzeugt einen interessanten Gegensatz von Farbtönen, der viel erfolgreicher sein kann, als den Hintergrund weiß zu lassen. Es hat weniger als eine Minute gedauert, den Hintergrund auszublenden, und diese einfache Änderung macht einen großen Unterschied in der Gesamtkomposition.

Beim Schattieren mit Holzkohle entsteht eine Menge Staub. Kohle ist ein staubiges Medium, das leicht verwischt oder verschmiert werden kann. Daher sollte man bei der Erstellung, dem Transport und der Aufbewahrung einer laufenden Arbeit sehr vorsichtig sein. Achten Sie bei der Arbeit darauf, dass Ihre Hand nicht auf schattigen Bereichen ruht, da diese Ihre Arbeit verschmieren (und auch auf Ihre Hand gelangen). Versuchen Sie, keinen losen Staub in die Luft zu blasen, sondern schütteln Sie ihn lieber auf den Boden oder in den Mülleimer, damit weniger Kohlepartikel in der Luft schweben und eingeatmet werden. Die Menschen um Sie herum werden es zu schätzen wissen!

Wenn ein Kunstwerk fertiggestellt ist, ist es üblich, die Kohle zu "fixieren". Beim Zeichnen ist ein Fixiermittel eine Flüssigkeit, ähnlich wie ein Lack, die über ein fertiges Kunstwerk gesprüht wird, um es zu konservieren und ein Verschmieren zu verhindern. Es gibt bearbeitbare Fixiermittel, die es dem Künstler ermöglichen, Schichten einer laufenden Arbeit zu fixieren, so dass er weitere Schichten hinzufügen kann, ohne die darunter liegenden Schichten zu stören. Es gibt auch ein endgültiges Fixiermittel, das verwendet wird, wenn die Zeichnung fertig ist und keine weiteren Änderungen oder Ergänzungen vorgenommen werden sollen. Fixiermittel ist meist in Sprühdosen erhältlich und wird aufgetragen, indem man die Dose beim Besprühen der Oberfläche mindestens einen Fuß von der Arbeit entfernt hält. Die meisten Fixiermittel gelten als Chemikalien und sollten nur in einem gut belüfteten Bereich, vorzugsweise im Freien, verwendet werden. In Notfällen kann Haarspray anstelle von Fixiermitteln verwendet werden, aber es kann die Oberfläche verdunkeln und wird daher nicht empfohlen.

Brennpunkt

Der Fokuspunkt einer Zeichnung bestimmt, wohin das Auge des Betrachters wandert. Jeder Bereich, der sich von den anderen abhebt, wird die Aufmerksamkeit des Betrachters zuerst auf sich ziehen. Dies wird als Brennpunkt bezeichnet. Ein Brennpunkt wirkt wie ein visueller Magnet, der das Auge des Betrachters auf einen bestimmten Bereich eines Kunstwerks oder Designs lenkt. Er kann das Zentrum eines Gemäldes oder einer Zeichnung sein oder auch nicht, aber er ist immer einer der wichtigsten Teile eines Werks, ein Teil, der am meisten hervorsticht. Wenn ein Künstler einen Brennpunkt setzt, hebt er einen bestimmten Teil einer Zeichnung hervor, der dem Betrachter auffallen soll. Der gewählte Bereich kann variieren und hängt davon ab, was der Künstler hervorheben möchte.

Es gibt viele Möglichkeiten, einen Schwerpunkt in einem Kunstwerk zu setzen. Der beliebteste Weg ist die Verwendung von Kontrasten. Kontraste können durch Variationen von Farbe, Wert, Textur, Form oder Gestalt erzeugt werden. Durch die Betonung eines oder mehrerer dieser Elemente kann ein Künstler den Kontrast erhöhen und den Fokuspunkt verstärken. Eine weitere Möglichkeit, einen Fokuspunkt in einem Kunstwerk zu schaffen, besteht darin, ein Objekt oder Element vom Rest des Bildes zu trennen. Dies wird als Isolation bezeichnet. Die Platzierung von Objekten innerhalb eines Werks bestimmt ebenfalls den Fokuspunkt. Objekte, die in der Mitte oder in der Nähe der Mitte eines Werks platziert sind, werden ganz natürlich zu einem Brennpunkt. Meistens wird ein Brennpunkt, der nicht genau in der Mitte liegt, bevorzugt. Angedeutete Linien, wie z. B. die Richtung oder Platzierung sekundärer Objekte, können das Auge des Betrachters auf ein Objekt oder Element lenken. Diese Technik wird als Konvergenz bezeichnet. Eine weitere Möglichkeit, einen Schwerpunkt in einem Kunstwerk zu setzen, besteht darin, ein unerwartetes Objekt oder Element einzuführen. Diese einzigartige Ergänzung hebt sich ab und erfordert Aufmerksamkeit, wodurch ein Brennpunkt geschaffen wird. Jeder Teil eines Bildes, der diese Merkmale aufweist, wird den Betrachter dazu bringen, seinen Blick darauf zu richten.

Wir üben jetzt, mit kontrastierenden Tönen einen Schwerpunkt zu setzen.

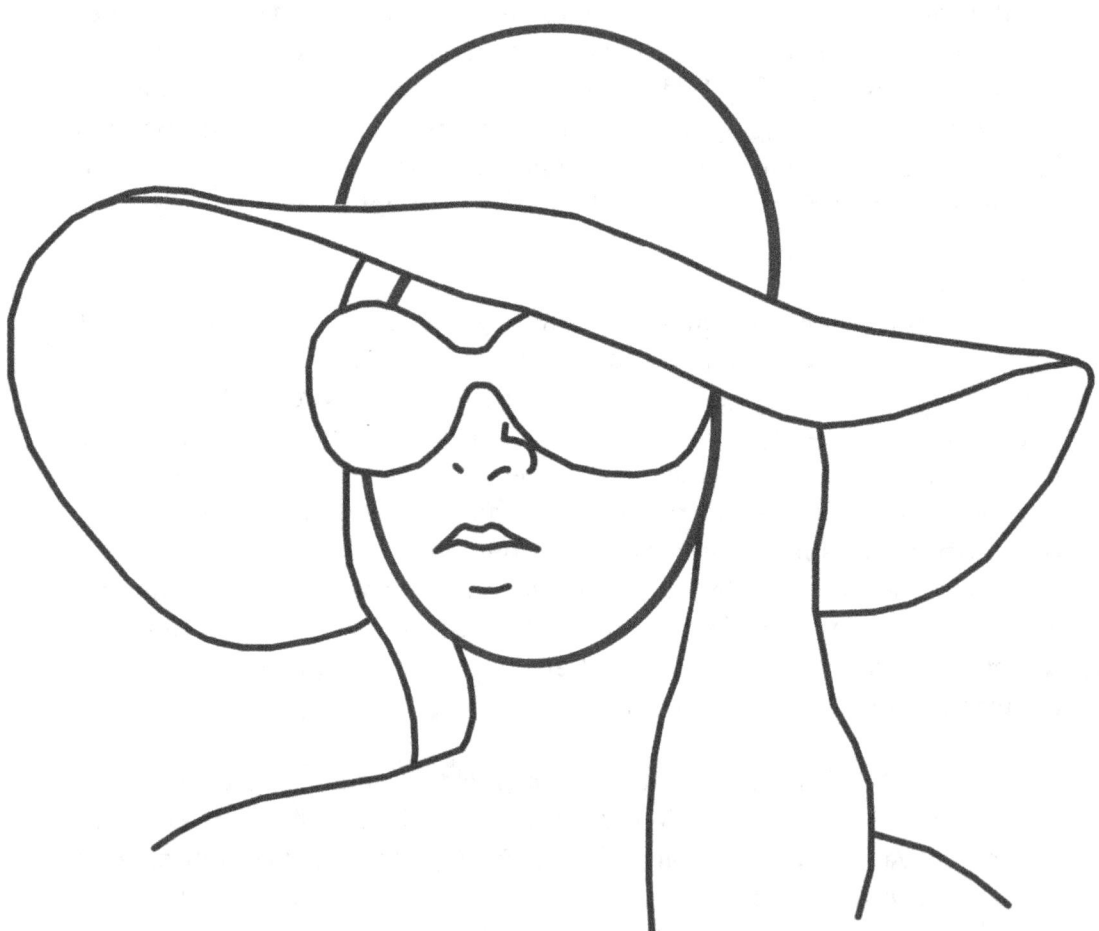

Hier ist der Umriss einer Dame mit einem großen Schlapphut und einer Sonnenbrille. Diese Zeichnung ist nicht sehr detailliert und hat noch keine Schattierung: Sie ist im Grunde eine leere Leinwand, die der Künstler nach Belieben schattieren kann. Um einen Schwerpunkt zu setzen, müssen wir zunächst entscheiden, welchen Bereich des Kunstwerks wir hervorheben wollen. Dazu muss ein Teil des Bildes hervorgehoben werden, indem Details oder Kontraste in einem oder zwei Bereichen hinzugefügt werden. Dies kann auf verschiedene Weise geschehen, je nachdem, worauf der Betrachter sein Augenmerk richten soll. Wenn ich die Aufmerksamkeit auf ihre Lippen lenken möchte, könnte ich sie mit extremen Details schattieren, indem ich Konturlinien für Hautfalten, Lichter und intensive Schatten hinzufüge. Ich könnte mich stattdessen darauf konzentrieren, ein kompliziertes gewebtes Muster auf dem Hut zu schaffen oder eine detaillierte Blume auf die Krempe zu malen, und den Rest des Kunstwerks in einem helleren Ton oder nicht so detailliert lassen. In diesem Beispiel möchte ich die Aufmerksamkeit auf die Sonnenbrille lenken, indem ich diesem Bereich tiefere Schattierungen und Reflexionen hinzufüge. Das bedeutet aber nicht, dass ich den Rest des Bildes unangetastet lassen werde. Das gesamte Kunstwerk sollte ein gewisses Maß an Schattierung aufweisen; es wird nur in einem bestimmten Bereich mehr sein. Zeichnen Sie einen einfachen Umriss, wie oben gezeigt, indem Sie die angegebenen Schritte befolgen; zeichnen Sie nach oder erstellen Sie Ihre eigenen Linienzeichnungen, die Sie für diese Lektion verwenden. Strichzeichnungen sind Bilder, die aus klaren geraden oder gekrümmten Linien vor einem (meist einfarbigen) Hintergrund bestehen, ohne Abstufungen in Schattierung (Dunkelheit) oder Farbton (Farbe), um zwei- oder dreidimensionale Objekte darzustellen. Beachten Sie, dass die Umrisse in diesem Beispiel etwas dunkel sind. Dies dient nur dazu, dass Sie, der Betrachter, die Linien gut erkennen können. Normalerweise ist es eine gute Übung, leicht zu zeichnen. Mit leichtem Druck zu zeichnen und den Druck der Bleistiftlinie zu kontrollieren, ist ein wichtiger Teil des Zeichnens. Wenn ich zeichne, drücke ich oft so leicht, dass meine Bleistiftspitze das Papier kaum berührt und eine kaum sichtbare Linie hinterlässt. Ich verwende die leichten Markierungen als Anhaltspunkt für die weiteren Markierungen. Wenn ich feststelle, dass eine Linie geändert oder verschoben werden muss, kann ich sie leicht ändern. Wenn die Zeichnung vollständiger ist, erhöhe ich während der Schattierung allmählich den Druck meiner Markierungen. Auch wenn der Beispielumriss der Dame dunkel erscheint, sollten Sie Ihre Zeichnung sehr hell gestalten.

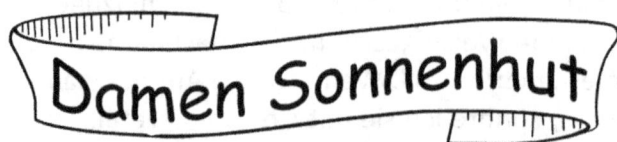

Damen Sonnenhut

1. Mit einem ovalen Kopf beginnen, verbunden mit einem schlanken Hals und leicht abfallenden Schultern. Wie gezeigt, einen halben Kreis über dem Kopf hinzufügen.

2. Den Hut durch Hinzufügen einer gebogenen silbernen Form unterhalb des in Schritt 1 gezeichneten Halbkreises zeichnen. Die gestrichelten Bereiche radieren.

3. Fügen Sie zwei kreisförmige Formen hinzu, die wie gezeigt in der Mitte verbunden sind. Hier entsteht die Sonnenbrille. Ein Teil der Sonnenbrille wird durch den Schlapphut verdeckt.

4. Zur Darstellung der Nase und der Lippen einige dünne Linien hinzufügen. Dabie hat die Unterlippe hat keine Verbindung zur Oberlippe.

5. Die Haare zeichnen. Dabei ist darauf zu achten, dass die linke Seite der Haare hinter der Schulter und die rechte Seite der Haare vor der Schulter liegt.

6. Haare zeichnen. Dabei ist darauf zu achten, dass die linke Seite der Haare hinter den Schultern und die rechte Seite der Haare vor den Schultern liegt.

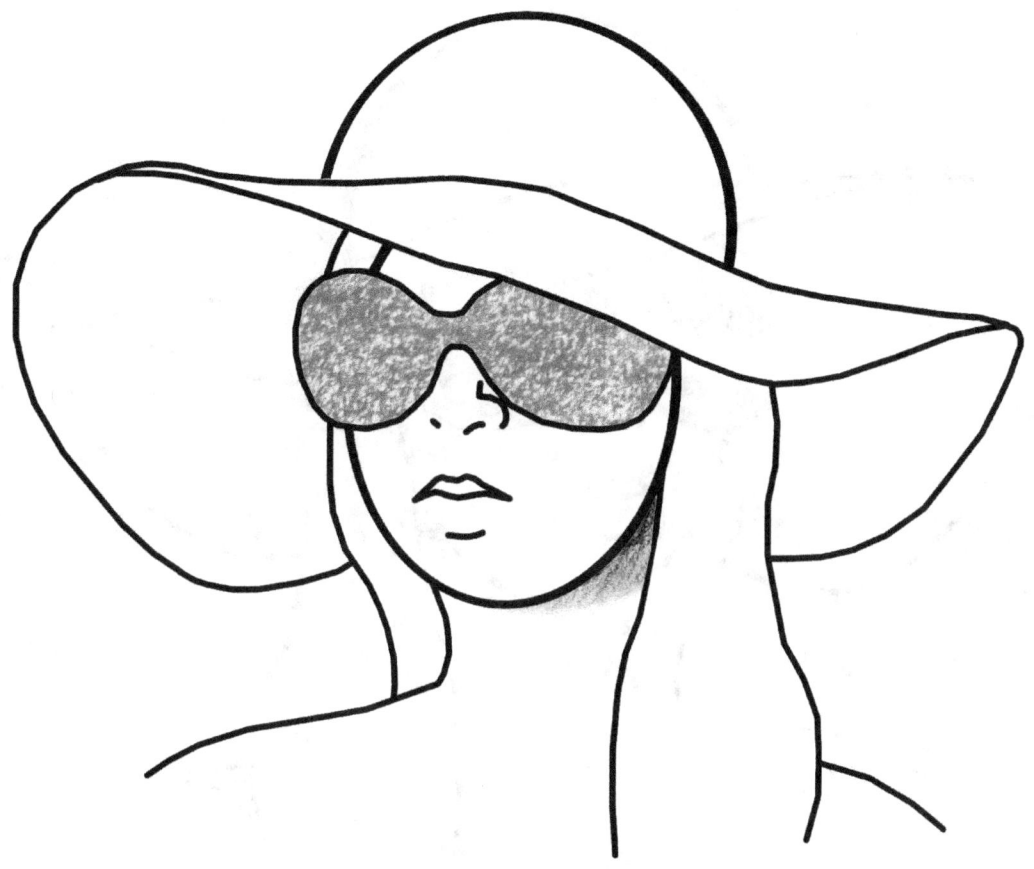

Sobald Sie einen hellen Umriss eines Bildes haben, mit dem Sie arbeiten können, und Sie entschieden haben, welcher Bereich den Schwerpunkt bilden soll, kann die Schattierung beginnen. Das obige Bild hat eine einzelne, helle Schattierungsschicht in den Bereichen, die am dunkelsten sein werden. Im Moment hebt sich ein Bereich nicht stärker ab als ein anderer. Eine gleichmäßige Schattierung des gesamten Bildes, bevor man sich auf einen Bereich konzentriert, trägt dazu bei, dass ein Kunstwerk vollständig aussieht, unabhängig von der Menge an Arbeit, die daran geleistet werden muss. Eine weiche, gemischte Tonschicht schafft auch einen gewissen Kontrast zur Helligkeit des Hintergrunds, wodurch die Tiefe der Figur in der Anfangsphase leichter zu erkennen ist.

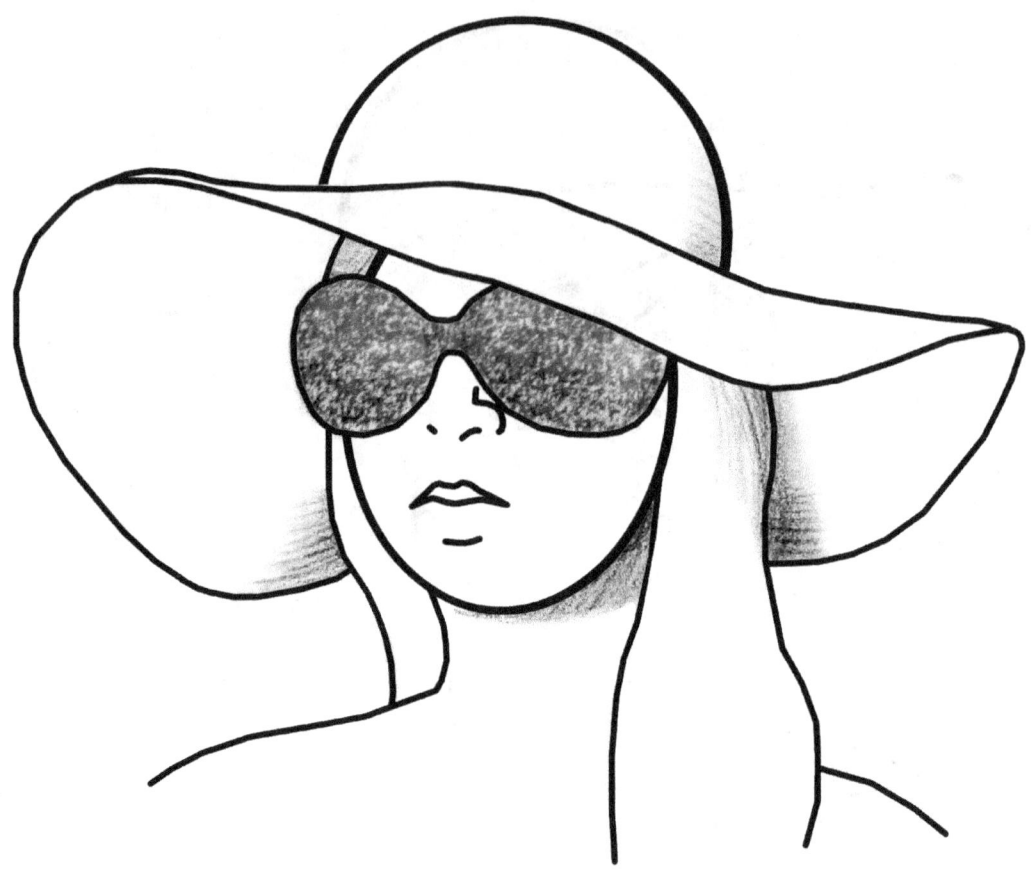

Die nächste Schattierungsschicht bringt ein bisschen mehr Details. Beachten Sie, dass es an der Stelle, wo das Haar auf den Hut trifft, und unter dem Kinn einen leichten Schatten gibt. Unter der Hutkrempe in der Nähe der Haare und auf der rechten Seite des oberen Teils des Hutes hat ein subtiles Muster aus hellen und dunklen Linien begonnen. Diese primäre Schattierung ist im Wesentlichen gleichmäßig und weist keine extremen Kontraste auf. Wenn ich mit dem Schattieren aufhören und die Zeichnung so belassen würde, wie sie jetzt ist, würden einige Bereiche hervorstechen. Der Schatten unter dem Kinn zeigt Tiefe, da er über den Hals hinauszuwachsen scheint, und die subtile Musterung auf dem Hut schafft Interesse und zieht das Auge des Betrachters an; ich möchte jedoch noch mehr Details hinzufügen und diese Zeichnung auf die nächste Ebene bringen, indem ich noch mehr Kontrast und Tiefe hinzufüge.

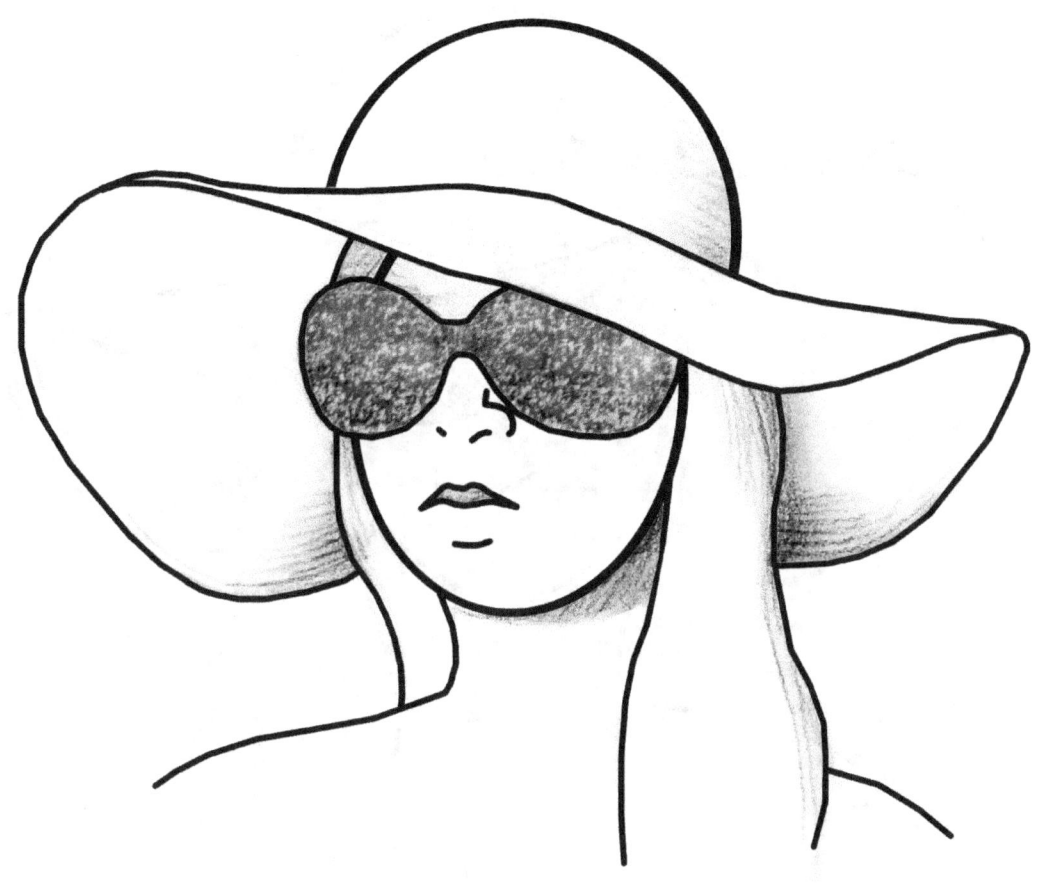

Die Oberlippe und der größere Teil des Hutes wurden im obigen Beispiel leicht getönt. In den meisten Beleuchtungssituationen erscheint die Oberlippe etwas dunkler als die Unterlippe; daher füge ich der Unterlippe nicht zu viele Details oder Farbtöne hinzu. Um den Kontrast zu erhöhen, habe ich die Sonnenbrille abgedunkelt, damit sie sich von der Helligkeit der übrigen Zeichnung abhebt. Ich habe die Gläser mit einer schnellen Hin- und Herbewegung blockiert, um die anfängliche Helligkeit des Tons beizubehalten. Wie Sie in der obigen Zeichnung sehen können, beginnt die Brille bereits, zum Mittelpunkt der Zeichnung zu werden.

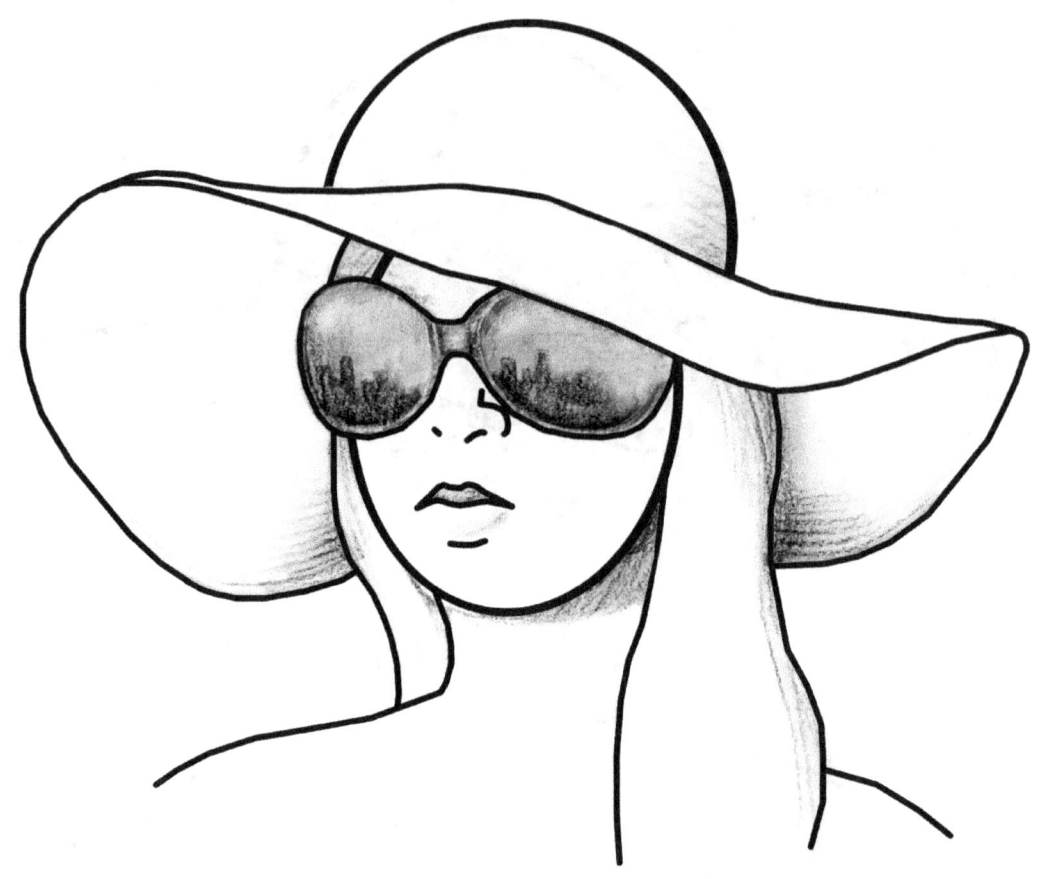

Die Unterlippe wurde mit einer leichten Schattenkurve versehen, während die Sonnenbrille mit mehr Details versehen wurde. Auf den Gläsern der Sonnenbrille sind einige sehr einfache geometrische Formen ausgeblendet, die eine Stadtlandschaft widerspiegeln und den Eindruck vermitteln, was die Frau, die die Sonnenbrille trägt, sieht. Diese Formen wurden durch Aufhellen der sie umgebenden Bereiche mit dem Knetradierer erzeugt. Diese Quadrate und Rechtecke variieren in ihrer Größe und wurden an den Ecken abgerundet, um der leichten Krümmung des Glases zu folgen. Es ist wichtig, dass es einige kleine und einige große Formen gibt, da sie nicht so interessant wirken würden, wenn sie alle gleich groß wären. Sie sind nicht perfekt oder sehr detailliert gezeichnet, da sie lediglich Indikatoren für eine Reflexion sind. Da der Hut über die Sonnenbrille hinausragt, ist die Schattierung im oberen Teil der Brille und im Stirnbereich vertieft, so dass sie im Schatten zu liegen scheinen. Außerdem fällt ein leichter Schatten auf das Gesicht, der von der Sonnenbrille geworfen wird. Eine stärkere Schattierung unter dem Hut hilft, auch diese Bereiche zu definieren.

Es kann schwierig sein, einen bestimmten Bereich zu verdunkeln und gleichzeitig die Tiefe zu erhalten. Es müssen mehr Schattierungen hinzugefügt werden, um den Eindruck zu verstärken, dass es sich um ein dreidimensionales Bild handelt. Einfache Kurven auf der Innenseite des Sonnenbrillenrandes sowie Schatten in der Nähe des Nasenrückens können verdunkelt werden. Einige dieser Markierungen sind subtil, andere sind viel dunkler, je nach Lichtquelle.

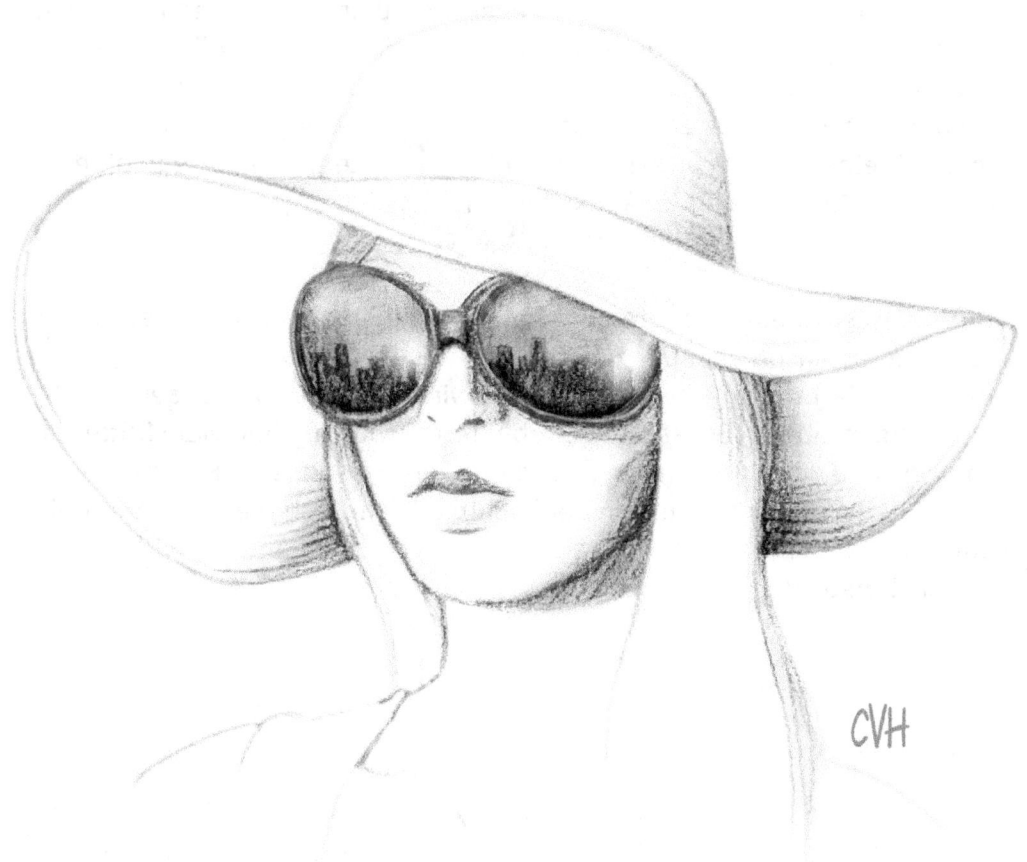

In der endgültigen Fassung habe ich dem Gesicht mehr Ton hinzugefügt, um die Wangenknochen zu definieren, einen Schatten, der von der Sonnenbrille auf das Gesicht geworfen wird, und mehr Musterung auf dem Hut und Kleidungsdetails. Um die Reflexion zu definieren und ein Highlight zu setzen, habe ich den Knetradierer benutzt und etwas von dem Pigment im Glas aufgehellt. Was immer ich mit der einen Linse gemacht habe, habe ich auch mit der anderen gemacht, um konsistent zu sein. Wenn man nach dem Leben arbeitet, können die Reflexionen in verschiedenen Bereichen erscheinen.

Indem man die dunkleren Bereiche der Sonnenbrille vertieft, während man alles andere um sie herum heller hält, kann man schnell und einfach einen Kontrast in dieser Zeichnung erzeugen. Die gleiche Technik kann bei jeder Zeichnung angewendet werden, um einen Schwerpunkt zu setzen. Wenn ein Künstler die Aufmerksamkeit des Betrachters auf einen bestimmten Bereich lenken möchte, ist es eine beliebte Technik, mit Hilfe von Kontrasten einen Brennpunkt zu setzen.

Das Auge des Betrachters wird von Natur aus von Bereichen angezogen, in denen Hell und Dunkel in krassem Gegensatz zueinander stehen. Das Schaffen eines Schwerpunkts durch Kontrast kann ein wirkungsvolles Mittel sein, um Interesse und Bewegung in ein Kunstwerk zu bringen. Bereiche, die den Brennpunkt unterstützen, werden visuell zweitrangig. Ein Künstler kann mehr als einen Schwerpunkt in einem Design setzen, und diese Punkte können entweder miteinander konkurrieren oder sich ergänzen; es hängt alles davon ab, was der Künstler zu vermitteln versucht.

Der Kontrast ist eine weitere Komponente, die einem Werk Dimension verleiht und es ansprechender macht. Ein Kunstwerk muss nicht die gesamte Palette an Farbtönen aufweisen, um ein wirkungsvolles Bild zu sein. Die Verwendung von tiefen Schatten und lebhaften Lichtern, ohne viele Mitteltöne, kann ein Bild davor bewahren, flach zu wirken. Beispiele für Kontraste lassen sich in der Welt um uns herum beobachten. Wenn sich die Lichtverhältnisse ändern oder die Sonne ihren Standort am Himmel verändert, wirkt sich das auf die Darstellung einer Szene aus.

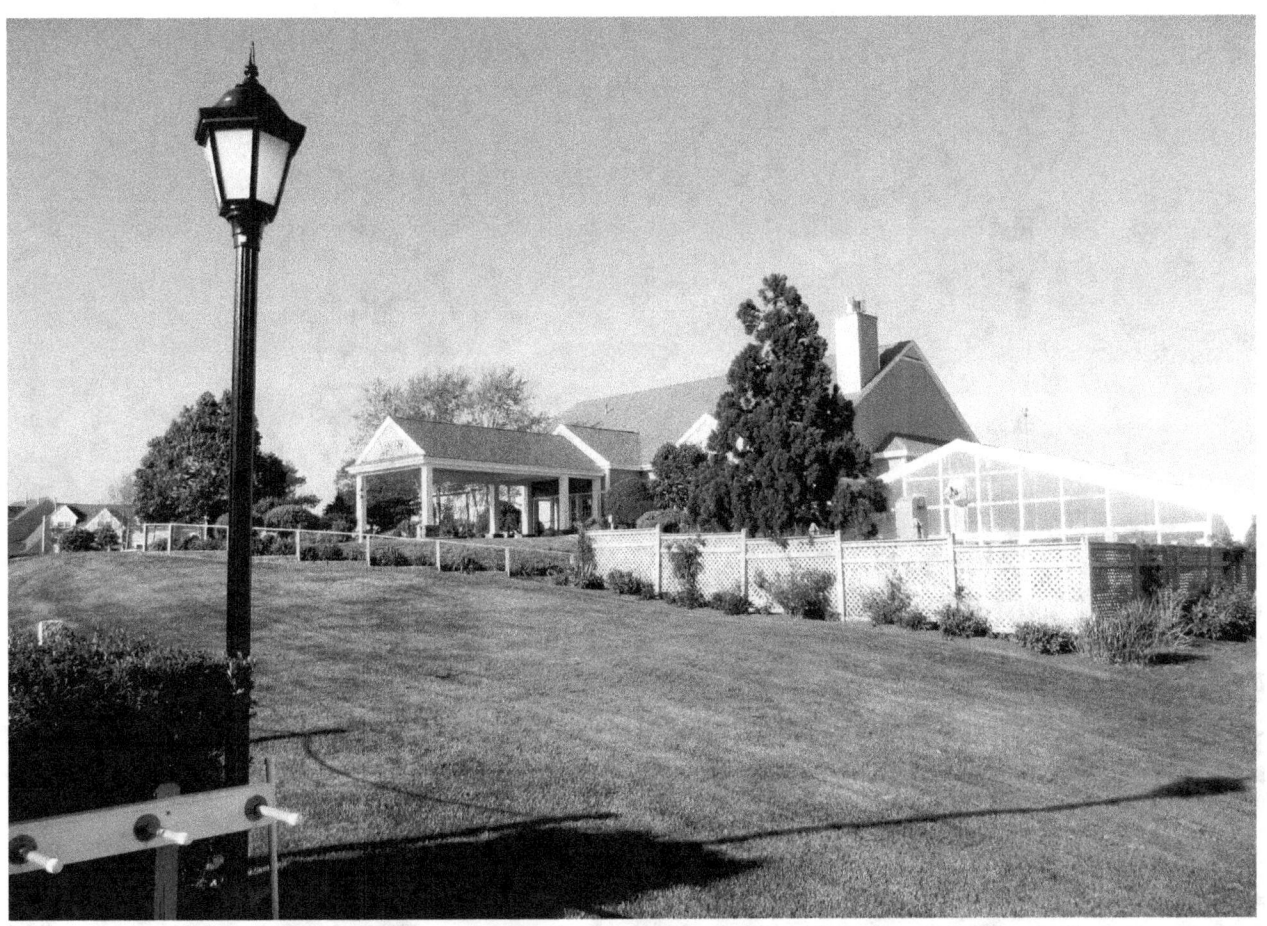

Das obige Foto ist ein Beispiel für ein Bild mit hohem Kontrast. Ich habe dieses Foto am frühen Nachmittag an einem hellen Tag aufgenommen, als die Sonne hoch am Himmel stand, also gegen Mittag. Obwohl die Sonne nicht auf dem Foto zu sehen ist, kann der Betrachter aufgrund der Schatten erkennen, wo sich die Sonne ungefähr befindet. Der Laternenpfahl auf der linken Seite des Bildes wirft einen langen, dunklen Schatten, der sich bis nach rechts erstreckt. Diese Dunkelheit im Vergleich zu den helleren Tönen des Grases erzeugt einen hohen Kontrast. Auch die Objekte im Hintergrund weisen einen hohen Kontrast auf: Die Bäume, Sträucher und Gebäudestrukturen sind auf der rechten Seite (der der Lichtquelle abgewandten Seite der Objekte) deutlich dunkler, während die der Sonne zugewandten Seiten der Objekte heller erscheinen. Diese Schatten erzeugen einen starken Kontrast auf dem Foto im Vergleich zur gleichen Szene in der Dämmerung oder an einem bewölkten Tag.

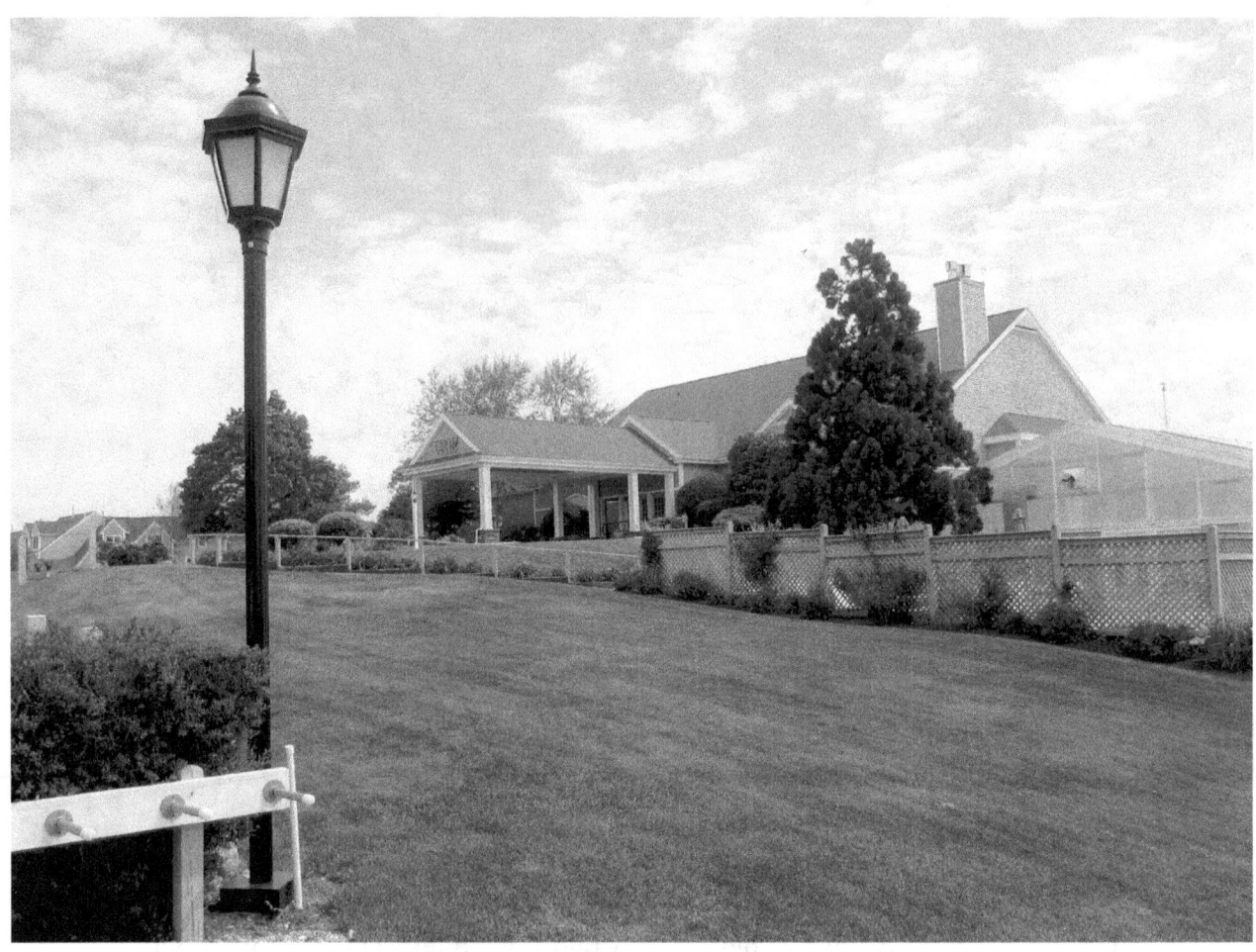

Dies ist ein Beispiel für ein kontrastarmes Foto. Es wurde am frühen Morgen desselben Tages aufgenommen wie das kontrastreiche Foto; die Farbtöne lassen das Bild jedoch ganz anders erscheinen. Obwohl der Winkel, in dem das Foto aufgenommen wurde, ähnlich ist, ist die Position der Sonne am Himmel nicht die gleiche, wodurch sich die Dynamik des Fotos ändert. Bei diesem kontrastarmen Foto sind die Werte eher gedämpft. Der Himmel ist hell und die Objekte im Vorder- und Hintergrund bestehen aus mittleren Tönen. Es sind nicht viele intensive dunkle oder helle Lichter zu sehen. Der lange Schatten, den die Lampe auf dem kontrastreichen Foto geworfen hat, ist verschwunden, und die ausgeprägten dunklen und hellen Bereiche der Strukturen im Hintergrund wurden abgeschwächt.

Diese beiden Fotos sind großartige Beispiele dafür, wie eine Lichtquelle und der Kontrast die Art und Weise, wie ein Bild erscheint, verändern können. Wenn ein Künstler zu verstehen beginnt, wie sich der Kontrast durch die Lichtverhältnisse verändern kann, kann er den Kontrast in einem Kunstwerk so manipulieren, dass er seinem Stil oder dem, was er vermitteln möchte, zugute kommt. Der Grad des Kontrasts, den ein Künstler verwendet, hängt von der gewünschten Wirkung ab und kann einen großen Einfluss auf das Endprodukt haben.

Ein kontrastreiches Kunstwerk zeigt einen deutlichen Unterschied zwischen dunklen und hellen Tönen und verwendet nur wenige mittlere Grautöne. Kunstwerke mit geringem Kontrast weisen viele Schattierungen ähnlicher Grautöne auf, aber es fehlen viele dunkle und helle Bereiche. Einfach ausgedrückt: Bei einem hohen Kontrast sind die dunklen Töne sehr dunkel und die hellen Bereiche erscheinen sehr hell. Ein Bild mit geringem Kontrast hat in der Regel einen grauen Anstrich, der die dunklen und hellen Bereiche in Grautöne umwandelt. Beide Varianten können erfolgreich sein, je nachdem, was der Künstler vermitteln möchte.

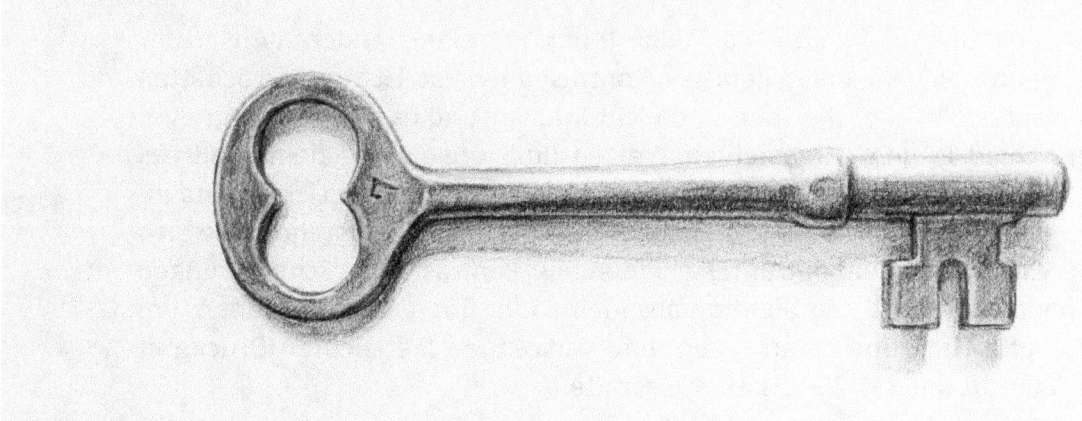

Ein weiteres Beispiel für hohen Kontrast ist in dieser Zeichnung eines Schlüssels zu sehen. Es gibt einige intensive Lichter, die auf glänzende Stellen auf dem Schlüssel hinweisen, sowie sehr helle Töne in den Bereichen des Schlüssels, die der Lichtquelle am nächsten sind. Im Gegensatz dazu sind die weiter von der Lichtquelle entfernten Bereiche sehr dunkel, und es wird ein dunkler Schatten geworfen. Auf der dunklen Seite ist ein kleiner Teil des reflektierten Lichts zu sehen; der dunkle Schatten erstreckt sich jedoch über die gesamte Kante und bleibt im Vergleich zu den helleren Bereichen sehr dunkel. Um kontrastreiche Schattierungen zu erzeugen, drücken Sie kräftig mit dem Bleistift oder verwenden Sie die Zeichenstifte 6B bis 9B. Auch der Knetradierer sollte häufig verwendet werden, um Highlights zu setzen.

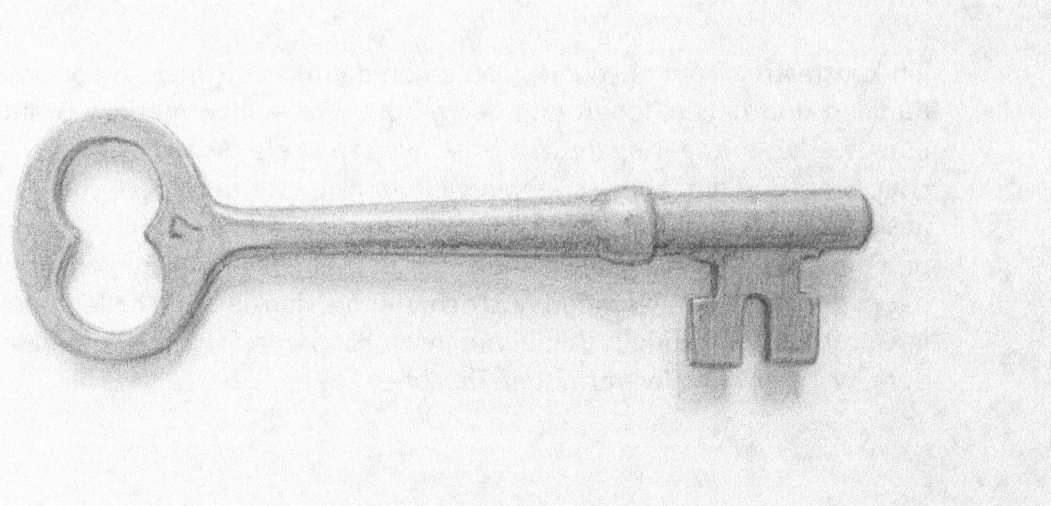

Hier ist ein Beispiel für genau dieselbe Tonart mit einem anderen Ansatz für die Schattierung, die einen geringen Kontrast aufweist. Lichter und Schatten sind dargestellt, aber die Töne sind nicht intensiv und es gibt keinen großen Unterschied in den dargestellten Werten (im Vergleich zu dem Schlüssel mit höherem Kontrast). Die dunkleren dunklen und helleren Lichter sind ineinander übergegangen, so dass subtile mittlere Töne entstehen, die sich nicht extrem voneinander unterscheiden. Für kontrastarme Schattierungen verwenden Sie eine Kombination aus ineinander übergehenden Tönen, um gedämpfte Grautöne zu erzeugen, und verwenden Sie leichten Druck mit dem Bleistift und die 2B- bis 4B-Kunststifte.

Bilder mit geringem Kontrast können als subtil, flach oder weich beschrieben werden, während Bilder mit hohem Kontrast kraftvoll, markant oder fett erscheinen können. Bilder mit durchschnittlichem Kontrast weisen einige dunkle und einige helle Bereiche sowie eine breite Palette von Grautönen auf. Ein Künstler kann eine Methode zur Erzeugung von Kontrasten wählen, um eine bestimmte Stimmung zu vermitteln. Werke mit geringem Kontrast können kahl, fade, feierlich oder geheimnisvoll wirken, während Werke mit hohem Kontrast je nach Thema auch scharf, düster oder dramatisch erscheinen können. Die Herangehensweise eines Künstlers sollte sich nach der Stimmung richten, die das fertige Kunstwerk vermitteln soll.

Tipps:

•Um einen angemessenen Kontrast in einem Kunstwerk zu erzeugen, ist es wichtig zu lernen, wie man den Druck des Bleistifts kontrolliert, um eine Vielfalt von Farbtönen zu erhalten.

•Erkennen Sie, woher die Lichtquelle kommt. Die Tageszeit, der Stand der Sonne am Himmel und die Frage, ob es sich um direktes oder diffuses Licht handelt, spielen alle eine Rolle bei der Schaffung eines dynamischen und glaubwürdigen Kontrasts.

•Um einen hohen Kontrast zu erzielen, sollte der dunkelste Ton auf Ihrer Werteskala vorhanden sein. Das kann bedeuten, dass ein großer Bereich oder ein kleiner Bereich diese zusätzliche Dunkelheit benötigt, aber das Endergebnis wird mehr Wirkung haben, wenn der dunkelste Ton vorhanden ist. Ebenso wichtig ist das unberührte, reine Weiß des Papiers, um Highlights zu zeigen. Die hellsten und die dunkelsten Töne bieten den größten Kontrast in einem Werk. Für eine kraftvolle, starke und dynamische Zeichnung können Sie sehr dunkle Schattierungen direkt neben den hellen Bereichen zeichnen.

•Für ein erfolgreiches Produkt brauchen Sie nicht die gesamte Palette an Farbtönen in einem Kunstwerk. Erstaunliche Kunstwerke wurden nur mit den hellsten und dunkelsten Tönen und ein paar Mitteltönen geschaffen.

•Nutzen Sie Ihre Werteskala zu Ihrem Vorteil. Manche Künstler erstellen eine richtige Werteskala, die eine Reihe von Farbtönen darstellt, sind aber oft zaghaft, wenn es darum geht, die dunkelsten Farbtöne auf ihren eigentlichen Zeichnungen wiederherzustellen. Es ist gut, vorsichtig zu sein, denn es ist leicht, einen Bereich zu dunkel zu machen, aber nicht so leicht, einen dunklen Bereich wieder hell zu machen. Denken Sie daran, dass Sie, um ein guter Künstler zu sein, Risiken eingehen und aus Ihrer Komfortzone herausgehen müssen. Es ist nur ein Stück Papier, und die Welt geht nicht unter, wenn du einen Fehler machst. Tun Sie es einfach!

•Üben Sie, Schwerpunkte in Ihrem Kunstwerk zu setzen. Übernehmen Sie die kreative Kontrolle, um die Aufmerksamkeit auf einen bestimmten Bereich Ihrer Arbeit zu lenken. Kontraste und zusätzliche Details sind beliebte Methoden, um die Aufmerksamkeit auf einen bestimmten Teil eines Kunstwerks zu lenken.

•Spielen Sie mit Ihrem Bild, indem Sie bestimmte Bereiche dunkler oder heller machen, als sie sein sollten (z. B. den Hintergrund in den "Baby"-Bildern weiter oben in diesem Kapitel). Ändern Sie den Hintergrund von hell nach dunkel oder umgekehrt. Welches Bild gefällt Ihnen besser? Diese Art des Experimentierens ist eine gute Möglichkeit, den Kontrast zu erforschen und die Dynamik eines Kunstwerks schnell zu verändern.

•Experimentieren Sie mit kontrastarmen und kontrastreichen Techniken mit demselben Motiv. Manche Motive müssen weich und sanft dargestellt werden und eignen sich am besten für kontrastarme Techniken. Andere Motive müssen dramatisch und eindrucksvoll dargestellt werden und eignen sich am besten für eine kontrastreiche Schattierung.

•Das Erkennen von Werten ist entscheidend für die Schaffung von Kontrasten in einem Werk. Blinzeln Sie die Augen, um Ihr Motiv zu vereinfachen und kleinere Details auszublenden, während Sie sich auf die wichtigsten Werte und Formen konzentrieren. Wenn Sie die von den verschiedenen Werten erzeugten Formen sehen können, können Sie Ihr Motiv genauer zeichnen.

•Wenn Sie ein Bild von jemandem zeichnen, den Sie kennen, zeichnen Sie das, was Sie sehen, und nicht das, was Sie zu sehen glauben. Es ist leicht, ein Bild so zu verändern, dass es dem entspricht, was wir sehen. Dadurch wird ein Werk oft so verändert, dass es nicht mehr das Bild wiedergibt, das wir festhalten wollen.

Beispiele, Fragen und Kommentare

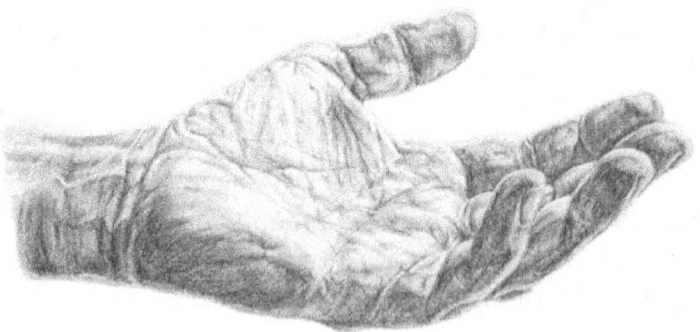

Kontrastreiches Kunstwerk von CVHolmes

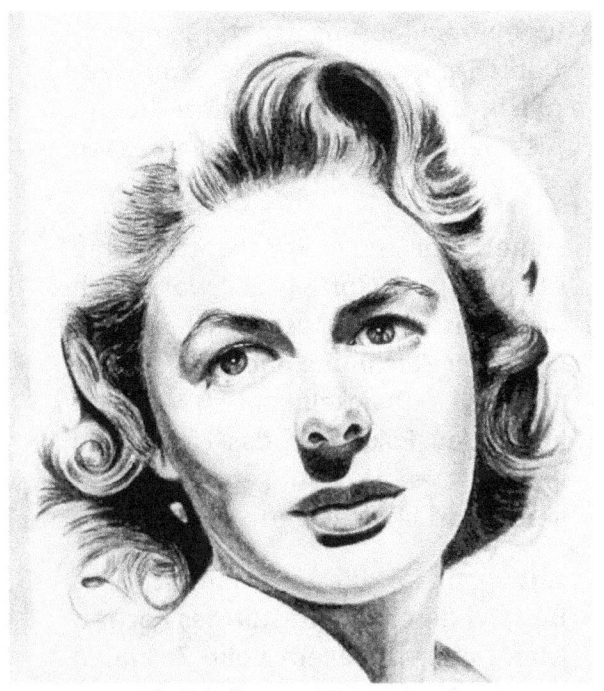

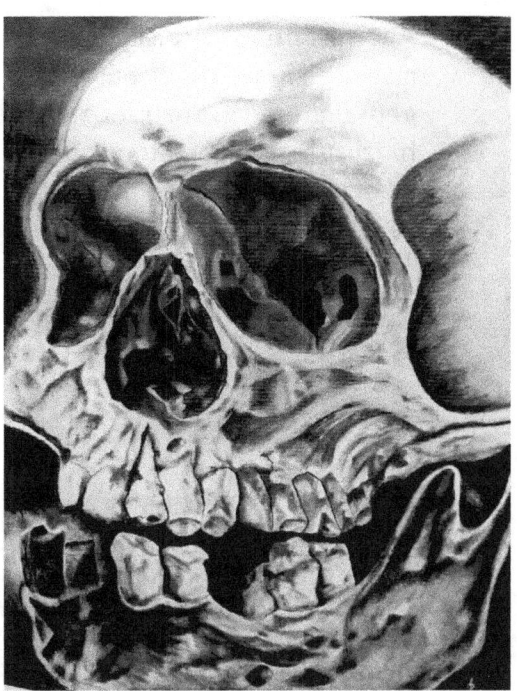

Kontrastreiches Kunstwerk von Johanne Climaco@johanneclimaco   *Kontrastreiches Kunstwerk von Sixto Martinez*

Frage: Wenn ich die Holzkohle verwenden möchte, um ein dunkles Schwarz zu erhalten, ist es dann in Ordnung, sie mit einem normalen Bleistift zu mischen?

Antwort: Das ist auf jeden Fall in Ordnung, aber die Holzkohle wird eine viel dunklere und intensivere Spur hinterlassen als Ihr Bleistift. Die Kombination von Holzkohle und Bleistift in einem Werk bietet möglicherweise nicht die Kontinuität, die Sie sich wünschen; die Holzkohle könnte im Vergleich zu den feineren Markierungen des Bleistifts überwältigend wirken. Testen Sie einen Bereich, bevor Sie sich festlegen, und sehen Sie, ob dies der gewünschte Look ist.

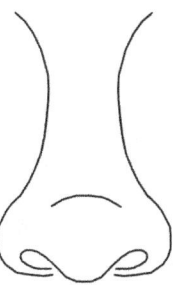

Frage: Die Nase ist für mich schwer zu zeichnen; die Nase meiner Dame sieht aus wie eine Nasenprothese!

Antwort: Im Zweifelsfall zeichnen Sie nur eine Andeutung der Nase und verlassen sich auf die Schattierung, um subtile Lichter und Schatten zu erzeugen, um die Form zu formen. Es ist einfach, Umrisse um das Ganze herum hinzuzufügen, anstatt nur dort, wo man es sieht, eine Vielfalt von Farbtönen zu erzeugen. Weniger ist mehr!

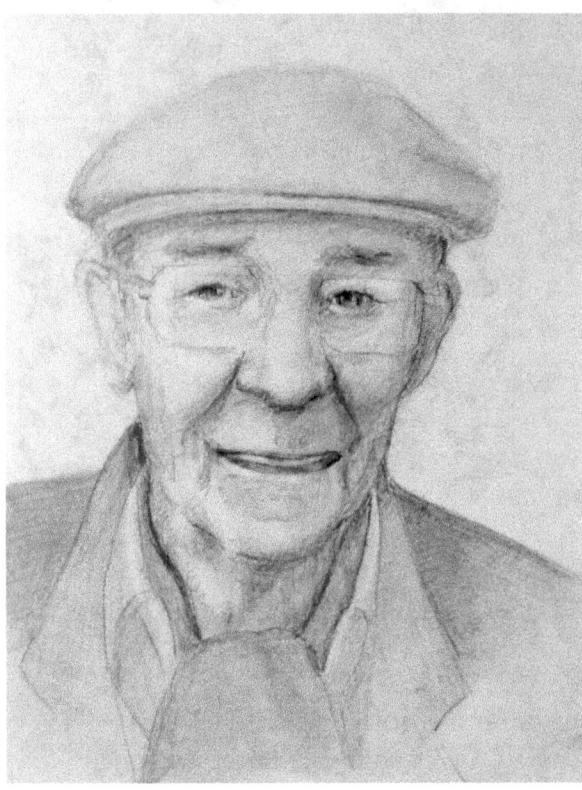

Kunstwerk von Pamela Dowie

Frage: Hier ist meine kontrastarme Zeichnung. Ursprünglich wollte ich nicht, dass sie kontrastarm ist, aber im Laufe der Zeichnung hat sich das ganz natürlich entwickelt, da ich versucht habe, den Fokus auf das Lächeln zu legen. Ist es mir gelungen, den richtigen Ausdruck zu zeigen?

Antwort: Ja, dies ist ein schönes Beispiel für ein kontrastarmes Porträt. Manchmal, vor allem beim Zeichnen von Porträts, können kontrastreiche Schattierungen zu hart wirken. Dieses Bild bietet einen beruhigenden, sanften Ansatz, der den Gentleman in dem Kunstwerk ergänzt. Ein weiterer guter Grund für die Wahl kontrastarmer Schattierungen in einem Werk ist die Schaffung einer weichen, ergänzenden Ähnlichkeit. Ältere Menschen neigen dazu, mehr Falten in ihrem Gesicht zu haben, und eine kontrastreiche Schattierung kann ein wenig schmeichelhaftes Abbild bieten.

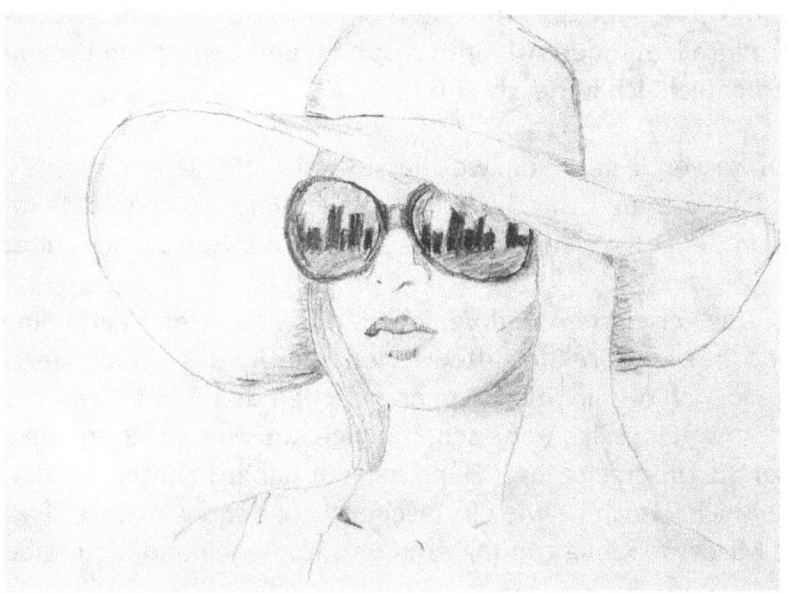

Kunstwerk von Whitney Krug

Frage: Ich versuche, ein Familienmitglied für die Aufgabe "Brennpunkt" zu zeichnen, aber es sieht nicht so aus wie das Bild, nach dem ich arbeite. Die Platzierung der Hände ist nicht ganz richtig, und es ist ein wenig schief. Muss ich es neu zeichnen?

Antwort: Sie müssen nicht alles neu zeichnen, denn Sie können sich künstlerische Freiheiten herausnehmen und die Positionierung bis zu einem gewissen Grad ändern, um sie Ihren Bedürfnissen anzupassen. Verwenden Sie Ihren Knetradierer, um die wichtigsten Bereiche zu ändern, die der Person, die Sie zeichnen wollen, ähnlicher werden sollen. Diese Bereiche befinden sich normalerweise im Gesicht, insbesondere die Augen.

Frage: Wenn ich eine Zeichnung mit Kohle anfertigen möchte, was würde ich tun, damit sie nicht so staubig ist und nicht abfärbt?

Antwort: Das ist eine gute Frage, aber leider habe ich keine perfekte Lösung für Sie. Früher habe ich die Bereiche, die ich fertiggestellt hatte, mit Normalpapier abgedeckt, damit ich sie nicht versehentlich verschmiere. Das hat ein wenig geholfen, aber es konnte lästig sein, das Papier alle paar Minuten zu bewegen, um den Fortschritt meiner Arbeit zu sehen. Ein besserer Vorschlag ist, vertikal auf einer Staffelei zu arbeiten, anstatt horizontal auf einem Tisch. Auf diese Weise fällt der Kohlestaub aus dem Weg, und die Hände verschmieren nicht. Außerdem brauchen Sie keine große Menge an Pigment, um den gewünschten Effekt zu erzielen. Weniger ist mehr! Um ein Verschmieren zu vermeiden, verwenden Sie am besten ein praktikables Fixiermittel. Sie können es auf Ihre laufenden Arbeiten sprühen, und der Verschmutzungsfaktor sinkt beträchtlich. Ich hoffe, das hilft!

Frage: Ich verwende gerne die weichen Bleistifte (B), aber ich stelle fest, dass ich mein Papier immer mit der Hand verschmiere. Zeichnen Sie immer mit der Hand in der Luft, oder stützen Sie sich mit der Handkante auf etwas ab?

Antwort: Das Verwischen und Verschmieren Ihrer Arbeit kann ein Problem sein, wenn Sie weichere Bleistifte verwenden. Um das Verschmieren zu verringern, habe ich oft ein Stück Papier zwischen den Rand meiner Hand und die Zeichnung gelegt. Ich habe schon einige Künstler gesehen, die ein Stück Papier auf die Unterseite ihrer Hand geklebt haben! Achten Sie darauf, dass das Papier nicht weich ist wie ein Taschentuch, denn weicheres Papier neigt dazu, als Mischwerkzeug zu fungieren und Töne ineinander zu reiben.

Kommentare:

"Ich bevorzuge definitiv die kontrastreichen Kunstwerke. Ich mag es auch in meiner Fotografie ein wenig zu verstärken".

"Ich mag es, dass ich eine bestimmte Stimmung in meinem Kunstwerk darstellen kann, indem ich einfach einen hohen oder niedrigen Kontrast verwende. Der Betrachter empfindet eine bestimmte Stimmung, wenn er die Art der Schattierung sieht, die ich verwende.

"Es macht mir mehr Spaß, Kunst mit hohem Kontrast zu schaffen und zu betrachten als mit niedrigem, weil ein hoher Kontrast der Zeichnung mehr Tiefe verleiht.

"Ich mag die kontrastreichen Zeichnungen sehr. Sie fallen sofort durch helle Lichter und klare Schatten auf. Ich finde, dass die diffuse Beleuchtung in kontrastarmen Zeichnungen ein Objekt glatter und makelloser, aber auch flach und langweilig erscheinen lassen kann."

"Kontrastarme Zeichnungen funktionieren gut für mich, weil ich den weichen Eindruck mag, den sie hinterlassen. Ich zeichne gerne traumartige, fast surreale Porträts, und diese Methode ergänzt mein Thema."

"Ich bevorzuge kontrastreiche Zeichnungen. Das starke Weiß im Gegensatz zu den tiefen dunklen Tönen schafft Bewegung und visuelles Interesse. Es gibt aber auch Zeiten, in denen ich einen niedrigen Kontrast bevorzuge. Der Einsatz von niedrigem Kontrast ist so vielseitig. Man kann damit einen düsteren, schwach beleuchteten Tag oder ein fröhliches, subtiles Porträt darstellen."

Kommentar des Kursleiters: "Die Wahl der Farbe (ebenso wie die Wahl der Werte) beeinflusst definitiv die Stimmung eines Kunstwerks. Die Verwendung von Tönen an den beiden Enden einer Werteskala führt in der Regel zu einem höheren Kontrast, während die Verwendung von Tönen in der Mitte der Werteskala zu einem geringeren Kontrast führt. Dasselbe gilt für Farben: helle, leuchtende Farben sorgen für eine fröhlichere Stimmung!"

KAPITEL ELBEN
KOMBINIERTE TECHNIKEN

Wissen:
• Skizzieren, Planen, Kombinieren, Vordergrund, Hintergrund, Überlappung, Abstufung, Wert und Brennpunkt.

Verstehen:
•Die Phasen eines Kunstwerks von der Planung bis zur Fertigstellung.
•Die Techniken, die Künstler anwenden, um das Auge des Betrachters zu fesseln.

Aktion:
Erstellen Sie mit Hilfe der erlernten Techniken eine Waldszene (oder ein Objekt Ihrer Wahl), die einen Vorder-und Hintergrund darstellt, Überschneidungen verwendet, um Tiefe zu suggerieren, und eine Vielzahl von Schattierungstechniken einsetzt, um Werte sowie einen Brennpunkt anzugeben.

Die Kombination verschiedener Kunsttechniken kann Interesse, Bewegung und Realismus erzeugen. In dieser Lektion werden wir viele Techniken in einer Zeichnung zusammenführen. Wir werden eine Szene mit einem Wald aus blattlosen Birken erstellen, die einen Vorder-, Mittel-und Hintergrund darstellt, Überschneidungen verwenden, um Tiefe zu suggerieren, und verschiedene Arten von Abstufungen und Werten sowie einen Brennpunkt.

Hier der Beginn einer Skizze mit einigen einfachen Linien, die sechs Bäumen als Leitlinien dienen. Beim Zeichnen dieser Art von Szene sollte kein Lineal verwendet werden. Gerade Linien lassen ein organisches Objekt wie einen Baum steif und unrealistisch erscheinen, während einige Unebenheiten und Unregelmäßigkeiten die Konturen der Bäume authentischer erscheinen lassen. Man beachte die verschiedenen Höhen und Breiten der Bäume. Der Baum, auf den sich der Betrachter konzentrieren soll, ist der breiteste Baum, der am weitesten unten auf der Seite steht. Der Baum, der dem Betrachter am nächsten steht, ist durch seine Breite und seine Position auf der Seite gekennzeichnet. Diese perspektivische Darstellung verstärkt die Idee des Vordergrundes. Die anderen Bäume sind etwas höher auf der Seite gezeichnet und wirken etwas schlanker. Dies deutet darauf hin, dass sich diese Bäume weiter im Hintergrund befinden. Die Platzierung einiger Bäume im Vordergrund und anderer im Hintergrund hilft, Tiefe zu vermitteln. Da Birken lang und schlank sind und mit einem Minimum an Ästen vereinfacht werden können, sind sie relativ einfach zu zeichnen. Um die vertikalen Linien zu verstärken und die Zeichnung einfach zu halten, werde ich die Baumkronen weglassen und mich auf den unteren und mittleren Teil konzentrieren.

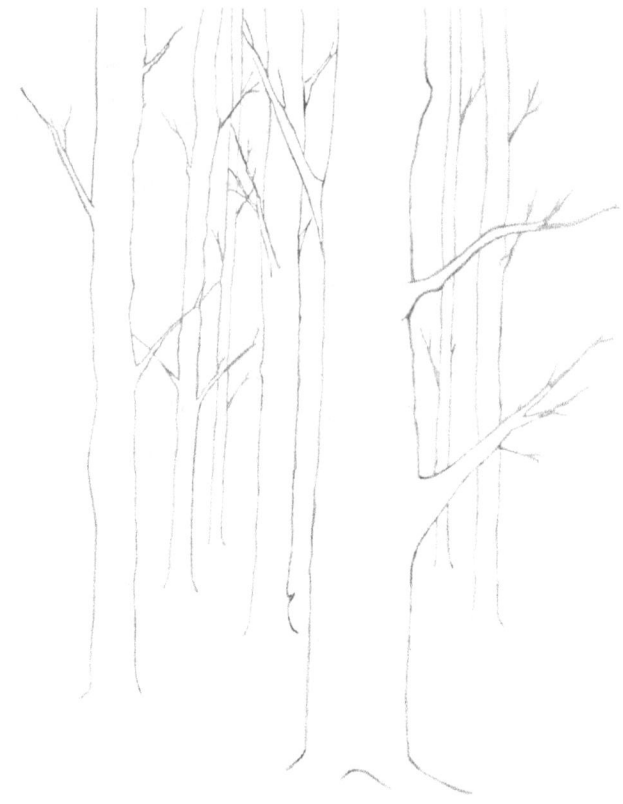

Als nächstes füge ich einige Zweige hinzu. Die meisten Zweige eines Baumes sind in Richtung der Lichtquelle gewachsen, die ihm Leben spendet. Auch Schwerkraft und Wind beeinflussen die Wuchsrichtung. Im Allgemeinen versuchen Bäume, in Richtung Licht und weg von der Schwerkraft zu wachsen. Mit zunehmendem Alter haben Bäume jedoch die Tendenz, dass ihre Äste eher nach außen als nach oben wachsen. Dadurch kann der Baum ein größeres Netz auswerfen, um das Sonnenlicht einzufangen. Notieren Sie sich die Richtung, in die die Äste Ihres Baumes wachsen sollen. Beim Hinzufügen von Ästen zu einem Baumstamm in einer Szene mit mehreren Bäumen muss der Künstler sicherstellen, dass sich die Äste sinnvoll überlappen. Die Zweige der Bäume, die im Vordergrund der Szene sein sollen, müssen sich überlappen und den Eindruck erwecken, dass sie vor den Bäumen im Hintergrund sind. Dies kann schwierig sein, wenn mehrere Bäume gezeichnet werden. Deshalb sollte man sich gut überlegen, welche Bäume im Vordergrund und welche im Hintergrund sein sollen. Wenn sich ein Zweig vor einem anderen Zweig befindet, zeichnen Sie den Zweig über den Baum im Hintergrund und löschen Sie alle Bereiche, durch die der Zweig verläuft. Dasselbe gilt für Bäume, die hinter den Ästen liegen: Hören Sie auf, den Ast zu zeichnen, wenn sich etwas davor befindet. Bäume sind nicht transparent und sollten nicht als transparent dargestellt werden.

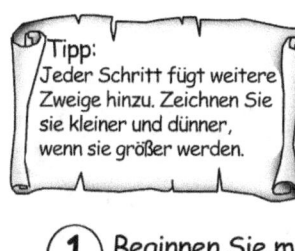

Zeichnen eines kahlen Baums

Auf vielen Bäumen wachsen die Zweige der Sonne entgegen ↑

1. Beginnen Sie mit einem Druckbuchstaben "Y"

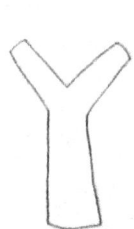

2. Fügen Sie "V" Buchstaben zu den Spitzen des Y hinzu "

Das "V" sollte kleiner sein als das "Y"

Lassen Sie die Spitzen offen

3. Fügen Sie 4 weitere "V" -Formen hinzu

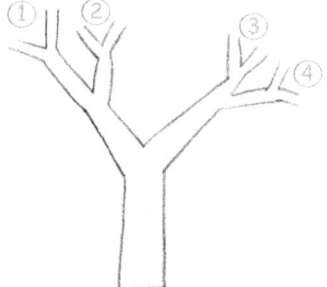

4. Fügen Sie 8 weitere "V" -Formen an den Enden hinzu

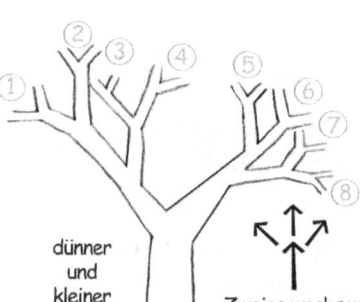

dünner und kleiner

Zweige wachsen auf und ab

5. Fügen Sie allen "V" -Formen den Strichbuchstaben "Y" hinzu

UNGLEICH ist gut! Zeichnen Sie einige lange und einige kurze

Wie diese

6. Fügen Sie ein weiteres "Y" in die Mitte ein

(das füllt den Raum aus)

7. Fügen Sie so viele Y-Formen hinzu, wie Sie benötigen, um Platz zu schaffen

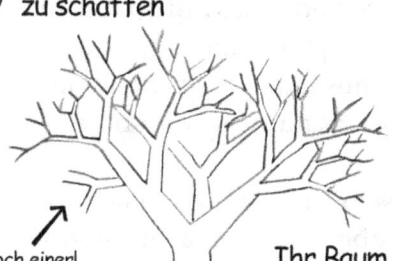

noch einer!

Ihr Baum wird nicht genau so aussehen, aber das ist gut! Jeder Baum ist einzigartig.

8. Schattieren Sie

hell

Schatten

Wählen Sie eine Seite im Schatten und verdunkeln Sie dann jeden Zweig auf dieser Seite, wobei die andere Seite hell bleibt

CVH

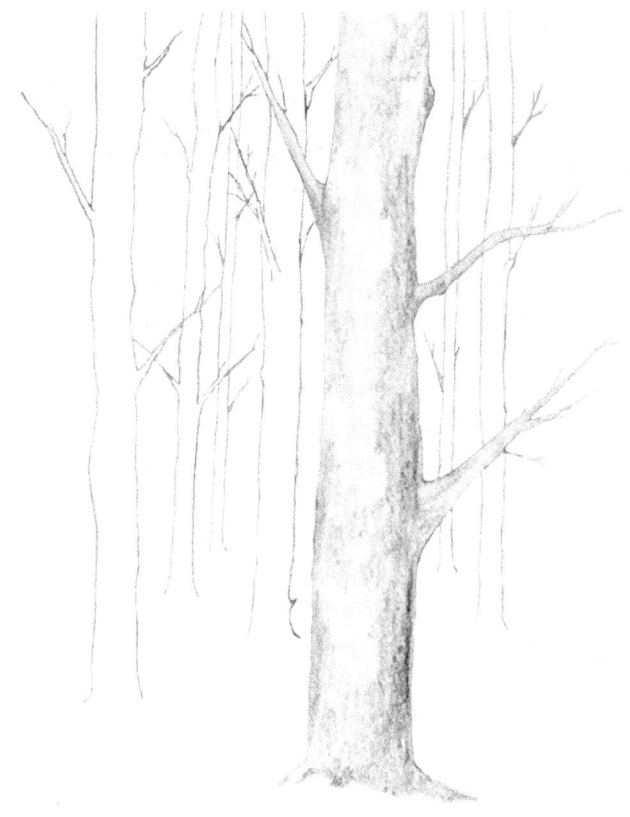

Mit der Schattierung kann begonnen werden, sobald die grundlegenden Umrisse gesetzt sind. Entscheide, wo sich die Lichtquelle befindet und schattiere entsprechend. In dieser Zeichnung kommt die Lichtquelle von der linken Seite, also habe ich angefangen, die rechte Seite des Baumes zu verdunkeln, indem ich mit mittlerem Druck hin-und herging. Je näher ich der Lichtquelle komme, desto weniger drücke ich, sodass es allmählich heller wird. Da mir bewusst ist, dass ich mein Werk immer dunkler machen kann, habe ich die Intensität des Tons nicht voll ausgeschöpft. Um den Baum vom Hintergrund zu trennen, genügte im ersten Durchgang eine Schicht mittlerer bis heller Farbtöne von rechts nach links. Der Kontrast wird später mit der zweiten Tonschicht noch deutlicher. Die Schattierung der Äste ist ebenfalls ein Teil des Kontrasts, wobei der obere Teil eines jeden Astes hell sein muss, während der untere Teil des rechten Astes etwas dunkler sein sollte.

Die Unterseite der Zweige sollte dunkler sein, unabhängig davon, wo sie sich befinden. Die Lichtquelle kommt von oben. Man beachte den helleren Farbton auf der Schattenseite, der das reflektierte Licht darstellt. Es ist nur ein kleiner Bereich, der zu berücksichtigen ist, aber die Hinzufügung des reflektierten Lichts ist für das Aussehen des Baumes als Röhre und für das Aussehen des Baumes als rund verantwortlich. Ein rundes Objekt wird vom Licht umhüllt, wodurch es auf der dunkleren Seite etwas heller erscheint. Wenn die Farbtöne zu weit auseinander liegen, können sie gemischt werden, um ein glatteres, nahtloses Aussehen zu erzielen. Ist der Farbton zu flach, kann auf der rechten Seite mehr Schatten hinzugefügt oder auf der linken Seite etwas Ton weggenommen werden, damit sich der Baum vom Hintergrund abhebt. Es ist nicht ungewöhnlich, dass ein Künstler bestimmte Bereiche mehrmals überarbeitet. Sie sollten sich bewusst sein, dass dies Teil des Prozesses ist und für eine realistische Schattierung unerlässlich ist; es ist nur die erste Phase, in der die Farbtöne festgelegt werden, die sich im Laufe der Schattierung ändern werden. Das Blockieren dieser Farbtöne kann auch helfen, Objekte vom Hintergrund zu trennen und sie besser zu erkennen.

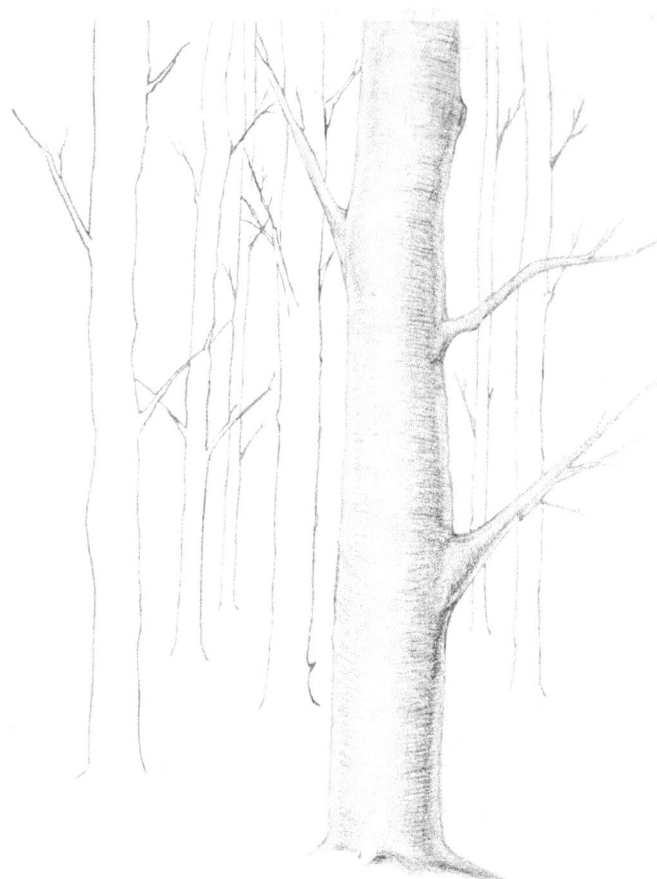

Fahren Sie mit der Schattierung fort, bis Sie eine klare helle und dunkle Seite des Baumes erhalten. Sobald die erste Schattierung fertiggestellt ist, können die Farbtöne überblendet werden, um ein nahtloses Aussehen zu erzielen. Um zu verdeutlichen, dass der Baum dreidimensional und zylindrisch aussehen soll, habe ich einige leichte Konturlinien quer über die Form und um sie herum gezogen, um das Terrain des Baumes darzustellen. Je nachdem, was dem Künstler am angenehmsten erscheint, kann dies in einer Hin-und Herbewegung oder in schnellen Strichen von links nach rechts oder von rechts nach links geschehen. Der Druck sollte in der Nähe der Schatten etwas dunkler und in der Nähe der Lichtquelle etwas heller sein. Bei der Gestaltung des Baumes ist es sehr hilfreich, Schatten hinzuzufügen. Eine große Anzahl von Linien, die der Form des Objekts folgen, sorgt für viel mehr Tiefe und Realismus.

Wenn die Bäume im Hintergrund stehen, werden die Querkonturen etwas heller schattiert, als wenn die Bäume im Vordergrund stehen. Es ist zu beachten, dass die Kurven der Querkonturen ihre Richtung ändern, wenn sie sich den Baum hinauf bewegen. Im unteren Teil des Baumes sind die Kurven nach unten geneigt, in der Mitte verlaufen die Linien fast gerade von links nach rechts, während im oberen Teil des Baumes die Kurven nach oben gewölbt sind. Die Richtung dieser Kurven deutet darauf hin, dass die Blickrichtung des Betrachters irgendwo in der Mitte des Baumes liegt. Die Kurven unterstreichen die Tatsache, dass es sich um einen dreidimensionalen Zylinder und nicht um einen flachen, zweidimensionalen Baum handelt. Beachten Sie auch, dass der ursprüngliche Umriss des Baumes mit zunehmender Schattierung in die Schattierung übergeht. Eine scharfe Kontur um ein Objekt ist kein realistischer Ansatz für eine Schattierung. Aus diesem Grund ist es wichtig, nur leichte Umrisse zu zeichnen. Auch in diesem Fall ist es einfacher, die Linien dunkler zu machen, aber es ist nicht so einfach, eine dunkle Markierung heller zu machen. Wenn der Hintergrund ausgeblendet wird, verschmilzt die ursprüngliche Kontur noch mehr mit dem Hintergrund.

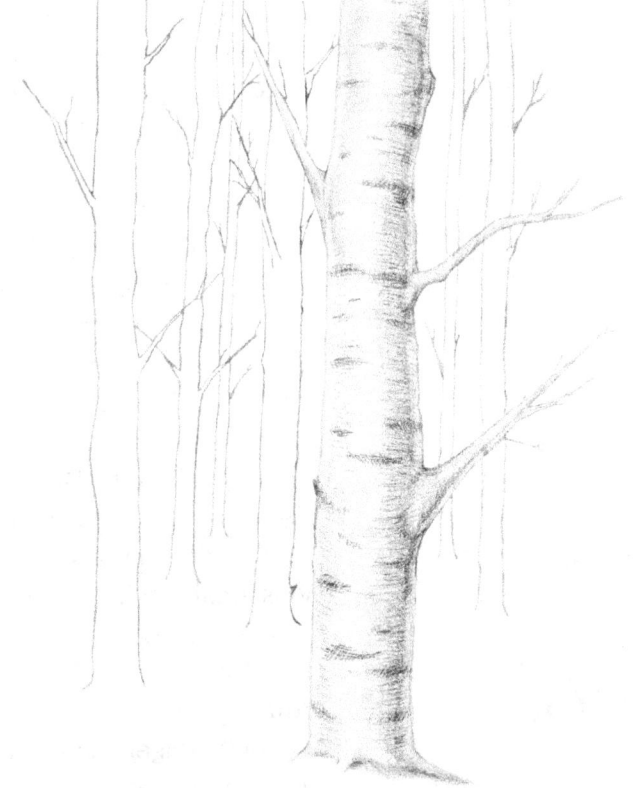

Versuchen Sie, Techniken zu kombinieren, um die Vielfalt der Darstellungsmöglichkeiten eines Motivs zu erkunden. Da eine Birke im Allgemeinen eine weiße oder helle Rinde hat, ist es wichtig, dass der Betrachter glaubt, der Baum sei hell. Dies ermöglicht einen stärkeren Kontrast mit helleren Lichtern und tieferen Schatten. Zu den Merkmalen dieser Baumart gehören auch zufällige dunkle Äste auf der Oberfläche. Diese Äste können mit Hilfe der Schraffur-und Kreuzschraffurtechnik dargestellt werden. Kleine Bereiche mit Schraffuren und Kreuzschraffuren können an zufälligen Stellen auf der Baumrinde angebracht werden, um ein authentisches Aussehen zu erzielen. Die Äste auf den Bäumen im Hintergrund werden kleiner dargestellt, um anzuzeigen, dass sie weiter entfernt sind. Fahren Sie mit dem Schattieren, Überblenden und Hinzufügen von Ästen fort, bis Sie mit dem Ergebnis zufrieden sind.

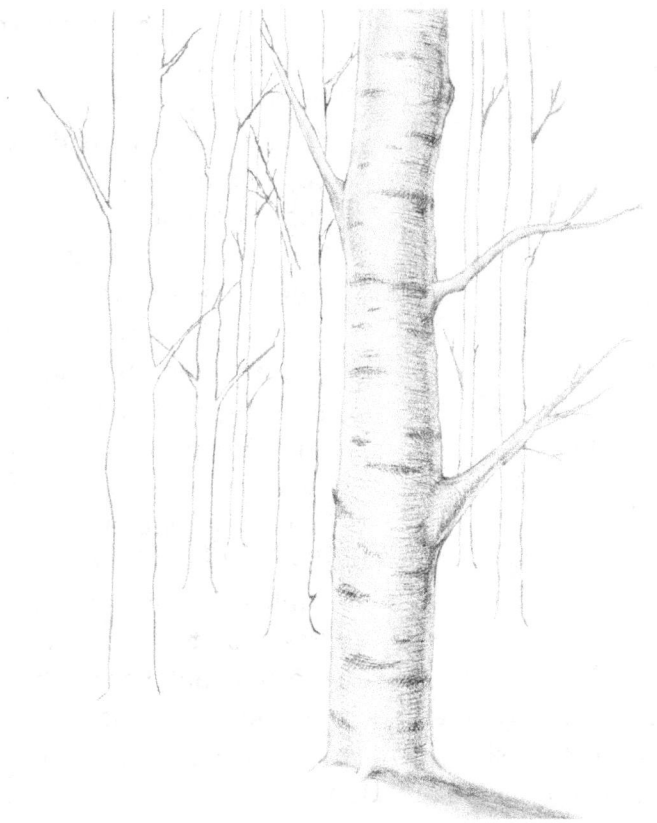

Sobald die Schattierung des Baumes abgeschlossen ist, sollte ein Schlagschatten hinzugefügt werden. Denken Sie daran, dass die Lichtquelle von links oben kommt und der Schatten von rechts unten in die Basis des Baumes gezeichnet werden sollte. Dieser Schatten kann mit einer schnellen Hin- und Herbewegung angedeutet werden, die etwas dunkler ist als die Schattenseite des Baums. Fügen Sie für jeden Baum einen Schlagschatten hinzu und achten Sie darauf, dass diese Schatten alle in dieselbe Richtung zeigen. Wenn es in einer Szene nur eine Lichtquelle gibt, sind die Schatten alle in dieselbe Richtung gerichtet. Die Schatten, die von den Bäumen im Hintergrund geworfen werden, sollten heller und dünner sein als die der Bäume im

Vordergrund. Diese Hintergrundbäume sollten weniger Details aufweisen, da sie nicht so auffällig und detailliert sind wie die Bäume im Vordergrund. Wenn die Dunkelheit aller Bäume gleich stark wäre, gäbe es weniger Anhaltspunkte für die Tiefe, und es gäbe keinen bestimmten Baum, auf den man sich konzentrieren könnte.

Sobald die Bäume schattiert sind und ein Schatten geworfen wurde, lassen Sie die Bäume realistischer erscheinen, indem Sie dem Hintergrund einen hellen Ton hinzufügen. Beginnen Sie in der Nähe der linken Ecke des Papiers und füllen Sie den weißen Hintergrundbereich vorsichtig mit einem weichen Bleistift (z. B. 6B oder 8B) durch Hin-und Herbewegungen aus. Verwenden Sie einen leichten Druck, um das gesamte Weiß mit einem hellen Ton auszufüllen, und achten Sie darauf, dass Sie bis zu den einzelnen Bäumen und Zweigen schattieren, ohne sie zu überschatten. Indem Sie den Hintergrund mit einem dunkleren Ton als das aktuelle Weiß der Seite ausfüllen, heben sich die weißen Lichter und die Rinde des Baumes ab und schaffen mehr Kontrast. Es ist wichtig, dass Sie den Hintergrund anfangs nur leicht auffüllen, da er später bei Bedarf immer noch dunkler gemacht werden kann. Die Farbtöne im Hintergrund sollten auf jeden Fall ineinander übergehen, damit die kleinen Abgrenzungslinien und Überlappungen nicht auffallen.

Der Hintergrund ist in diesem Fall nicht etwas, auf das wir die Aufmerksamkeit lenken wollen. Diese Schattierungsschicht soll nur verstärken, was wir an anderen Stellen bereits getan haben. Subtile Töne, die gut gemischt sind, heben die anderen Bereiche hervor, auf die wir uns konzentrieren wollen.

Beim Überblenden möchte ich den hellen Hintergrundton bis zu den einzelnen Ästen bringen, wobei ich darauf achten muss, dass ich nicht über die feinen Äste, die ich gezeichnet habe, blende. Außerdem möchte ich den Ton bis zu den einzelnen Stämmen bringen und diese berühren. Eine einzige helle Tonschicht reicht für diese Szene aus. Wenn ein Künstler jedoch den

Kontrast verstärken möchte, kann er mit dem Bleistift fester aufdrücken oder noch einmal über den Bereich gehen, um einen tieferen Ton zu erhalten. Beim Mischen können einige der Hintergrundtöne versehentlich auf einen Baum oder ein feines Astdetail verschmieren. Tupfen Sie in diesem Fall die pigmentierte Stelle leicht mit dem Knetradierer ab, um unerwünschte Spuren zu beseitigen. Wenn dabei versehentlich Linien ausgelöscht werden, zeichnen Sie sie bei Bedarf wieder ein. Dieser Vorgang lohnt sich für ein erfolgreiches Ergebnis.

Wenn der Hintergrund fertig ist, erscheinen das Weiß der Birke und die hinzugefügten Lichter viel heller und der Kontrast intensiver. Um Lichter heller zu machen, dunkeln Sie die schattierten Bereiche um sie herum ab. Normalerweise sind es die Bereiche mit großen Details oder Kontrasten, die den Betrachter in einem Kunstwerk zuerst ansprechen. In diesem Fall ist es der größere Baum im Vordergrund, der im Mittelpunkt steht.

Beachten Sie, dass dieses Kunstwerk keine sichtbare Horizontlinie hat. Im Leben ist eine Horizontlinie einfach eine Linie oder ein Hinweis darauf, wo sich das Land (oder das Meer) und der Himmel treffen. Beim Zeichnen ist eine Horizontlinie entweder eine sichtbare Linie oder ein Punkt auf einem Kunstwerk, an dem das Land/Meer endet und der Himmel beginnt oder Objekte in die Ferne rücken. In diesem Kunstwerk habe ich auf eine tatsächliche Linie verzichtet, um die Trennung von Himmel und Land anzuzeigen, da ich den Blick des Betrachters vom oberen Teil der Zeichnung zum unteren Teil lenken wollte, um einen angenehmen, vertikalen Fluss zu schaffen. Würde man dem Werk eine horizontale Horizontlinie hinzufügen, könnte sie den Blick des Betrachters an eine Stelle lenken, auf die er sich nicht konzentrieren soll, und den reibungslosen Fluss der Elemente unterbrechen, was die Dynamik des Werks verändern würde. Durch die Anordnung der Zweige entsteht eine diagonale Bewegung, die den Blick des Betrachters nach innen zieht. Manche Künstler entscheiden sich dafür, eine Horizontlinie hinzuzufügen, die eine andere Stimmung oder Atmosphäre des endgültigen Werks erzeugt. Dies ist eine kreative Entscheidung, die der persönlichen Vorliebe entspricht. Was auch immer Sie als Künstler wählen, ist richtig -es gibt keine richtige oder falsche Lösung für Kreativität und Experimentieren. Kunst ist in erster Linie eine persönliche Vorliebe und subjektiv. Das ist ein Teil der Schönheit der Kunst; es gibt für jeden etwas, das ihn interessiert.

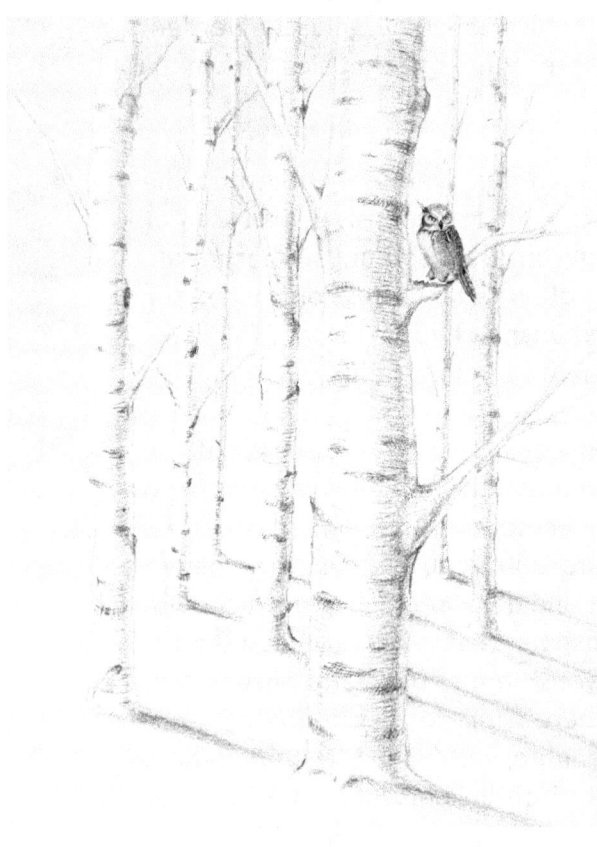

Einem Kunstwerk können viele Dinge hinzugefügt werden, um mehr Bereiche von Interesse zu schaffen. Bei diesem Kunstwerk wurde ein detailliertes, kleineres Objekt hinzugefügt, um einen eindeutigen Brennpunkt zu schaffen. Die Eule, die auf einem oberen Ast sitzt, zieht die Aufmerksamkeit des Betrachters auf sich und bildet einen Schwerpunkt. Beachten Sie, dass diese Ergänzung nicht genau in der Mitte der Zeichnung platziert wurde. Das wäre zu offensichtlich und würde die Aufmerksamkeit auf den Rest des Kunstwerks nicht besonders lenken. Bewegung ist der Schlüssel zu einem gelungenen Kunstwerk, wenn der Künstler möchte, dass der Betrachter jeden Teil der Mühe sieht, die er in die Schaffung eines Werks gesteckt hat. Wenn ein Gegenstand in der Mitte des Papiers platziert wird, kommen all die schönen, interagierenden Linien, Äste und Schatten, die mühsam geschaffen wurden, nicht so gut zur Geltung.

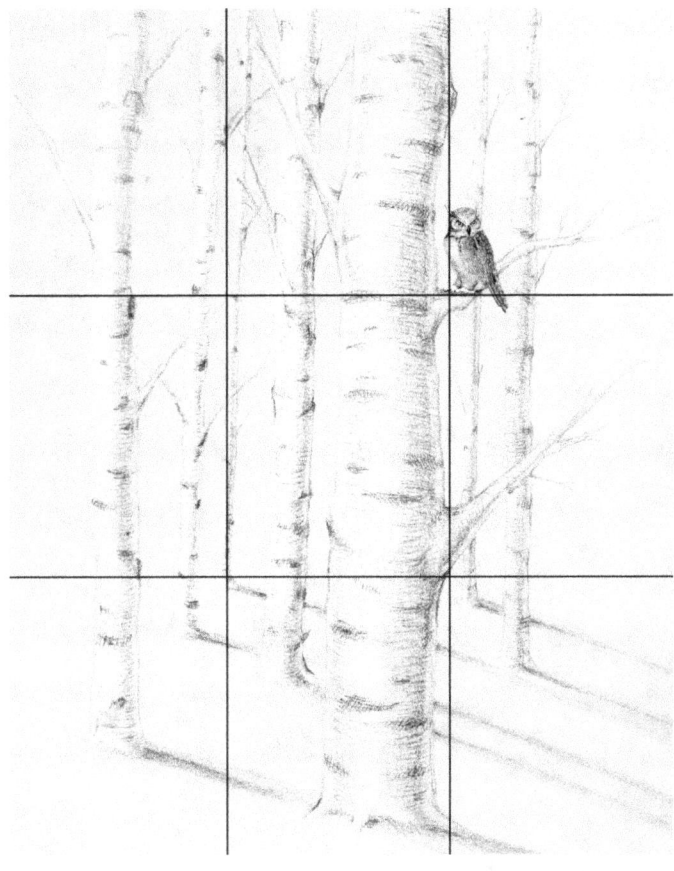

Bei der Entscheidung, wo ein Schwerpunkt gesetzt werden soll, ist eine gute Regel das Prinzip der göttlichen Proportion. Dies bedeutet im Grunde, dass ein Künstler seine Themen oder Bereiche von Interesse entlang imaginärer Linien komponiert, die das Bild sowohl vertikal als auch horizontal in Drittel unterteilen. Ein Künstler teilt sein Kunstwerk visuell in ein Raster von Dritteln auf und wählt dann einen dieser Bereiche aus, um das Hauptmotiv oder den Brennpunkt darin zu platzieren. Diese Technik hilft dabei, Interesse und Bewegung zu erzeugen, wodurch das Werk interessanter und angenehmer zu betrachten ist. Die Wahl eines Punktes entlang des Drittelrasters bedeutet nicht, dass jedes Element perfekt auf diesem imaginären Raster ausgerichtet sein muss. Die Verwendung der Drittel-Regel als grobe Richtlinie verleiht einem Kunstwerk ein Gefühl der Komplexität und hält das Hauptmotiv von der Mitte der Zeichnung fern.

Vergessen Sie beim Zeichnen nicht, von Zeit zu Zeit von Ihrem Werk zurückzutreten und es aus der Ferne zu betrachten. Wenn ein Künstler ständig zeichnet und über seinem Werk schwebt, ist er zwangsläufig frustriert und denkt zu viel über bestimmte Aspekte nach, fixiert sich auf die Platzierung von Zeichen oder so genannte Unvollkommenheiten, die nicht wirklich wichtig sind. Diese Unvollkommenheiten sind es, die Ihr Kunstwerk schön und einzigartig machen. Einige dieser Fehler sollten Sie akzeptieren, nicht ausradieren. Ihre einzigartige und manchmal unvollkommene Herangehensweise ist es, die Ihr Kunstwerk schön und einnehmend macht.

Kunst zu schaffen ist ein Prozess, und dieser Prozess ist oft wichtiger als das Ergebnis. Probieren Sie verschiedene Techniken und Werkzeuge aus und seien Sie geduldig mit Ihrer Kunst und mit sich selbst. Experimentieren Sie, haben Sie Spaß, und denken Sie daran, dass Perfektion langweilig ist. Viel Glück und viel Spaß beim Schattieren!

Beispiele, Fragen und Kommentare

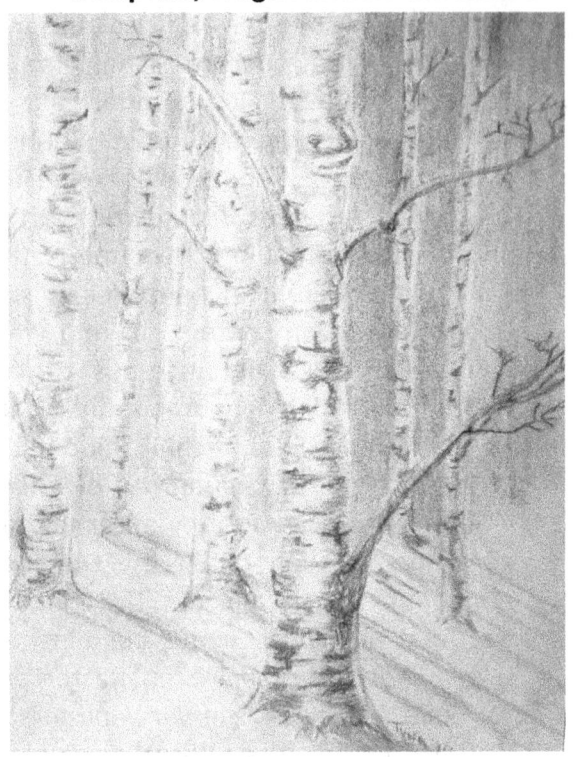

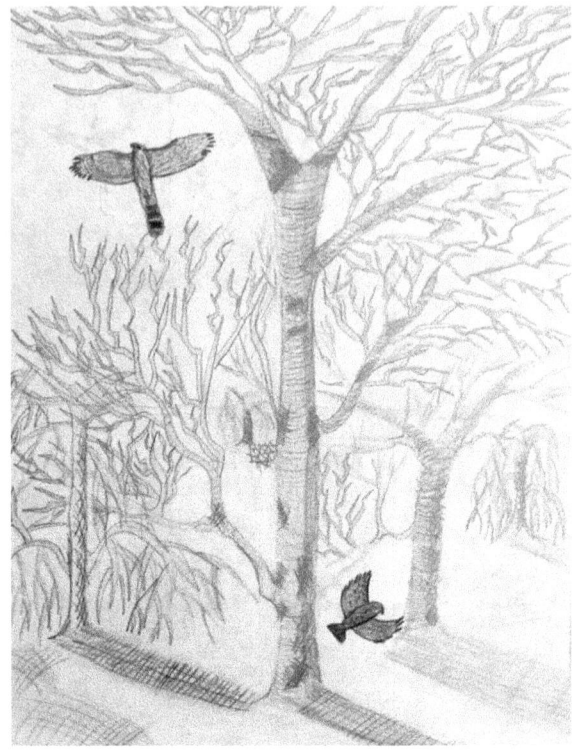

Kunstwerk vonTyna Williams

Kunstwerk von G.L. (10)

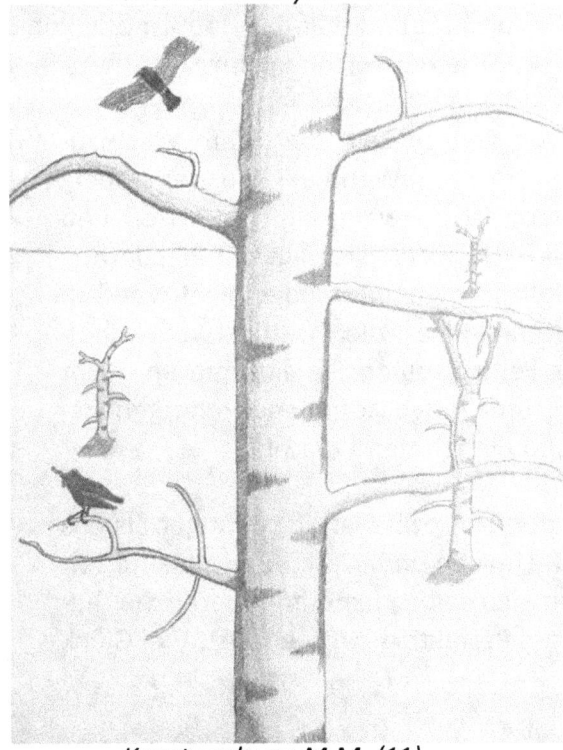

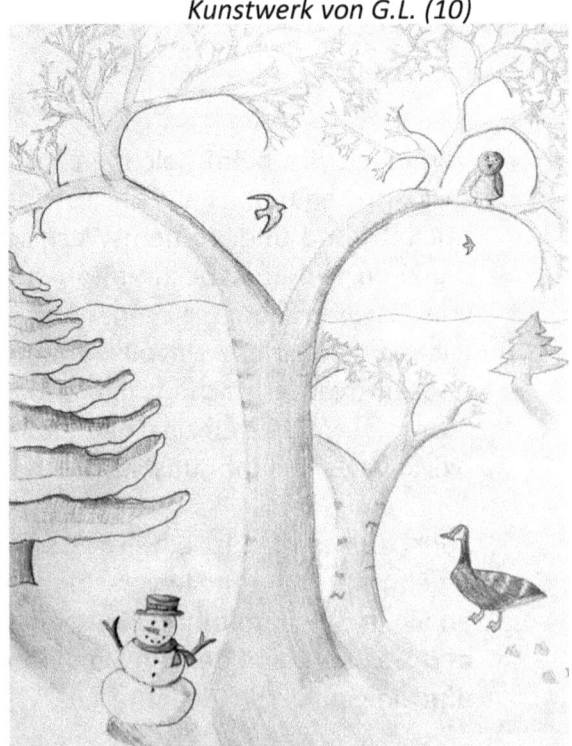

Kunstwerk von M.M. (11)

Kunstwerk von T.C. (10)

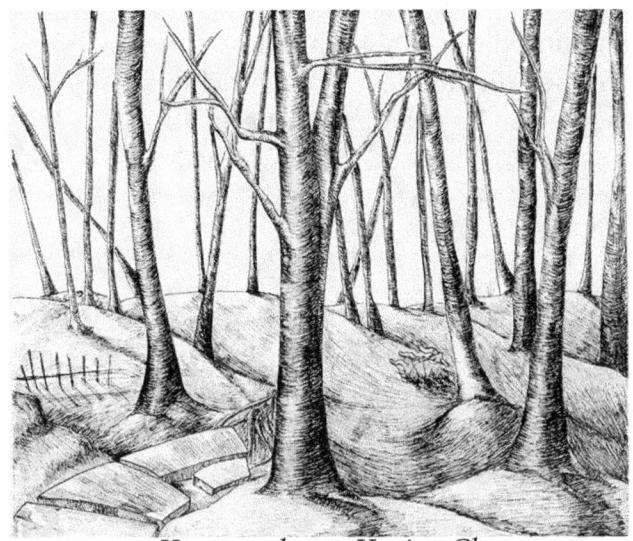

Kunstwerk von Yuying Chen

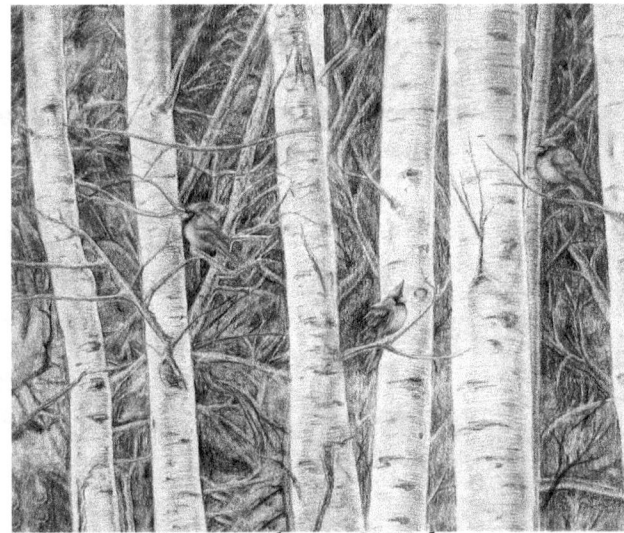

Kunstwerk von CVHolmes

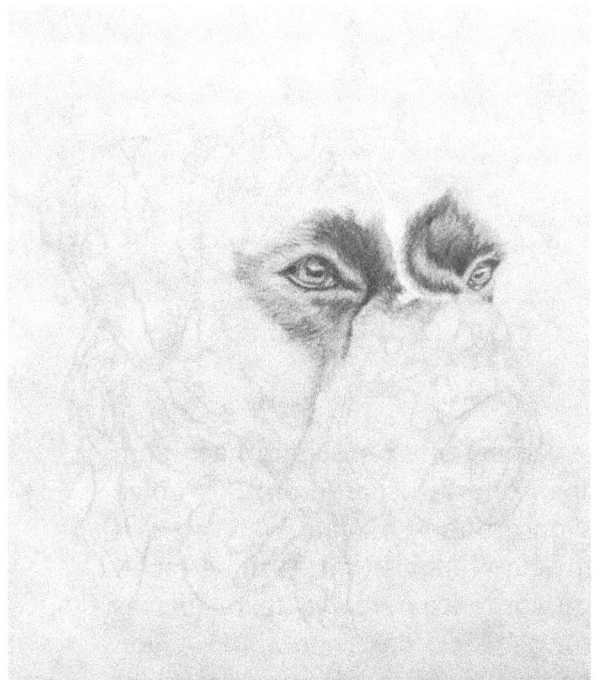

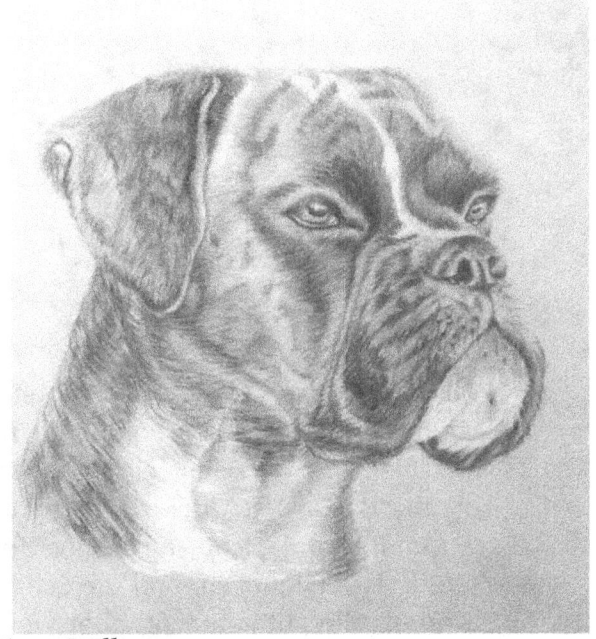

Kunstwerk von Tyna Williams

Oben sehen Sie ein Beispiel für eine Möglichkeit, ein Kunstwerk zu erstellen. Diese Schülerin nutzt ihre Fähigkeiten, um einen Bereich nach dem anderen zu bearbeiten und ihn zu vollenden, bevor sie zum nächsten Bereich übergeht. Viele Kunstlehrer vertreten die Philosophie, dass ein Kunstwerk immer vollständig aussehen sollte, auch wenn es gerade erst begonnen wurde. Mit anderen Worten: Man konzentriert sich nicht auf einen Bereich und vergisst ihn dann, sondern arbeitet kontinuierlich an dem gesamten Werk. Dies kann zur Ausgewogenheit des Tons beitragen. Es gibt keinen richtigen oder falschen Weg, ein Kunstwerk zu schaffen, und diese Schülerin hat auf ihre Weise Erfolg damit gehabt. Was auch immer funktioniert, ist der richtige Weg! Im obigen Fall hat sich diese Methode zum Vorteil der Künstlerin ausgewirkt.

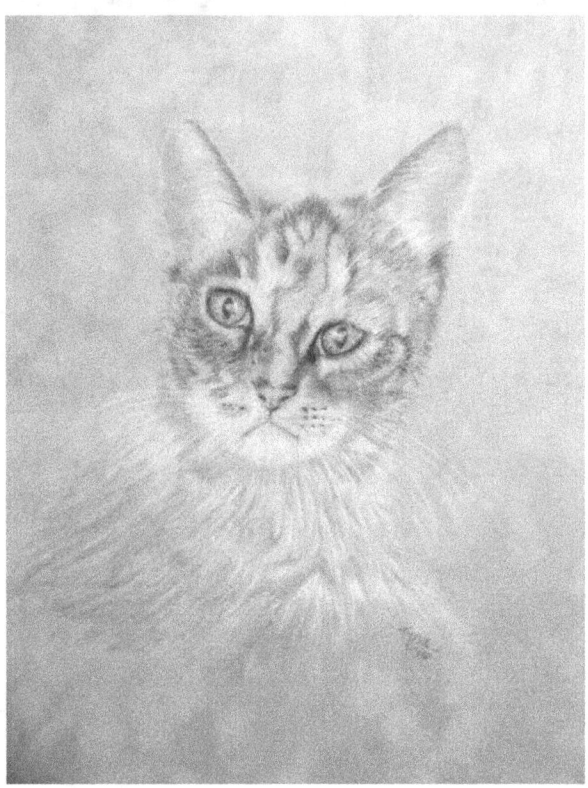

Manchmal kann es sich als nachteilig erweisen, einen Abschnitt nach dem anderen bis zur Fertigstellung zu zeichnen und zu schattieren. Das obige Beispiel zeigt, wie sehr ein Künstler davon profitieren kann, wenn er sich häufig von seiner Arbeit zurückzieht, um sein Werk als Ganzes zu betrachten und sich nicht nur auf kleine Teile zu konzentrieren. Die Textur dieses Werks ist erstaunlich, und die Schattierung ergänzt das Thema. Die Augen sind einzeln gut gemacht, aber wenn man sie zusammen betrachtet, sieht es etwas unnatürlich aus. Eines der Augen scheint auf einen Bereich leicht außerhalb der Mitte gerichtet zu sein, während das andere Auge geradeaus gerichtet ist. Wenn man sich von seiner Arbeit zurückzieht, bevor man zu sehr ins Detail geht, kann der Künstler größere Fehler erkennen und sie beheben, bevor er extreme Details hinzufügt..

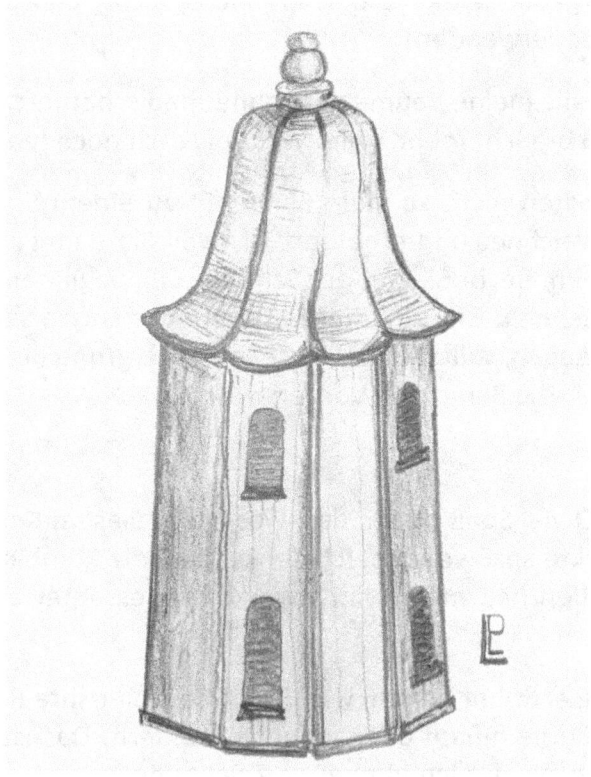

Kunstwerk von Peter Lutes

"Ich habe Techniken kombiniert, um dieses Vogelhaus aus meiner Fantasie zu zeichnen. Das Bauen, Dekorieren und Bemalen von Vogelhäusern ist eine Familienangelegenheit. Mein Großvater hat sie gebaut, und meine Mutter hat sie dekoriert. Jetzt zeichne ich sie gerne."

Frage: Kann ein Knetradierer schlecht werden? Meiner sieht irgendwie ölig aus, und ich benutze ihn seit geraumer Zeit täglich. Ich neige auch dazu, ihn in meiner Hand zu rollen und damit zu spielen. Ist das schlimm?

Antwort: Geknetete Radiergummis können nach häufigem Gebrauch austrocknen oder fettig erscheinen. Mit der Zeit kann Ihr Radiergummi durch Graphit, Fingeröle oder andere Partikel, die sich darin angesammelt haben, zu schmutzig werden. Knetradierer sind in der Regel lange haltbar, werden aber mit der Zeit immer schmutziger, da sie Graphitflecken absorbieren. Um ihn zu reinigen, sollten Sie ihn dehnen und wie einen Teig kneten, indem Sie ihn in sich selbst rollen. Um es sauber zu halten und vor dem Austrocknen zu bewahren, bewahren Sie es in einem kleinen Plastikbehälter auf, z. B. in einer alten Filmdose, einer Butterbrottüte, oder klemmen Sie es zwischen zwei saubere Limonadendeckel (es bleibt an den Deckeln kleben). Solange

Sie noch gute Ergebnisse damit erzielen und es nicht völlig schwarz ist, können Sie es weiter verwenden!

Frage: Ich habe alle meine Bäume gezeichnet und schattiert, aber ich denke, der Hintergrund braucht mehr Tiefe. Was sollte ich noch hinzufügen?

Antwort: Sie sollten nicht zu viele Elemente zu einem Stück hinzufügen, nachdem es gezeichnet und schattiert ist, weil Sie damit die Komposition verändern würden. Bevor Sie mit der Schattierung beginnen, sollten Sie alle Ihre Objekte zeichnen. Die Schattierung sollte das Letzte sein, was Sie tun. Um Tiefe zu erzeugen, sollten die Bäume im Hintergrund heller und weniger detailliert sein als die Bäume im Vordergrund.

Kommentare:

"Ich hatte SOOO viel Spaß dabei, das, was ich in diesem Kurs gelernt habe, auf meine Projekte anzuwenden. Ich denke, dass die Kombination von Techniken mir geholfen hat, meine Kunstwerke interessanter aussehen zu lassen."

"Danke, dass Sie erwähnt haben, wie die Höhenlinien ihre Richtung ändern, wenn sie die Bäume hinauf-oder hinunterwandern. Das ist mir nie aufgefallen! Das ist etwas, das ich in meinen Zeichnungen vermisst habe, und es macht einen großen Unterschied, diese kleine Veränderung einzubeziehen."

"Ich habe bisher dreimal an Ihrem Kurs teilgenommen, und jedes Mal habe ich das Gefühl, dass ich noch etwas dazu lerne... oder dass es endlich ankommt. Mit Ihrer Hilfe inspirieren Sie mich dazu, mich zu strecken und immer wieder neue Projekte auszuprobieren!"

Antwort: Das freut mich sehr zu hören. Es ist wirklich hilfreich, einen Kurs noch einmal zu besuchen, um die kleinen Details zu erkennen, die man beim ersten Mal vielleicht übersehen hat.

"Ich habe mir alle Lektionen angesehen, um mir einen Überblick zu verschaffen, und werde sie bald wieder besuchen. Ihre Lektionen sind klar, prägnant, gut strukturiert und machen so viel Sinn. Informationen, die ich aus anderen Quellen entnommen habe, werden in den Mittelpunkt gerückt, ebenso wie die Tipps und kleinen Nebenbemerkungen. Sie verstärken die Dinge, die ich schon einmal gehört, aber nie praktiziert habe. Wenn ich ein Thema auswählen müsste, das mir am meisten geholfen hat, wäre es das Kapitel über Lichter, Übergänge und Schattierungen. Ich freue mich schon sehr darauf, das Gelernte bei meinem nächsten Kunstprojekt anzuwenden."

"Ich fand es interessant, etwas über die Drittel-Regel beim Zeichnen zu hören, weil ich sie aus der Fotografie kenne. Mir war nie klar, dass ich die gleichen Prinzipien auf meine Kunst anwenden kann.

"Ich dachte, meine Schattierungen müssten immer in dieselbe Richtung gehen. Ich erinnere mich, dass meine Lehrer in meiner Schulzeit sagten, dass eine Zeichnung am besten aussieht, wenn die Markierungen in dieselbe Richtung gehen und innerhalb der Linien bleiben. Sie haben mich gelehrt, dass das nicht immer stimmt und dass ich den Konturen eines Objekts folgen muss, damit meine Schattierung realistischer aussieht."

EPILOG

Kunst zu schaffen und die verschiedenen Techniken für realistische Schattierungen zu erlernen, ist ein sich entwickelnder Prozess.

Bereiten Sie sich durch die Wahl des für Sie am besten geeigneten Materials auf den Erfolg vor.

Obwohl man auch mit einem normalen Bleistift und Druckerpapier zeichnen kann, sind die Ergebnisse bei der Verwendung von Künstlerstiften, Papier und Radiergummis ansprechender und dynamischer.

Erstellen Sie eine Werteskala. Es mag nach zusätzlicher Arbeit klingen, aber die Erstellung einer Werteskala kann ein sehr hilfreiches Werkzeug bei der Erstellung realitätsnaher Farbtöne sein. Eine Werteskala hilft bei der Bestimmung der verschiedenen Tiefen einer schattierten Zeichnung und unterstützt den Künstler bei der Aufrechterhaltung der Konsistenz während des gesamten Schattierungsprozesses.

Bevor Sie Werte hinzufügen, beginnen Sie mit einer leichten Strichzeichnung des Objekts und beobachten Sie seine Form und Konturen. Analysieren Sie das Objekt vor Beginn der Schattierung, einschließlich der hellen Linien, die Änderungen in den Ebenen, Lichtern und Schatten anzeigen. Durch diese Vorarbeit vor dem Schattieren können Sie zeichnen, was Sie sehen, und nicht, was Sie glauben zu sehen.

Lokalisieren Sie Ihre Lichtquelle. Durch das Hinzufügen von realistischen Farbtönen zu einer Zeichnung können Sie den Wert des Lichts in seiner Wechselwirkung mit der Form wiedergeben. Die dunkelsten Töne werden von der Lichtquelle entfernt, die hellsten Bereiche nahe der Lichtquelle platziert. Richtung und Intensität der Lichtquelle bestimmen das Aussehen eines Objekts.

Wählen Sie eine Technik (oder Technikkombination), die Ihr Können am besten unterstreicht. Welche Schattierungsmethode verwendet wird, hängt vom Motiv, der Lichtquelle, der gewünschten Textur und dem Wohlbefinden des Künstlers ab.

Halten Sie den Stift bequem und locker. Wenn man das ganze Handgelenk und den ganzen Arm benutzt, um eine Fläche auszufüllen, kann man lange, glatte und geschwungene Linien erzeugen. Um feinere Details hinzuzufügen, kann ein normaler Griff für mehr Präzision sorgen.

Tragen Sie die ersten Farbtöne in Schichten auf. Verwenden Sie leichten Druck und vermeiden Sie es, die volle Schwärze eines Bleistifts zu verwenden, wenn Sie mit dem Tönen beginnen. Stellen Sie sicher, dass die hellsten Stellen einer Zeichnung nicht durch die Färbung beeinträchtigt werden.

Vergleichen Sie das Objekt oder die Fotografie, die Sie als Vorlage benutzen, regelmäßig mit der entstehenden Zeichnung. Die Platzierung von Schatten und Reflexionen sollte übereinstimmen. Bei der Wiedergabe von Schatten an runden Kanten sollten abrupte Übergänge vermieden werden. Graduelle Schatten weisen auf glattere Kanten hin.

Seien Sie sich bei der Betrachtung Ihres Referenzobjekts darüber im Klaren, was Sie sehen und wie sich dies in einem schattierten Objekt widerspiegeln sollte. Die Abstraktheit des Gesehenen muss in den Linien, Formen, Texturen und Werten der Gegenstände zum Ausdruck kommen.

Fügen Sie der Zeichnung nach und nach immer mehr Tonschichten hinzu, wobei Sie den Farbton immer mehr vertiefen. Der Kontrast zwischen hellen und dunklen Tönen wird immer deutlicher. Um weiche und harte Zeichen zu erhalten, wechseln Sie je nach Bedarf die Bleistiftsorte.

Vermeiden Sie das Zeichnen von Konturen zur Definition eines Objekts. Feine Linien können eine flache Fläche in eine interessante Form verwandeln, ohne die Ränder zu verdunkeln. Künstlerinnen und Künstler neigen manchmal dazu, die Schatten innerhalb eines Objekts zu übertreiben, indem sie sie zu dunkel machen oder eine Linie zur Abgrenzung eines Bereichs verwenden, der für eine so ausgeprägte Lösung nicht geeignet ist. Anstatt eine Form durch einen Umriss zu definieren, sollte eine Schattierung mit subtilen Farbtönen verwendet werden. Der ursprüngliche Umriss der Zeichnung sollte im Laufe der Zeit immer weniger zu erkennen sein und sich mit der Schattierung zu einer Einheit verbinden.

Nach dem Auftragen der Farbe können die Farbtöne gemischt werden. Die Markierungen sollten gleichmäßig und sauber sein und Hohlräume und "weiße Flecken" abdecken, die die Papieroberfläche möglicherweise verschönert hat. Durch das Überblenden können die Farbtöne geglättet werden, aber wenn die schattierte Schicht nicht sorgfältig aufgetragen wurde, kann sie durch das Überblenden nicht verbessert werden.

Wählen Sie ein Mischwerkzeug, das das Kunstwerk nahtlos erscheinen lässt, um weiche Übergänge zu schaffen, die keine abgestuften Farbtöne aufweisen. Als Mischwerkzeuge eignen sich z. B. Pinsel, Tortillas, Wattestäbchen oder Finger.

Verwenden Sie einen Radiergummi zum Aufhellen von Stellen, an denen Lichter versehentlich verdunkelt wurden.

Treten Sie häufig vom Kunstwerk zurück, um es aus der Distanz als Ganzes zu betrachten. Diese Perspektive erlaubt dem Künstler, sich auf das gesamte Werk zu konzentrieren und nicht nur auf einen kleinen Ausschnitt.

Vergessen Sie nicht, dass Zeichnen eine Fähigkeit ist, die man lehren und lernen kann, und nicht ein "Talent", mit dem man geboren wurde. Wer zeichnen oder besser zeichnen lernen will, kann das. Zeichnen kann jeder, aber niemand kann es so gut wie Sie.

Und zu guter Letzt: Zeichnen Sie weiter!

GLOSSAR

Asymmetrie - Nicht identisch auf beiden Seiten einer zentralen Linie; unsymmetrisch; unsymmetrisch.

Künstlerstifte - Stifte, die in verschiedenen Härtegraden erhältlich sind, von 9H (der härteste) bis 9B (der weichste). Die härtesten Bleistifte werden für die Schattierung der hellsten Bereiche in Zeichnungen verwendet, während die weichen Bleistifte für die Schattierung der dunklen und mittleren Töne geeignet sind. Allzweckstifte werden normalerweise als 2, 2HB oder HB eingestuft.

Hintergrund - Teile einer Szene in einem Kunstwerk, die sich im Hintergrund oder hinter den Hauptobjekten befinden.

Verblenden - Die Technik, Töne so zu kombinieren, dass ein sanfter und allmählicher Übergang von einem zum anderen entsteht.

Stump - Ein Stab aus fest aufgerolltem Filzpapier mit zwei spitzen Enden. Er wird zum Mischen, Verschmieren oder Verwischen von Graphit, Holzkohle oder ähnlichen Medien verwendet.

Blender - Ein Werkzeug, mit dem man mischen kann.

Schlagschatten - Eine Art Schatten, der auf einer Form neben einer von der Lichtquelle abgewandten Fläche entsteht. Wenn eine Form das Licht blockiert, wird ein Schlagschatten erzeugt. Jedes Objekt, das Licht blockiert, ist mit einem Schlagschatten verbunden.

Holzkohle (gepresst) - eine Form von trockenem Kunstmedium aus fein gemahlenem organischem Material, das durch ein Gummi- oder Wachsbindemittel zusammengehalten wird, oder das ohne Bindemittel hergestellt wird, indem der Sauerstoff im Inneren des Materials während des Herstellungsprozesses eliminiert wird.

Holzkohle (Rebe) - Stöcke werden aus Weinreben und Weidenzweigen herg-estellt, die ohne Bindemittel zu einer bestimmten Härte gebrannt wurden.

Kontrast - Ein großer Unterschied zwischen zwei Dingen, z. B. heiß und kalt, grün und rot, Licht und Schatten. Eng verwandt mit der Betonung, bezieht sich dieser Begriff auf eine Art der Gegenüberstellung von Kunstelementen, um die Unterschiede zwischen ihnen zu betonen. Auf diese Weise kann der Kontrast die Aufmerksamkeit auf interessante Punkte lenken, sie anregen und betonen.

Kernschatten - Das dunkle Band, das sichtbar ist, wenn Licht und Schatten aufeinandertreffen. Es ist der Punkt, an dem das Licht nicht mehr die Form erreichen, um sie zu beleuchten. Es ist der dunkelste Bereich des Schattens auf der Kugel (der "Formschatten"), weil er am wenigsten von reflektiertem Licht betroffen ist.

Kreuzschraffur - Das Zeichnen von zwei rechtwinkligen Schraffurebenen, um ein netzartiges Muster zu erzeugen. Bei der Kreuzschraffur werden feine parallele Linien verwendet, die eng beieinander gezeichnet werden, um die Illusion eines Schattens oder einer Textur in einer Zeichnung zu erzeugen.

Zylinder - Eine ovale Form, die durch zwei parallele Linien verbunden ist und ein röhrenartiges Design erzeugt.

Tiefe - Die scheinbare Entfernung von vorne nach hinten oder von nah nach fern in einem Kunstwerk. Techniken der Perspektive werden verwendet, um die Illusion von Tiefe in Gemälden oder Zeichnungen zu erzeugen.

Diffuses Licht - Diffuses Licht ist ein weiches Licht, das weder die Intensität noch die Blendung von direktem Licht hat. Es wird gestreut und kommt aus allen Richtungen. Daher scheint es die Objekte zu umhüllen. Es ist weicher und wirft keine harten Schatten.

Betonung - Ein Bereich oder ein Objekt innerhalb des Kunstwerks, das die Aufmerksamkeit auf sich zieht und zu einem Brennpunkt wird.

Fixiermittel - Eine Flüssigkeit, ähnlich wie Lack, die in der Regel auf ein fertig-es Kunstwerk - in der Regel ein Kunstwerk mit trockenen Medien - gesprüht wird, um es besser zu konservieren und ein Verschmieren zu verhindern.

Brennpunkt - Das Zentrum des Interesses oder der Aktivität.

Vordergrund - Der Boden oder die Teile, die sich im Vordergrund befinden oder so dargestellt werden; der Teil einer Szene, der dem Betrachter am nächsten ist (im Gegensatz zum Hintergrund).

Freihand - Die Verwendung jeglicher Art von Utensilien, um Markierungen ohne die Verwendung und/oder Hilfe von Hilfsmitteln wie Linealen, geraden Kanten oder sogar Projektoren und anderen Pausenelementen oder Reproduktionsmitteln vorzunehmen.

Hilfslinie - Eine leicht markierte Linie, die bei der Komposition einer Zeichnung oder eines Gemäldes als Leitfaden dient.

Schraffur - Die Schraffur ist eine Schattierungstechnik, die sowohl in der Zeichnung als auch in der Malerei verwendet wird und bei der der Farbton durch eine Reihe von dünnen, mehr oder weniger parallelen Strichen oder Linien aufgebaut wird. Die Linien können kurz oder lang sein. Eine Kreuzschraffur ist eine Schraffur, die in zwei Richtungen ausgeführt wird, eine über die andere.

Höhe - Abstand von einer bestimmten Ebene zu einem festen Punkt: die Höhe vom Boden bis zum ersten Stock; die Höhe eines Tieres an der Schulter.

Highlight - Ein Bereich oder eine Stelle in einer Zeichnung, einem Gemälde oder einer Fotografie, die stark beleuchtet ist. Die Teile einer Zeichnung, die den hellsten Ton haben. Das weiße Papier wird nicht schattiert, um weiße Lichter zu erzeugen.

Horizontal - Rechtwinklig zur Senkrechten; parallel zum ebenen Boden.

Horizontlinie - Die Horizontlinie/Augenhöhe bezieht sich auf eine physische/visuelle Grenze, an der der Himmel von Land oder Wasser getrennt wird. Sie ist die tatsächliche Höhe der Augen des Betrachters, wenn er auf ein Objekt, eine Innen- oder Außenszene blickt.

Farbton - In der Farbtheorie bezieht sich ein Farbton auf eine reine Farbe, d. h. eine Farbe ohne Tönung oder Schattierung (mit weißem bzw. schwarzem Pigment). Ein Farbton ist ein Element des Farbkreises.

Knetradierer - Ein Radiergummi, der Graphit- und Kohlepartikel absorbiert und aufnimmt. Er kann von Hand geformt werden, um präzise zu radieren, Glanzlichter zu setzen oder detaillierte Arbeiten auszuführen. Sie werden häufig zum Entfernen von leichten Kohle- oder Graphitspuren und bei subtraktiven Zeichentechniken verwendet.

Länge - Das Maß für die Ausdehnung einer Sache entlang ihrer größten Abmessung.

Lichtquelle - Jedes Gerät, das als Beleuchtungsquelle dient. Eine Lichtquelle kann natürlich oder künstlich sein.

Linienkunst - Jedes Bild, das aus klaren geraden oder gekrümmten Linien vor einem (in der Regel einfarbigen) Hintergrund besteht, ohne Abstufungen in Schattierung (Dunkelheit) oder Farbton (Farbe), um zwei- oder dreidimensionale Objekte darzustellen. Die Linienkunst betont Form und Umriss gegenüber Farbe, Schattierung und Textur.

Medium - Bezieht sich auf die Materialien, die zur Schaffung eines Kunstwerks verwendet werden. Der Plural von Medium ist Medien. Einige der gebräuchlichsten Medien sind Ölfarben (Farben, die Öl verwenden, um Pigmente zusammenzuhalten), Tempera (Pigmente, die mit Eigelb zusammengehalten werden), Marmor (weicher, weißer Stein) und Bronze (ein Metall, das zum Gießen von Skulpturen verwendet wird).

Mittelton - Mitteltönige Werte liegen in der Mitte des Tonspektrums, weder dunkel noch hell.

Gedämpft - Ein dumpfer Ton oder Wert.

Feder - Der Teil eines Federkiels, eines Tauchfederhalters oder eines Füllfederhalters, der mit der Schreibfläche in Berührung kommt, um die Tinte abzusetzen. Die verschiedenen Arten von Federn unterscheiden sich in ihrem Zweck, ihrer Form und Größe sowie in dem Material, aus dem sie hergestellt sind.

Optisches Mischen - Erzeugen von Tönen durch Kenntnis der Werte und der Art und Weise, wie das Auge Werte wahrnimmt, die aneinandergrenzen oder sich überlagern.

Umriss - Die Linie, durch die eine Figur oder ein Objekt definiert oder begrenzt wird; Umriss.

Bedeckt - Bedeckt oder verdunkelt, wie mit Wolken oder Nebel.

Senkrecht - Eine gerade Linie, die einen Winkel von 90° zu einer bestimmten Linie, Ebene oder Fläche bildet.

Ebene - In der zweidimensionalen Kunst bezeichnet Ebene eine flache oder ebene Oberfläche eines materiellen Körpers, die man sich auch im Raum vorstellen kann. Bezugsebenen sind imaginäre Ebenen, auf die die Position, Richtung und Bewegung der Achsen und Oberflächen der Formen dreidimensionaler Objekte bezogen werden können.

Pointillismus - Eine Technik, bei der kleine, deutliche Punkte in Mustern aufgetragen werden, um ein Bild zu gestalten.

Reflexion - Ein Bild, das von einer spiegelnden Oberfläche zurückgeworfen wird, z. B. von einem Spiegel oder einem stehenden Gewässer.

Reflektiertes Licht - Indirektes Licht, das von anderen Objekten im selben Bereich reflektiert wird und einen Teil eines Objekts beleuchtet.

Drittel-Regel - Die Drittel-Regel wird angewandt, indem ein Motiv an den Hilfslinien und ihren Schnittpunkten ausgerichtet wird, der Horizont auf die obere oder untere Linie gesetzt wird oder lineare Merkmale im Bild von einem Abschnitt zum nächsten fließen.

Scumbling - In der Zeichnung wird Scumbling manchmal verwendet, um eine zufällige, gekritzelte Textur zu beschreiben, wobei Achter- und konkave Formen verwendet werden, um eine stachelige Textur zu schaffen, anstatt der üblichen kreisförmigen Kritzelei.

Kugel - Ein rundes Objekt oder eine dreidimensionale Form, die wie eine Kugel aussieht.

Stippling - Malen, Gravieren oder Zeichnen mit Hilfe von Punkten oder kleinen Strichen.

Stilistisch - Bezieht sich auf die Ähnlichkeit von Kunstwerken zueinander. Genügend visuelle Elemente müssen von genügend Werken geteilt werden, damit ihre Kombination unverwechselbar und für eine Reihe von Menschen erkennbar ist.

Subtil - Zart oder schwach und geheimnisvoll.

Ton - Bezieht sich auf die Hell- und Dunkelwerte, die zum Rendern eines realistischen Objekts verwendet werden.

Topografische Karte - Eine Karte, die die Reliefmerkmale oder die Oberflächenbeschaffenheit eines Gebiets zeigt, in der Regel mit Hilfe von Höhenlinien.

Tortillon - Ein zylindrisches Zeichenwerkzeug, das sich an den Enden verjüngt und in der Regel aus gerolltem Papier besteht. Es wird von Künstlern verwendet, um mit Zeichenutensilien gemachte Zeichen zu verwischen oder zu verschmelzen.

Dreidimensional - Ein Objekt, das Höhe, Breite und Tiefe zu haben scheint.

Zweidimensional - hat nur die Abmessungen Höhe und Breite.

Röhrenförmig - hat die Form einer Röhre oder besteht aus einer Röhre.

Wert - Die Helligkeit oder Dunkelheit von Tönen oder Farben. Weiß ist der hellste Wert; Schwarz ist der dunkelste. Der Wert, der in der Mitte zwischen diesen beiden Extremen liegt, wird als mittleres Grau bezeichnet. Ein Element der Kunst, durch das positive und negative Bereiche definiert werden oder ein Gefühl von Tiefe in einem Kunstwerk erreicht wird.

Vertikal - In einer Position oder Richtung senkrecht zur Horizontebene; aufrecht; lotrecht.

Breite - Ausdehnung von Seite zu Seite; Breite; Weite.

www.ingramcontent.com/pod-product-compliance
Lightning Source LLC
Chambersburg PA
CBHW081557220526
45468CB00010B/2680